结构、文化和能动性：上海外来女工抗逆力研究

——基于生活史的一种解读

陈蓓丽 著

華東理工大學出版社
EAST CHINA UNIVERSITY OF SCIENCE AND TECHNOLOGY PRESS
·上海·

图书在版编目(CIP)数据

结构、文化和能动性：上海外来女工抗逆力研究：基于生活史的一种解读 / 陈蓓丽著. — 上海：华东理工大学出版社，2019.4
ISBN 978-7-5628-5826-3

Ⅰ.①结… Ⅱ.①陈… Ⅲ.①女职工-生活史-研究-上海 Ⅳ.①D442.9

中国版本图书馆 CIP 数据核字(2019)第 063042 号

内 容 提 要

伴随着经济改革的社会转型，我们见证了中国“劳动力大军”的大迁移，形成了一个规模甚大的“外来女工”劳动力移民群体。带着“外来女工如何应对城市的生活与工作中的困境”这样的问题，本书探索了作为过程的“外来女工的抗逆力”是如何展现的。

本书采用质性研究的方法关注外来女工的人生体验，并通过对 28 人的深度访谈，获取了第一手研究资料，然后整合吉登斯的“结构化”理论与格尔茨的“文化”概念，在结构、文化与能动性的互动之中把握外来女工抗逆力的动态过程。本书在理论上挑战了现有的基于心理学和个体主义的抗逆力理论，提出了一个整合结构、文化与能动性的、关系主义的、动态的抗逆力架构，这一架构在一定程度上回应了现有抗逆力理论的不足，也为研究外来女工提供了一个新的理论视域。

策划编辑 / 刘　军
责任编辑 / 刘　军　章斯纯
装帧设计 / 戚亮轩
出版发行 / 华东理工大学出版社有限公司
地址：上海市梅陇路 130 号，200237
电话：021-64250306
网址：www.ecustpress.cn
邮箱：zongbianban@ecustpress.cn
印　　刷 / 江苏凤凰数码印务有限公司
开　　本 / 710 mm×1000 mm　1/16
印　　张 / 17.5
字　　数 / 226 千字
版　　次 / 2019 年 4 月第 1 版
印　　次 / 2019 年 4 月第 1 次
定　　价 / 98.00 元

序

《结构、文化和能动性：上海外来女工抗逆力研究——基于生活史的一种解读》一书是陈蓓丽博士在其论文基础上经精心修改而成的作品。通过深度访谈28位外来女工，陈博士不仅取得了翔实的一手资料，并基于外来女工生活史的个案呈现和质性资料的主题与类别分析，提出了一个整合结构、文化与能动性的、关系主义的、动态的抗逆力架构。

尽管抗逆力作为一个新的理论已经有了长足的发展，但现有的抗逆力研究多从心理学的角度入手，过分强调量化，缺乏对社会文化脉络和个体能动性的充分关注。即便是量化研究，现有的研究成果在抗逆力的测量上也没有形成共识。因此陈蓓丽博士的研究转换了视角，不去关注抗逆力的高低，也不再聚焦于谁具有抗逆力，而是试图回答抗逆力是如何展现的。

她的研究主要包括以下三个方面。第一，抗逆力作为一个动态过程是不断展开的，并没有一个简单的结果，所谓的结果只不过是生活中的某个片段的掠影，而生活是不断展开的行动流，抗逆力也呈现为流动的、变化的过程。在这个过程中，外来女工不断尝试突破结构的限制，利用文化资源去重新定义情景、形成意义、寻求支持，从而回应生活困境。当然，这样的突破在某种程度上是情景式的，并不能全然突破结构的制约。第二，研究把"结构"视为个体在日常接触过程中反复涉及的规则与资源，而抗逆力则被视为外来女工在逆境中产生的与环境的互动行动流的反思性监控过程，且此过程是在“反思性监控”影响下对“结构”的生产与再生产的过程，即涉及规则与资源的生产与再生产的过程。如此，“结构”形成于抗逆力过程，又对抗逆力过程构成制约性与使动性。同时，从外来女工抗逆力的保护层面与风险层面展开论述，可以得出二元性制度的排斥、车间与宿舍的规训、生活体验的痛楚等三方面构成了她们的结构性障碍的结论，树立生活信心、确立期望目标、寻求社会支持表现为个体的能动性与结构的互动而展现出的抗逆力动态过程的构成部分。第三，文化在此被视为一系列互动流所生产的意义与符号系统，而“抗逆力”则体现为外来女工如何把握行动，从而在行动流中得以展现的过程。从对“家”“关系”“忍”三个文化符号的解释与再解释中可以看到外来女工抗逆力的文化之维，而其中也带有外来女工的能动性展现。

针对外来女工抗逆力的动态研究结果，陈蓓丽也提出了社会工作领域如何有效介入外来女工面临逆境时的抗逆力的设想。

陈蓓丽博士是一位勤奋踏实的青年学者，她对社会的关怀也充分体现在这部著作中。作为其博士生导师，我期待她能继续努力，在不久的将来有更精彩的作品问世。

华东理工大学上海高校智库“社会工作与社会政策研究院”院长
国际社会工作教育联盟(IASSW)执委兼国家代表
中国社会工作教育协会会长
现代公益组织研究评估中心(粤.沪)理事长
教授、博士生导师
徐永祥

目　录

第一章　导　　论

第一节　研究缘起

我觉得自己第一年出来打工的时候，就不是一个人，是一个鬼，在人群中穿梭，怎么就这么飘呢。……除了家庭我什么都没有，亲人就是我现在的唯一。……其实怎么说呢？（打工）给我带来很多体验，人经历的事情多了，就会看清楚世界。我觉得我现在看社会比以前清晰很多，不会那么模糊，不会不知道自己到底要什么？……很多事情就这样了，兵来将挡，水来土掩，事情在进行，大家都一样。我经历过很多事情，经历过可以承受还有不可以承受的事情，哪怕到谷底，我也可以再一步步往上爬。

——M1

刚开始找工作的时候，我觉得很害怕，有一种被锁起来的感觉，这种感觉在老家不会有。……不规律的上班时间让我无法睡熟，睡不着，我就乱想。我感觉那种痛苦说出来也没用，就习惯性地藏在心里，然后就一直躺在床上，但不会睡着，睡不着。有一天在流水线上，我突然感觉特别难受，就有意无意地摆弄流水线上的工具刀，突然见血了，我突然感到很舒服，有一种压力被释放的感觉，身体的痛减轻了心里的痛。……这个世界对我来说没有意思，一点意思都没有。我最难过的时候，就想在空旷的地方大喊出来，但是却说不出什么来。这么多年，我觉得自己被封起来了，就好像是一个隐形人。……我觉得越懂事的人，活得越累。我知道以后结婚了，我可能还得为爸妈弟妹做很多事情，我现在都开始担心老公家会对我不满意。我想逃离这个世界，想离开这个世界。但是我知道我不会逃，这算是对命运的默认。

——M16

这两段文字来自两位女孩对自己日常生活的描述，也是她们的真实“心声”。在中国，她们是规模甚大的外来女工群体的小小“缩影”，她们在城市的生活和工作中经历着种种逆境。她们如何应对逆境？在应对过程中，她们是否有成长？这些问题促使笔者产生了对该群体的关注和思考。

自20世纪80年代以来，伴随中国经济改革的不断深化，城乡社会结构以及社会形态随之发生巨变。在此过程中，由农村向城市、由内地向沿海、由中小城市向大城市的人口流动，形成了一个规模甚大的在工厂就业的劳动力迁移群体，而其中一个明显的特点则是女性劳动力移民数量呈不断上升的趋势。本书暂且将该女性群体简称为“外来女工”，该群体的规模可透过下列有关数据加以明晰地了解。根据李若建的数据估计，从1982年到2000年，我国外来女工的数量从2 953万人上升到3 723万人。[①] 据第六次全国人口普查（2010年）数据显示，我国居住地与户口登

① 李若建：“女工：一个重生的社会阶层”，载《社会学研究》2004年第4期。

记地所在的乡镇街道不一致且离开户口登记地半年以上的人口为 26 139 万人，其中，不包括市辖区内人户分离的人口为 22 143 万人，同 2000 年人口普查相比，增加 10 036 万人，增长 82.89%。[①] 由此可见，我国流动人口总量已达 2.21 亿。由于男女性别比接近 1∶1，以此可估算，截至 2010 年，我国女性流动人口数量已达 1.1 亿。现以上海为例来关注一下“外来女工”群体的动态变化。2010 年，长三角二省一市（江苏省、浙江省、上海市）的流入人口总量达 4 521 万人，其中上海市 898 万人。[②] 而上海市第六次全国人口普查数据信息显示，外省市来沪常住人口为 897.70 万人，占全市常住人口 39.00%，与第五次全国人口普查（2000 年）的 346.49 万人相比，10 年间共增加 551.21 万人，增长 159.08%，平均每年增加 55.12 万人，年平均增长率为 9.99%。依据《中国流动人口发展报告》中的男女性别比例（52%∶48%）估算，2010 年，上海市女性外来人口的人数达到 431 万人。[③]

上述“外来女工”群体的相关数据展现了客观现实上的数量面貌，那么，通过进一步地了解有关外来女工的研究现状，则可以关注她们身后更为复杂的“群体景象”。国内有关女性农民工的研究也已经取得一定的进展，并已从不同角度对她们加以聚焦。谭深探索了打工妹关注的内部话题及其与更大的社会脉络的关联；潘毅聚焦于打工妹的抗争以及由此而形成的次文体；杰华则对外来女工经验的主观感受方面给予了特殊的关注，注重女工对自己的遭遇和她们的所作所为所赋予的意义；陈佩华明确指出外来女工构建了某种“生存的文化”，这显示她们的生存境遇不佳；刘林平和郭志坚考察了外来女工的权益保障与企业、政府之间的关系，并认

① 国务院人口普查办公室：《中国 2010 年人口普查资料》，中国统计出版社 2012 年版，第 12 页。

② 国家人口和计划生育委员会流动人口服务管理司：《中国流动人口发展报告（2011）》，中国人口出版社 2011 年版，第 176 页。

③ 国家人口和计划生育委员会流动人口服务管理司：《中国流动人口发展报告（2011）》，中国人口出版社 2011 年版，第 3 页。

为企业、政府和外来女工形成了一个结合体；李若建从世界体系理论的视角对广州外来女工的现状与再生产机制进行了探索。

此外，现有的研究还关注外来女工在当下社会结构下遭遇的一系列困境，诸如社会支持网络断裂、社会福利制度缺失、劳动力市场的失效、社会性别歧视的多重打击、处于社会的“弱势”与底层而生活满意度不高等。城市外来女工的工资收入普遍较低，远低于劳动力本身的价值和价格，也远低于男性外来人口的工资，因而不足以维持劳动力再生产。刘旗、张冬平在河南对外来务工人员的调查得出如下结论：从总体上看，男性劳动力年均纯收入高出女性56.9%。[①] “外来女工权益保障和生存状况”课题组于2001年7月至2002年1月对广东地区（主要是珠江三角洲）外来女工进行的调查研究表明，城市外来女工的正常月工资只有683.69元。[②] 谭深通过调查表明，城市外来女工的就业空间小，在农民工可能进入的建筑业、制造业、服务业三大行业中，容量最大的建筑业主要吸收男性，而女性“好找”的，都是那些不需要技术、工作时间长、低工资的工作。[③] 因此，正如扈海丽对苏南地区外来女工的调查所得出的结论，城市外来女工就业选择面很窄，多半只能受雇于城里人、当地人不愿干的苦、脏、累活，如缫丝工、纺织工、服装加工、一次性医疗注射器装配、塑料制品加工等。[④] 谢启文对城市外来女工就业岗位的调查也显示，外来女工在城市主要从事的是“拾漏补遗”的职业。相比较于男性，女性更容易成为非正规就业者。[⑤]

---

① 刘旗、张冬平：“外出务工农村劳动力的性别特征及差异分析——以河南省农村劳动力转移为例”，载《农业经济问题》2005年第5期。

② 外来女工权益保障和生存状况课题组：“外来女工权益保障与生存状况调查报告”，载《妇女研究论丛》2003年第z1期。

③ 谭深：“打工妹的内部话题——对深圳原致丽玩具厂百余封书信的分析”，载《社会学研究》1998年第6期。

④ 扈海丽：“苏南地区外来女性劳动力状况调查”，载《妇女研究论丛》1997年第4期。

⑤ 谢启文：“阳光边缘处的另样生存——北京青年流动农民的生存状态”，载《青年研究》2007年第5期。

“外来女工权益保障和生存状况”课题组通过询问被访者“最近半年您是否有过下列(心理或精神方面的)情况”来了解外来女工的精神健康状况。结果表明,女工在精神健康方面遇到比较多的问题是“觉得身心疲惫”“睡不着觉”“烦躁易怒”和“感到孤独”。[①] 郑家学在对外来女工的生存状况调查中得出结论:外来女工劳动时间长,工资低,工作和生活条件差,她们的心理健康状况实在堪忧。中科院农村发展研究所课题组在珠江三角洲对外来女工进行的调查也表明,打工妹来到一个陌生的环境,面对许多陌生人,交往困难和思乡之情很容易让人产生孤独感,心理上处于亚健康状态。[②] 何雪松、黄富强和曾守锤的研究指出,基于 BSI 量表,475 名移民中 25%的男性和 6%的女性可以被视为精神健康不佳,性别之间的差异很显著,但女性的精神健康状况好于男性。[③]

尽管目前的研究是以对“困难”“压迫”的“负面”叙事为主,但这样的叙事难以解释外来女工为什么持续进入这个劳动体系,并且有些女工过上了她们期待的生活。于是,笔者对下述一些问题产生了浓厚的研究兴趣:外来女工作为中国社会“劳动力迁移大军”中的重要构成部分,她们在城市的生活与工作过程中,面临并经历着前文所述的一系列困境时,如何看待这些困难?她们如何针对这些逆境做出回应,以及做出回应后结果如何?她们如何基于自身拥有的资源和能力进行积极的和有效的应对?还有她们从应对逆境的体验中是否获得成长?而这一连串的问题,都可以集中于对外来女工抗逆力的考察之中。于是,本书将研究焦点置于外来女工的抗逆力过程的探讨与分析。

尽管抗逆力作为一个新的理论已经有了长足的发展,但现有的研究

① 外来女工权益保障和生存状况课题组:“外来女工权益保障与生存状况调查报告”,载《妇女研究论丛》2003 年第 z1 期。
② 郑家学:“女工保护调查——一份沉重的答卷”,载《现代职业安全》2007 年第 3 期。
③ 何雪松、黄富强、曾守锤:“城乡迁移与精神健康:基于上海的实证研究”,载《社会学研究》2010 年第 1 期。

大多是从心理学的角度入手，过分强调量化，缺乏对社会文化脉络和个体的能动性的充分关注。即便是量化研究，在抗逆力的测量上也没有形成共识。

本书将转换以往的研究视角，试图回答抗逆力是如何展现的，而不是去关注抗逆力的高低，也不聚焦于谁具有抗逆力。因此本书将抗逆力视为一个动态过程，这个过程是在结构、文化与能动性的交互作用之中展开的。

第二节 研究价值

本书希望通过对城市中外来女工抗逆力的研究，体现以下的价值：

首先，本书将进一步补充及丰富劳动力迁移者研究的理论形态。外来女工作为劳动力迁移者群体的一部分，迄今为止，从抗逆力视野对该群体加以解读与关注的研究尚少。并且，抗逆力作为近年来刚刚兴起的一种理论视野，其理论本身有待更多经验层面上的研究来丰富与完善。本书对于外来女工群体的抗逆力经验研究正是希望在这方面做出尝试和探索，希望为外来女工的研究提出新的概念架构。

其次，本书将提出一个有关外来女工的新的叙事方式，以推进对外来女工更为全面和平衡的认识。目前，国内外关于外来女工的研究多数集中于描述她们的困境、生活环境以及工作状况等，对于外来女工在生活与工作之中展现的抗逆力的考察甚少。此外，在社会学理论层面上，现有研究缺乏一个明确的理论框架来审视外来女工的抗逆力。

再次，本书更新了国内外来女工经验研究的知识积累，拓展了外来女工研究的视野。本书基于抗逆力视角，从描述个体的各种困难（如经济困难）和各种对其健康的负面影响，拓展到发现个体用来处理逆境中的问题和获得自我成长的个人和环境方面的各种资源。当然，与此同时，这也为外来女工经验研究提供了知识积累的部分内容。

此外，本书还具有一定的现实意义。

一是，本书通过对外来女工“日常生活”的倾听，勾勒出她们的生活、工作及交往互动的全貌图景，并透视她们对逆境的适应机制和应对机制，了解她们“自己”真正的需要和困惑。不可否认，现在的一部分针对外来务工者，包括外来女工的研究常常将她们当作“他者”。例如，谭深研究员曾列举的面向打工妹的培训之中，就存在很多内容是学者和培训者认为女工很需要，但是实际上女工觉得用处不大的。而有些外来女工特别需要的信息，却因为调查的某些环节出了问题而被屏蔽[①]，或者被忽视。因而，如何听到外来女工自己的声音，也是笔者在研究过程中碰到的困扰之一。另一个困惑是，笔者如何能在整个调查和分析的过程让外来女工真实地描述自己的工作、生活状态，真实地表达自己的想法。这方面的尝试有助于定位外来女工在个人、家庭、朋辈和社会层面的真正需要。

二是，本书可以基于研究发现提出一系列有利于外来女工的政策建议和服务模式，能够回应外来女工的特殊需求并提升她们的福利。关于外来女工日常体验的研究发现，将有利于发掘她们自身具备的优势，提出若干改善外来女工工作、生活方面的困境的政策建议和干预模式，这对于为这一特定人群提供社会服务和促进城市和谐发展而言具有重要的实践意义。

第三节　研究创新与难点

除上述研究价值外，本书也有些许创新之处，同时也存在部分研究的

① 笔者在某一家工厂进行调研的过程中就碰到了这样的情况。在回收问卷的过程中，笔者发现问卷的最后一页有异常，经过细问才了解，因为厂方担心资料外泄后会有违反劳动法的风险，所以连夜把所有的问卷的最后一页改掉，重新装订。

难点。本书的创新之处体现为三个方面。首先，本书尝试基于结构—文化—能动性的整合性理论框架来透视外来女工抗逆力的动态过程，丰富了国内有关外来女工的研究视野。而且，基于整合性框架来透视她们抗逆力的过程是一种更具有“社会性”的崭新理论视角，是对抗逆力理论的发展，具有理论上的创新意义。其次，本书以抗逆力过程为中心，彰显“结构—文化—能动性”的关联图式，并基于该整合性解释框架，超越了唯“结构”或唯“文化”的理论视野，全方面聚焦于个体行动者之行动本身，并以个体能动性为焦点，一定程度上推进了抗逆力理论研究。再次，本书将外来女工的抗逆力与中国社会结构和文化背景关联起来，并置于全球化、工业化、城市化背景中加以考察，以更全貌和更宏观的视野审视她们的抗逆力。

当然，本书也遭遇了几方面的研究难点。一是，本书所提的结构—文化—能动性的整合性解释框架，是在质性研究方法的基础上进行的考察，该解释框架尚存不够完善之处，仍需进一步完善与提升。并且，结构—文化—能动性的整合性解释框架仍存在诸多理论上的争议，且尚不存在较为成熟的讨论与检验，本书仅仅对此做出一种理论建构的尝试。而有关该整合性解释框架理论的进一步检验与讨论，作者寄望于后续研究使用定量研究方法对此进行验证，以更好地检验该整合性解释框架的理论解释力。

二是，本书使用质性研究方法对外来女工的生活实践和抗逆力进行考察，并在此基础上提出从结构—文化—能动性的整合性解释框架以解读她们抗逆力的过程机制与影响因素。虽然本书力图科学地将质性研究方法运用于研究过程中，但由于质性研究方法本身存在局限性，这限制了本书中生活史个案及深度访谈等实证资料对外来女工抗逆力的解读，也造成了该整合性框架在解释范畴方面存在着一定的不足。然而有关外来女工抗逆力研究的解释范畴的扩展，只能依赖于中国外来女工的抗逆力方面的定量测量方法的完善及应用。这对本书的研究而言，既是一种考验，也是一个难点。

第四节 结构安排

第一章，导论部分，主要介绍本书的研究缘起、研究价值、创新点和难点以及章节安排。

第二章，主要回顾了关于外来女工和抗逆力研究的相关文献，并进行了梳理与讨论。

第三章，提出了本书的研究思路与研究设计，并对抗逆力、结构、文化和能动性的概念做出了界定。

第四章，基于外来女工小梅生活经历的呈现，从一个详实的和具象的“生活史”的角度，来展现外来女工在城市中生活与工作的体验，并从中发现了“抗逆力的过程”。

第五章，从社会结构维度切入对外来女工抗逆力的解读。通过对结构理论中有关结构与意义的观念演变的梳理，提出基于吉登斯的结构化理论来审视外来女工的抗逆力。同时，从外来女工抗逆力的保护层面与风险层面展开阐述，提出二元性制度的排斥、车间与宿舍的规训、生活体验的痛楚三方面构成了她们的结构性障碍，树立生活信心、确立期望目标、寻求社会支持则表现为个体的能动性与结构的互动而展现出的抗逆力动态过程的构成部分。

第六章，从文化维度切入对外来女工抗逆力的解读。文化在此被视为一系列互动流所生产的意义与符号系统，而“抗逆力”则体现为外来女工如何把握行动，从而在行动流中得以展现的过程。从该章节对“家”“关系”“忍”三个文化符号的解释与再解释可以看到外来女工抗逆力的文化之维，同时也可以看到外来女工的能动性展现。

第七章，借助于对结构、文化、能动性及抗逆力之间的关系再讨论，提出了“结构—文化—能动性”的整合性解释架构。在此整合性解释框架中，抗逆力被视为结构、文化、能动性三者持续互动之结果，并且个体能动性在“结构”与“文化”两个面向上对抗逆力产生影响。换言之，抗逆力是个体在面对逆境时受结构、文化和能动性三者共同作用而形成的行动流。

第八章，是本书的结论部分，在对研究的主要结论进一步提炼的基础上，进行了一定程度的拓展。

第二章　文献综述

第一节　外来女工研究回顾

国内学者对于外来人口有着较系统的研究，主要关注外来人口的流动动因、规模、政策选择等方面。目前国内的农民工研究，特别是外来女工的研究，呈现出从关注制度环境到逐渐关注个体和文化的变化。基于此，本章尝试从制度环境、个体和文化角度对外来女工研究进行综述。

一、外来女工的环境制度研究

现有的研究从城乡二元结构、户籍制度、资本主义生产方式等制度环境层面分析了外来女工在就业、婚姻恋爱、人身安全等方面受到的影响。朱虹力图在全球化特别是在经济全球化的背景下讨论外来女工在城市生活中所遭遇的结构性压力与转换。[①] 潘泽泉则在此基础上进一步说明国际产业转移是以劳动密集型产业为主，发达国家向我国转移的也都是劳动密集型产业，如轻纺、服装、皮革制造业、金属、机械设备制造业、化工、仪器电子加工等。劳动密集型产业主要通过劳动者的低成本劳动而在竞争中获胜，其中赚取利润的多少直接与劳动者收入和福利的份额以及劳动条件相关。因此，劳动密集型产业大多存在着劳工权益受损严重，超时加班时间长、工资低下、劳动条件恶劣等状况，大量农民工从事着低价值、低技术和低收入的工作。[②] 从全球化工厂用工情况来看，现有的大部分研究都表明外来女工的就业比男性要容易。谭深对此进行了深入分析，她认为外来女工的就业形势乐观正反映了女性外来人口择业上面临的困难，三低工作岗位在给女性提供了大量就业机会的同时，也进一步强化了女性劳动力的廉价地位。这一现象背后的隐喻是，因为女性不是家庭的主要劳动力，因此能够接受比男性更低的工资；同时不少外来女工在婚后就会自动离开工作岗位，因此不必为她们提供社会保障等福利。这也恰巧回应了文军提到的在外来女工就业过程中，农业的过密化就是工业的过密化。[③]

李若建的一项研究也回应了城乡二元结构与户籍制度对外来女工就业岗位的影响。他指出，目前广东省的外来女工与本地女工是差异巨大的两个群体，其差别主要体现在行业差别上。在外来女工当中，将近98%的人集中在制造业，而电力、煤气、自来水和交通通信业这些高利润的行业，外来女工则极少进入。[④]

就业权益保障也是外来女工面临的一个严峻问题。这些权益保障包

① 朱虹："身体资本与打工妹的城市适应"，载《社会》2008年第6期。
② 潘泽泉："全球化、世界工厂与中国农民工发展的经验教训"，载《广东社会科学》2008年第1期。
③ 文军："从生存理性到社会理性选择：当代中国农民外出就业动因的社会学分析"，载《社会学研究》2001年第6期。
④ 李若建："女工：一个重生的社会阶层"，载《社会学研究》2004年第4期。

括工作时间、社会保险、薪酬待遇等。在工作时间方面，广东省的一些外商投资企业和私营企业的职工平均每月加班70～80小时，在珠江三角洲的一些劳动密集型企业，职工每月工作时间长达300小时以上，平均每月加班超过100小时。[①] 另外，2003年国家统计局的调查结果显示，农民工每天工作11小时左右，每月工作26天以上。国务院研究室发布的《中国农民工调研报告》表明，86%的农民工的工作时间在8小时以上，超出了法定的工作时间。劳动法等相关法律制度对于外来女工的保护相当薄弱。

在就业方面，外来女工的就业渠道大多依赖非正式资源，主要来自同乡和亲戚的介绍。根据戚良艳在安徽的调查，有超过67.8%的外来女工依赖亲戚和同乡找工作，通过中介找工作的仅占11.86%。[②] 总体上讲，在就业过程中，外来女工主要借助于首属群体，而不是次属群体，但是随着外来女工在城市居住的时间变长，她们在找工作及其他活动中开始更多地接触次属群体。

城乡二元结构、户籍制度、资本主义生产方式对外来女工的工作和生活存在较大制约，不过正式和非正式支持网络也为外来女工的生存和发展提供了资源和机会。谭深研究了打工妹群体的内部话题，她从对原致丽玩具厂百余封书信往来的分析中得出结论，打工妹们交往的对象，除在家乡的和男性的亲友外，同质性极强，特点有三：第一，基本是同乡，第二，几乎都在工厂，第三，绝大多数是女性。可以认为，这是她们最主要的社会网和最重要的支持系统。[③]

社会组织作为社会支持系统针对外来女工维权、救助、保障、丰富业余生活等方面进行着艰难的尝试。已有服务外来务工人员的非政府组织

① 王比学："关注职工休息权：其实我不想加班"，载《人民日报》2005年11月30日。
② 戚良艳："安徽省C县L村外出女工工作生活状况调查"，载《青年研究》2004年第4期。
③ 谭深："打工妹的内部话题——对深圳原致丽玩具厂百余封书信的分析"，载《社会学研究》1998年第6期。

(NGO)取得了一定的成效，但是此类 NGO 的生存状态并不乐观，突出问题有资金不足、身份认同和定位存在问题、难以保持组织的稳定性和可持续发展、官民两重性等。[①]

二、外来女工的个体研究

外来女工的个体和能动性研究也逐渐成为研究重点，这呈现出外来女工研究的主体视角。研究主题涉及外来女工的适应性、身份认同、心理状况以及人际关系。关于移民适应性和顺应力的研究一直都是国际上移民研究的热点，我国对于外来女工适应性的研究却并不多。当然，也有学者从城市社会化的角度来进行分析，他们认为外来女工会逐步从穿着、语言和生活上对城市生活进行适应，所属的群体也渐渐由初级群体向次级群体发展。[②] 甚至有一些外来女工力图发展新的交往对象，而一旦出现新的资源，她们甚至可能回避同乡这类地缘关系。同时，由于外来女工进入了城市生活，因此在一定程度上意味着平静生活的结束。李强进一步提出，乡村平静生活的打破如果得不到相应的调试，外来女工会面临歧视，容易产生社会冲突和情绪问题。[③]

对于外来女工心理状况的研究主要集中在安全感、稳定感和情绪倾向。戚良艳在对安徽省外出打工女性的研究中得出结论，只有 26.27%的女工担心在外面的生活，这说明外出女工虽然对社会的治安存在着疑虑，但由于女工大多在工厂工作，住的是集体宿舍，跟外界接触不多，因而担心安全问题的人数也不多。再则，随着外出女工数量的增多、法律的完善及社会治安的强化，外出女工已逐渐融入了城市，心理的不安因素也随之减少。[④]

① 仝志辉等：《农村民间组织与中国农村发展：来自个案的经验》，社会科学文献出版社 2005 年版，第 97—105 页。

② 朱虹："打工妹的城市社会化——一项关于农民工城市适应的经验研究"，载《南京大学学报》2004 年第 6 期。

③ 李强："关于城市农民工的情绪倾向及社会冲突问题"，载《社会学研究》1995 年第 4 期。

④ 戚良艳："安徽省 C 县 L 村外出女工工作生活状况调查"，载《青年研究》2004 年第 4 期。

值得注意的是，在外来女工的个体研究中，关注点经历了从失语到主体性再到能动性的转变。在 1999 年之前，农民工研究已经兴起，但有关外来女工的研究却一直处于边缘状态，外来女工则长期处于失语状态。潘毅、杰华的研究尝试还原外来女工的声音，关注她们的主体性。潘毅指出，在一些缺乏非政府组织的地方，外来女工甚至丧失了抗争的符号性资源（抗争的语言），但女工们的尖叫作为一种消极的抵抗，仍然表明了她们的主体性存在。①

最近的研究则进一步发掘了女工的能动性，“2001 至 2002 年间发生在打工妹之家的诸多事件说明，俱乐部的成员不仅开始将自己视为主体和能动者，而且将自己视为反抗的能动者”②。“外来女工在不可超越的宏观社会结构的夹缝中，通过日常城市生活中富于技巧的实践，积累文化资本（语言、打扮、体态、品位特征、城市观念、闲暇活动等），构建自己的城市生活世界以适应现代城市，以求在城市中生存和发展。这种过程可以理解为接受规范具有强制或被动的性质，而对规范做出合适的反应则是一种主动选择的过程。”③谭深也关注到了 2001 年 S 市的一家外资厂发生的一起严重的对女工的集体搜身事件，该事件引发了女工的集体行动，更由于女工得到了比其他类似事件更广泛的社会支持，使发生在工厂内的劳资矛盾演变成一场社会运动。女工们得到来自当地和她们家乡政府、人民团体和各主流媒体的支持，舆论已经是一边倒地向女工一方倾斜，原本处于弱势的女工似乎一下子成为事件的中心和主导者。而该外资工厂在各方的压力下，多次寻求谈判不成，显得非常被动。④ 正如郑松泰所指出，能动性强调了农民工有能力在社会制度和日常生活中钻空子，

① 潘毅：“开创一种抗争的次文体：工厂里一位女工的尖叫、梦魇和叛离”，载《社会学研究》1999 年第 5 期。

② ［澳］杰华：《都市里的农家女》，吴小英译，江苏人民出版社 2006 年版，第 85 页。

③ 朱虹：“身体资本与打工妹的城市适应”，载《社会》2008 年第 6 期。

④ 谭深：“弱者的反抗——围绕一次搜身事件中女工集体行动的分析”，香港中文大学“市场经济条件下的工会和工运”研讨会论文，2003 年。

并认为他们可以在不同的处境下对种种不公平的社会制度进行反抗，并且更会运用各种各样的策略来改变生存现状，甚至利用自己的身体去反抗国家机器、市场机制和父权社会这三方面的压迫。①

近年来，新生代农民工的研究也逐渐进入视野，刘俊彦等人的研究发现新生代的农民工求职期望较高，在工作中有较强的自我意识和进取精神。②

三、外来女工的文化研究

与外来女工制度层面的研究相比，有关文化层面的研究相对来说起步较晚，并呈现出从客体文化视角向主体文化视角的转向。

有关外来女工的文化研究首先起步于“无性别差异”的农民工客体文化的视角，主要涉及文化排斥、文化融合以及文化冲突。宋林飞提出了城市移民所遭受的三种文化冲突：一是结合紧密、以家庭和社区为纽带的乡村文化，与更加注重个人奋斗、更加注重竞争的城市文化的冲突；二是重视情谊的乡村文化，与讨价还价的市场经济理性文化的冲突；三是平等的乡村文化，与歧视性的城市亚文化的冲突。③ 这些文化冲突也能在外来女工身上看到。

近十年来，涉及外来女工的文化研究开始具备性别敏感性和主位视角。不少涉及外来女工“生存”文化的文章开始出现，其中典型的研究成果有陈佩华在对致丽玩具厂女工信件分析中提出的“生存文化”④的概念。陈佩华指出，外来女工为了帮助家庭摆脱贫困外出打工，结果陷入另一种贫困之中，这种贫困不仅是物质的，也是精神和文化的，

① 郑松泰：“‘信息主导’背景下农民工的生存状态和身份认同”，载《社会学研究》2010 年第 2 期。
② 刘俊彦、胡献忠：“新一代农民工发展状况研究报告”，载《中国青年研究》2009 年第 1 期。
③ 宋林飞：“城市移民的文化矛盾与社会安全”，载《江苏社会科学》2005 年第 5 期。
④ 陈佩华：“生存的文化——通过私人信件透视外来工人的生活”，载《清华社会学评论（2002 卷）》，社会科学文献出版社 2003 年版，第 115 页。

她们为了最低的生存需求挣扎在希望与失望之间，无可选择也无力摆脱。潘毅在此基础上提出，外来女工在抗争中形成了一种次文体。这些研究与詹姆斯·C. 斯科特(James C. Scott)的“生存伦理”[①]形成了对话，有利于深入理解工作和生活在底层的外来女工。

随后，大量涉及消费、婚姻的文化研究也开始涌现。谭琳、苏珊·萧特和刘惠在张家港的研究结果表明，当地的社会文化环境常常排斥和歧视婚姻迁入的外来女工媳妇。[②] 近似的情况在其他的研究中也有反映：外来女工在语言、穿着、休闲方式和消费方式上都与城里的女性不同。田凯关于城市适应力的研究也认为，适应到最后的结果就是相近的价值观，他认为达到适应的三个基本条件是能够找到相对稳定的职业和这种职业带来的经济收入，以及社会地位能够形成与当地人接近的生活方式，从而使其具备与当地人发生社会交往并参与当地社会生活的条件，最后由于这种生活方式的影响和与当地人的接触，使他可能接受并形成新的、与当地人相同的价值观。[③] 但是城市适应力的获取对于外来女工而言是相当困难的，这直接反映出外来女工的适应性不强，无法在较短的时间内融入城市，甚至导致不满和冲突。当然，也有学者从城市社会化的角度来进行分析，认为外来女工会逐步从穿着、语言和生活上进行适应，所属的群体也会渐渐由初级群体向次级群体发展。[④]

在市场经济改革的进程中，中国正在经历一场消费革命。消费文化逐渐成为建构社会身份、形成社会分层的新机制。2007 年 10 月，中共十七大明确提出加快经济发展方式的要求，即“促进经济增长由主要依靠投

---

① ［美］詹姆斯·C. 斯科特：《弱者的武器》，郑广怀等译，译林出版社 2007 年版，第 310 页。

② 谭琳、苏珊·萧特、刘惠：“‘双重外来者’的生活——女性婚姻移民的生活经历分析”，载《社会学研究》2003 年第 2 期。

③ 田凯：“关于农民工的城市适应性的调查分析与思考”，载《社会科学研究》1995 年第 5 期。

④ 朱虹：“打工妹的城市社会化——一项关于农民工城市适应的经验研究”，载《南京大学学报》2004 年第 6 期。

资、出口拉动向依靠、投资、出口协调拉动转变”①。近三年的社会调查也显示，农民工的消费结构正从简单转向复杂，消费工具从传统转向现代，消费行为正从保守转向开放，消费心理正从后卫转向前卫。② 外来女工曾经在这一消费格局中处于劣势地位，而现在也在逐渐成为消费革命的积极行动者，她们的消费理念和方式发生了很大的变化。余晓敏、潘毅利用“交叉分析范式”，审视了消费领域中被重新塑造的女工主体性。③

第二节 抗逆力研究现状

一、早期的抗逆力研究——抗逆力的特征和结果

对抗逆力的讨论最先集中在三个方面：(1)（考艾岛长期跟踪研究中）对人的发展能力的探讨④；(2) 对人的脆弱性和处理方式的研究；(3)（明尼苏达州长期跟踪调查研究中）对亲子关系的探索。这些研究都表明，处于不幸的处境中并不意味着必然得到不良的结果。费尔斯曼研究了 75 位生活在城市中的处于高风险状态的男性，他们都来自功能缺失的贫困家庭，研究表明这一群体也存在抗逆力。⑤

个人的某种品格是早期抗逆力研究的重点。大多数学者认同抗逆力的特征是个人能成功应对逆境。斯图丁格等人认为抗逆力可以从长期和

---

① 胡锦涛：《在中国共产党第十七次全国代表大会上的报告》，2007 年 10 月 15 日。

② 严翅君：“长三角城市农民工消费方式的转型——对长三角江苏八城市农民工消费的调查研究”，载《江苏社会科学》2007 年第 1 期。

③ 余晓敏、潘毅：“消费社会与‘新生代打工妹’的主体性再造”，载《社会学研究》2008 年第 3 期。

④ Werner, “Risk, Resilience, and Recovery: Perspectives from Kauai Longitudinal Study,” *Development and Psychopathology*, 1993, (5), p. 50.

⑤ Felsmanm, “Resilient Children and Adults,” *Advances*, 1987, (4), pp. 45 - 61.

短期处理问题的过程中反映出来[1]，实际上是个人拥有的一种能力，具体表现为一系列的行为方式。格罗茨伯格把抗逆力具体界定为三个方面：我是、我有和我能。根据该研究视角，很多研究者就将抗逆力归功于特殊的性格或者气质。例如，罗斯菲尔德等人认为抗逆力的个人特质体现在解决问题的能力、创造力、韧性、乐观、社会技能以及找到解决问题的正确对策的能力。[2] 与抗逆力相关联的个人的品格特征包括：(1) 高自信、高效率；(2) 连贯一致的感受；(3) 对自我控制的信心、投入活动的能力以及把改变视为未来发展的挑战的态度；(4) 道德和精神层面的力量，如困难一定能够克服的信念、积极的想法以及由学习获得的乐观态度。

哈格蒂和雪罗德在研究对抗逆力的界定时曾表示，抗逆力与个人以往处理困难的成功经验相关联，不仅是个人生理、心理的个性特征，同时又受到个人的朋辈、家庭和社区支持的影响。[3] 影响个人抗逆力形成的至关重要的因素是至少获得一位社会成员或者家庭成员的关心和支持。与此相似的是，布鲁克斯认为，抗逆力的形成受到朋友、邻里、老师、教练、同事和同辈等人的影响。显然，抗逆力的形成需要同时处理个人内部和外部的压力。[4] 为了扩展抗逆力的含义，有一些学者在研究抗逆力的过程中强调抗逆力与环境的关系。亨格勒指出抗逆力被概括为个人反应，但引起并不断维持它的因素似乎在本质上是(至少部分是)生活环境。[5]

---

① Staudinger, Marsiske & Baltes, "Resilience and Levels of Reserve Capacity in Later Adulthood: Perspectives of Life-span Theory," *Development and Psychopathology*, 1993, (5), pp. 541 - 566.

② Rosefeld, Lahad & Cohen, "Disaster, Trauma, and Children's Resilience: A Community Response Perspective," *Wetport*, 2001, pp. 95 - 116.

③ Haggerty & Sherrod, *Stress, Risk and Resilience in Children and Adolescence*, Cambridge: Cambridge University Press, 1994, pp. 342 - 344.

④ Brooks, "Child at Risk: Fostering Resilience and Hope," *America Journal of Orthopsychiatry*, 1994, (4), pp. 545 - 553.

⑤ Henggeler, "Multisystemic Therapy with Serious Juvenile Offenders and Their Families," in Richman & Fraser (eds.), *The Context of Youth Violence: Resilience, Risk, and Protection*, Westport, CT: Praeger, 2001, p. 195.

曼德洛(Mandleco)和皮里(Peery)依据生态系统的视角把抗逆力的内涵分为三个部分：个人的特性；家庭环境的特征；家庭以外的社会支持。

柯比和弗雷泽从另一个视角概括抗逆力，认为抗逆力包括三种内涵：(1) 在不利的环境中克服面临的困难；(2) 在巨大的压力下维持正常的功能；(3) 从过往的创伤中恢复过来。[①] 这样的看法也获得了其他一些研究者的认同。这样，在界定抗逆力时，研究者首先需要回应两个基本问题：(1) 谁顺利渡过了逆境；(2) 在这个过程中遭遇了怎样的危机和困难。也就是说，抗逆力的概念包含两个方面的基本内容：(1) 遭遇逆境；(2) 走出困境，克服困难。也就是说，在一般人看来不可能出现积极结果的时候，却出现了积极的结果，这就是抗逆力。鲁特(Rutter)将抗逆力界定为克服压力或者逆境的结果。用更具操作性的话讲，就是尽管他(她)已经显示有患上精神机能障碍的严重危险，但其最终的生命结果仍相对不错。

有研究者把逆境中的困难称为风险因素，它包括威胁个人成长的生理、心理和社会政治等方面的因素。瑞启曼(Richman)则从理论角度将风险因素区分为确定的和非确定的两种。各种非确定的风险因素与特定的发展结果没有直接关系，而确定的风险因素则被认为与确定的不良后果有关。[②] 在此基础上瑞启曼提出，危险因素可能是个人的特征或是环境条件。在个体层次上，它们包括遗传和生物因素(如注意力欠缺、多动症或出生体重轻)以及社交特征(如冒险性格)，生态或环境因素也可以被界定为风险因素。从环境条件看，它们包括父母离婚、分居或者死亡，或者是生活在一个高犯罪率、社会混乱和经济贫困的社区中。

与风险因素相对应的是保护因素，这些因素延迟、抑制或消除他们所冒危险的个体特征或环境条件。个体因素包括智力、应对能力和性情；家

① Kirby & Fraser, *Risk and Resilience in Childhood*, Washington, D. C.: NASW Press, 1997, pp. 10 - 33.

② [美]杰克·瑞启曼等：《青少年暴力理论——抗逆力、危险和保护》，穆光宗等译，中国人口出版社 2007 年版，第 3 页。

庭中的保护因素包括家庭凝聚力、家庭支持、家庭规则或家庭模式的存在。

无论是对风险因素的了解还是对保护因素的探寻，明确抗逆力的内涵都是十分必要的。保护因素和危机因素之间的关系可以分为三种基本的情况：补偿性、挑战性和保护性。所谓补偿性关系是指保护因素并不直接影响风险因素，而是通过客观理解逆境中的风险因素的方式影响最后的结果。例如，信仰、生活的积极态度、投入的个性、良好的内心控制能力等，都不直接减少风险因素，只是帮助人们更积极地理解逆境中的危机。如果风险因素的出现促使人们增强抗逆力的发挥，这就是挑战性的关系。保护性的关系是指保护因素直接影响风险因素，降低消极结果出现的可能性。通常情况下，保护因素和风险因素被视为一个连续体中相互对立的两端。需要注意的是，危险性的总体水平，也就是所有危险性经历的累积损害，在抗逆力过程中起到了非常重要的作用。任何单一的经历，无论多么消极，只可能有很小的影响。① 不过，越来越多的研究结果表明：抗逆力并不必然以个体特征为基础；它发生在高危险和异常资源联结的时候，无论这些资源在性质上是个人的还是环境的。

二、第二代抗逆力研究——抗逆力的表现过程和内在机制

抗逆力研究的焦点在20世纪末发生了新的转向，即从抗逆力的特征和结果逐步转向抗逆力的表现过程和内在机制。为了区别，有研究者把注重抗逆力表现过程的研究称为第二代的抗逆力研究，而把注重抗逆力的特征和结果的研究称为第一代的抗逆力研究。

对抗逆力影响因素的研究瓶颈导致第二代抗逆力研究的出现。在抗逆力研究中，保护因素与风险因素之间错综复杂的关系促使研究者重新

① ［美］杰克·瑞启曼等：《青少年暴力理论——抗逆力、危险和保护》，穆光宗等译，中国人口出版社2007年版，第32页。

反思研究视角、研究方法和理论框架。有关抗逆力是个人内在的某种特性的界定，实际上基于“每个人只要努力，都可以获得抗逆力”的假设，但这样的假设同时也会带来问题，即让人们忽视逆境中具体的适应过程和潜在机制。卢塔尔(Luthar)和泽拉佐(Zelazo)希望研究者更多地关注个人与环境之间的相互作用的过程，避免把抗逆力作为形容词使用。

鲁特和同事们在研究中发现，抗逆力其实就是人们应对逆境的正常功能和反应，即在逆境中表现得比事先估计的更好一些、更顺利一些。马斯滕(Masten)更是直接将抗逆力定义为在面对阻碍适应或者成长的处境中促成积极结果出现的一系列现象。可见，抗逆力研究是充满动力的过程，是发展变化的过程，涉及人在与环境互动过程中对成长途径的探寻。它是人们在面对生活挑战时的有效调整和适应，是对不断变化的环境的积极适应，是个人运用内、外部各种资源成功化解各阶段发展问题的过程。由此可见，抗逆力实际上包含了个人在逆境中的成长发展过程。

当抗逆力的研究转向对个人在逆境中的发展过程的探索时，必然需要运用生态系统的工具探寻个人与周围环境之间的动力关系和潜在的多重机制。抗逆力与社会结构以及文化紧密相连，同时伴有具体的情境。约翰逊和维克尔强调，抗逆力的深入研究将依赖对个人—环境双向影响的过程以及潜在机制的探究和理解。因此，抗逆力涉及个人、家庭以及社会文化的影响，并可以理解成危机因素和保护因素之间的相互作用的过程。①

三、第三代抗逆力研究——实践和介入的运用

抗逆力研究自一开始就具有一定的应用趋向，因为这方面的研究结果对于干预人群，尤其是儿童和青少年的精神失调和发展以及社会政策

① Johnson & Wiechel, “Introduction to the Special Issue on Resilience,” *Substance Use & Misuse*, 2004, 39(5), pp. 657 - 670.

的制定具有非常重要的意义。例如，2001 年美国“9·11”恐怖袭击发生后，由于许多人经历了这一恐怖事件，许多家庭失去了亲人，理论界和实务界对于如何消除这一创伤事件的不良影响采取了不少方式，其中有很多学者呼吁社会从抗逆力角度入手，采取必要的步骤和措施，使这些人尽快恢复。马斯滕等人提出，对于个人和组织用来应对压力、逆境和创伤等一系列机制的调查，为个人服务计划和干预措施设计的评估及概念化都提供了新的重要信息，不管这种计划或措施是注重补救还是预防。① 理论界走向应用研究的结果是，抗逆力研究的实践和政策建议开始被酝酿。

从以上综述中我们可以看到，随着研究的深入，抗逆力的内涵在不断发生变化。从最初把它界定为对压力的消减，到个人品格特征的概括，再到风险因素和保护因素的确定，最后转向对成功适应过程的探索。在界定抗逆力的过程中，面临两个基本的问题：(1) 什么程度的成功适应才算得上具有抗逆力；(2) 什么程度的困难才算得上逆境。对这两个问题如果不能给出明确的答案，就很难确定谁真正在逆境中成长了而谁遭受了挫折。曼德洛和皮里认为，目前在抗逆力研究中存在三个方面的普遍问题：(1) 仍然无法了解什么品格特征对于抗逆力的实现是非常重要的；(2) 仍然无法开展包括不同种族、性别、年龄和民族的抗逆力的调查研究；(3) 仍然无法清晰界定抗逆力的内涵。② 也有学者质疑抗逆力的研究视角，强调缺陷研究模式的最大优势是谁做错了谁负责，可以避免不负责任的现象。甚至有些学者怀疑抗逆力研究的必要性，认为这只是心理学理论无法找到解释后的天真的幻想。未来的抗逆力研究应该给出有关抗

① Masten, et al. “Competence in the Context of Adversity: Pathways to Resilience and Maladaptation from Childhood to Late Adolescence,” *Development and Psychopathology*, 1999, (11), pp. 143 - 169.

② Mandleco & Peery, “An Organizational Framework for Conceptualizing Resilience in Children,” *Journal of Child and Adolescent Psychiatric Nursing*, 2000, 13(3), pp. 99 - 112.

逆力过程的清晰界定，并且根据研究的需要选择不同的研究范式：如果希望准确预测结果，可以选择危机干预的范式；如果希望促进研究对象的健康发展，最好选择抗逆力的范式。

三代抗逆力的研究从抗逆力的结果和特征开始，逐渐走向抗逆力的表现过程和内在机制以及抗逆力的运用。这些研究都从个人层面（包括计划能力、对抗逆力的自我界定、个体的经历）和环境层面（包括生活转折点、家庭关系的支持等）进行了研究。中国内地直到近几年才有为数不多的学者开始关注抗逆力的研究，而且研究的范围比较窄，主要集中在学校教育、青少年的成长、流动儿童的发展和适应、公务员的能力建设以及国外或者香港地区抗逆力研究的介绍和综述，鲜有研究涉及流动人口的抗逆力现状，本书正是为拓展抗逆力研究的覆盖面做了进一步的探索。

四、现有抗逆力研究的挑战

通过对中西方抗逆力研究相关文献的梳理和分析可以发现，现有抗逆力研究面临如下挑战：

第一，注重个体抗逆力特征的研究范式具有个体还原论的倾向。这类研究主要以个体心理学研究为主体，强调抗逆力实际上是个体在生理、心理方面具备的某些个性特质，即使后期的部分研究开始关注家庭、朋辈以及相关支持系统的影响，其研究的核心出发点仍停留在家庭等社会支持因素对形成有关个体抗逆力特征强弱的层面。换句话说，这类研究倾向于将抗逆力视为一种成功适应逆境的可标准化、可类属化的能力。这样的研究缺乏对社会文化和个体能动性的敏感度，其解释力也相对有限。

第二，抗逆力的风险层面和保护层面的研究缺乏对抗逆力过程的动态关注。基于心理学及社会工作预防、治疗和发展的视角，这类抗逆力研究注重将干预作用于抗逆力的风险性和保护性因素。这类研究关注研究群体的抗逆力现状和生态系统中相关因素对抗逆力的影响，通过临床心理学或者社会工作的方法进行干预，并评估抗逆力的改善情况，最终提炼出有助于提升相关群体抗逆力的策略和方法。但风险性因素和保护性因素之间如何产生交互作用，现有的研究很难做出有效的解释。

第三，抗逆力的过程分析尝试回应抗逆力个体特征和结果分析以及抗逆力干预研究如何成为可能，但缺乏清晰的理论视角。抗逆力的过程研究实际上是心理学、社会学以及社会工作多个学科综合研究的产物。过程分析早期侧重于风险因素和保护因素之间的作用力，以及个体与环境之间的互动。在新近的研究中，研究者开始注重社会文化、社会结构对抗逆力的影响以及个体自我能动性的发挥。正如约翰逊和维克尔所言，未来的抗逆力研究可能是对个体与环境（社会结构和社会文化）双向影响以及潜在机制的探究和解读。不过，这一研究倾向目前还没有解决理论框架问题，现有的研究尚未形成系统。

正是在现有理论的批评基础之上，本书基于抗逆力的过程研究视角，提出一个整合结构、文化与能动性的理论框架，从社会学的角度解读外来女工抗逆力的动态过程，并在中国的文化背景下，理解社会结构、社会文化以及女工自身能动性如何作用于抗逆力，而女工抗逆力的动态过程又如何展现在其与结构和文化的互动之中。

同时，本书将进一步拓展抗逆力的研究范围。抗逆力研究的目标群体虽始于处于高风险状态的妇女，但抗逆力的研究对象主要为儿童及青少年，对成年女性特别是流动成年女性的研究较为少见，因此本书将丰富抗逆力研究的范围。

第三章　理论框架与研究设计

本章主要对抗逆力、结构、文化和能动性的概念进行梳理，并在此基础上提出研究框架和研究设计。

第一节　概念界定

一、抗逆力

抗逆力存在于个人回应重大危机影响时所显示的能力。抗逆力被视为一种特性，一种个人所拥有的动机性力量，或者一个过程。该过程描述了个人如何使用和发展他/她自身和外在的资源来处理生活困难以及完成个人成长。此概念在国外已经被广泛运用于儿童和青少年的研究。从国外已有的移民研究文献来看，一定数量的研究已经从“抗逆力”角度出发探讨了移民的迁移、适应以及应对等过程中的心理健康与应对策略等问题。克里斯多夫、米勒和钱德使用定量方法调查研究美国的爱尔兰人和苏联的移民的抗逆力。研究表明抗逆力是两组移民心理健康强大的预报器。相反，阿罗安和诺里斯试图研究以色列的俄罗斯移民的抗逆力、人口统计学特性、移民需求和压力之间的关系，且研究结果发现抗逆力对以色列的俄罗斯移民心理健康有适当的和解效果。

抗逆力研究的结果所呈现的是一种研究范式的转变，从以往关注缺陷或者疾病的模式转向积极适应的方式。安东诺维斯基(Antonovsky)称这种新的模式为健康发展的服务框架，即不追问怎样防止问题的出现，而是探究怎样促进个人的健康发展，即运用社会结构所拥有的各种资源推动个人的健康发展。

二、结构

关于结构，每一位涉足社会学领域的大师都有过对“结构”的己见：孔德、斯宾塞的“生物有机体”之比喻，涂尔干的“结构分化”，帕森斯的“社会行动系统”，列维-斯特劳斯的“深层分化”，阿尔都塞的“多元层次及中心化”，吉登斯的“二元结构”，以及鲍曼、布西亚、福柯等的后结构主义的若干讨论。周怡曾对社会结构的范畴和本质进行了解读：(1) 如果将“社会”视为“人群的集合体”的话，社会结构就是人群集合体的具体形式，如国家、社会组织、社会群体、家庭等，结构在这里如同模型框架，它是实体有形的；(2) 组成结构的人并不是孤立的个体，而是处于一定社会关系网络中的人；(3) 结构是历史的、具体的，而非抽象的。结构就类似于一个生物机体的模型，有它自己的“输入”和“输出”，也有它自身内部的整合。这样的模型是可以通过“输入”被预设的，因为它有内部的整合；整合的机制显然来自“关系”和“规范”，整合的结果是秩序；接着，模型通过“输出”去解释事件，体现结构的社会功能，从而形成我们所谓的“结构解释”。[①]

① 周怡：《解读社会：文化与结构的路径》，社会科学文献出版社2004年版，第127页。

本书所使用的“结构”概念，体现在吉登斯有关结构的论述中。“结构指的是使社会系统中的时空‘束集’在一起的那些结构化特性，正是这些特性，使得千差万别的时空跨度中存在着相当类似的社会实践，并赋予它们‘系统性’的形式。结构式转换性关系的某种‘虚拟秩序’，是说作为被再生产出来的社会系统并不具有什么‘结构’，只不过体现着‘结构性特征’，同时作为时空在场的结构只是以具体的方式出现在这种实践活动中，并作为记忆痕迹，导引着具有认知能力的行动者的行为。”[①]而且，“结构可以概念化为行动者在跨越‘空间’和‘时间’的‘互动情境中’利用的规则和资源。正是这些规则和资源，行动者在空间和时间中维持和再生产了结构”[②]。考虑到吉登斯的结构化理论对规则的理解缺乏足够的文化敏感性，且没有对结构与文化进行区分，因此本书拟引入格尔茨的文化概念进行补充。

三、文化

最早的文化定义来自爱德华·泰勒，帕森斯则把文化定义为社会角色及其期望的模式化或制度化体系。这种体系乃一整套共同的价值和规范，文化实际上就是借助价值和规范去引导社会中的个体的行为，以达到社会的一致、整合或曰为社会秩序。丹尼尔·贝尔的文化概念略小于人类学的大定义，他将文化的定义局限在表达性象征的意义领域内，他的界定既有格尔茨的符号体系观念，又有了一些文化的诠释功能。布迪厄和其他后现代社会学家则将文化概念体现在社会分层和权力运作方面。布迪厄强调人们可以通过探讨个人或群体所把持的文化资源、文化过程和制度去发现他们的社会阶层位置。史密斯在其《文化——再造社会科学》

① ［英］安东尼·吉登斯：《社会的构成》，李康、李猛译，生活·读书·新知三联书店 1998 年版，第 79—80 页。
② ［美］乔纳森·特纳：《社会学理论的结构》，邱泽奇等译，华夏出版社 2001 年版，第 170 页。

一书中指出，越来越多的实用主义者开始关心意义和解释是如何成为实际问题的“实用内容”的产物和社会生活的目的，而精神被认为是解决问题的工具，是一个总在发展中的“思考过程”，而不是一个固定的事物。[①]在互动论的视角中，社会行动者和他们面对面的微观互动是一切社会生活的基础，它主张任何(个人的、政治的、哲学的或科学的)概念或观点的意义被定位于产生了意义的经验性环境中。自我不是一架理性计算的机器，而是人与人之间的持续互动过程以及对不可预期的关系进行意向性解释的变动产物。

本书对于“文化”的理解，采用的是格尔茨在《文化的解释》一书中关于文化的定义，即“文化是一种通过符号在历史上代代相传的意义模式，它将传承的观念表现于象征形式之中。通过文化的符号体系，人与人得以相互沟通、绵延传续，并发展出对人生的知识及对生命的态度”[②]。而且，“当文化被看作控制行为的一套符号装置，看作超越肉体的信息资源时，在人的天生的变化能力和人的实际上的逐步变化之间，文化提供了链接。变成人类就是变成个体的人，而我们是在文化模式指导下变成个体的人；文化模式是历史创立的有意义的系统，据此我们将形式、秩序、意义、方向赋予我们的生活”[③]。

四、能动性

关于能动性，W. I. 托马斯曾在《不适应的少女》一书中提出“处境之定义”：在行为上，任何自我决定的举动发生之前总是有着审视和辩说的阶段，我们可以称之为处境的定义。布鲁默从符号互动论的立场出发，认为社会组织提供了一个框架，各个行动单位均可在其间发展其行动，诸如

① [英] 马克·J. 史密斯：《文化——再造社会科学》，张美川译，吉林人民出版社 2005 年版，第 40 页。

② [美] 克利福德·格尔茨：《文化的解释》，韩莉译，译林出版社 2008 年版，第 109 页。

③ [美] 克利福德·格尔茨：《文化的解释》，韩莉译，译林出版社 2008 年版，第 65 页。

“文化”“社会系统”“社会分层”或者“社会角色”之类的社会结构性特征为他们的行动设置了条件，但却并不决定他们的行动。吉登斯也提到人类的反思能力，即一种能够改变情境的能力。

吕炳强也提道，当行动者身处震荡（辩证的或逻辑的）状态之中时，他不仅要自主地界定自己的“处境之定义”，还要主体地来回穿梭于两种震荡之间，自主地调整主体经验中的各个定义（自己的、对手的、“暂时无人认领或带自主性或被给予的”）在贝叶斯分类里的前后次序。至此，行动者的主体性可以说几乎完全被他的能动性所遮蔽。[①] 在中国儒家文化中，文化与结构规范之间存在着不少紧张和冲突，所谓忠孝不能两全、公私不能兼顾以及仁礼之间的基本冲突等都说明了这一点，其中尤以个体自主的价值与家庭主义之服从这两者之间的冲突最为突出。[②] 然而，结构因素固然对人构成约束，但也为个人提供了文化资源，成为个人主动性行动的后援，相对于社会结构的约束，个人不是完全被动的。人不纯粹是文化麻木的载体，他有相当的思想与行动的空间来适应、调整乃至改变这些结构。[③]

特纳提出的角色抉择的概念也为静态的、决定论色彩过于浓重的角色概念提供了一个矫正之方。他认为角色关系的充分互动，不仅仅是规范的或文化决定论的延伸，实际的角色关系或多或少产生于理想的规范与灵活的角色抉择过程，即他人对他的结构性要求与自身的目标和情感的需要之间的一种稳定性的动态调和。实际上，中国人赋予了个体自我大量的自主性。中国文化中的“己”作为一个实践体，能够改变和创造同他人的角色关系，甚至与社会结构的关系。孙立平也曾提到过“实践的增量”的概念。孙立平在他的“实践社会学”理论中，曾提出过一个概念叫作

① 吕炳强：“行动历程中的叙事与筹划”，载《社会》2011 年第 4 期。
② 金耀基：《中国社会与文化》，牛津大学出版社 1992 年版，第 6 页。
③ 金耀基：《中国社会与文化》，牛津大学出版社 1992 年版，第 VIII 页。

“实践的增量”，强调实践是一种动态过程，在实践状态中，许多静态结构中没有的东西都产生了，这就是实践的增量。但是他也认为，增量部分与结构有着密切的关系，是某种潜在的东西被激活了。①

在吉登斯看来，“对于个体实施的行动，我们不能错误地将它可以描述的特性当成个体对它持续的监控过程。能动作用不仅仅指人们在做事情时所具有的意图，而是首先指他们做这些事情的能力。能动作用涉及个人充当实施者的那些事件，即在行为既有顺序的任一阶段，个人都可以用不同的方式来行事。倘若这个人不曾介入，所发生的事或许就不会发生”②。在此，个人可被视为积极的能动主体，可以通过有目的、反思性的行为而作用于行动过程。个人的能动性表明人是为社会文化结构所影响但也可以反过来影响社会文化结构的、具有改变能力的个体选择或行为，人的能动性是因时而变、前后相继的。

第二节　研究框架

一、框架的提出

从第二章的文献综述中可知，尽管目前的研究已形成了大量关于外来女工现象的概念及分析框架，然而这些分析框架未曾涉及抗逆力领域。事实上，在外来女工在城市中的生活与工作状况，以及她们与城市制度、人口、文化等层面的关系中，抗逆力是对她们这些行动与状态的一种极其重要的理解视域。当前抗逆力研究领域中，大多研究更加注重的是个体内在特质，以及个体外的环境之于抗逆力的影响，或者聚焦于抗逆力的影

① 孙立平：“实践社会学与市场转型过程分析”，载《中国社会科学》2002年第5期。

② [英]安东尼·吉登斯：《社会的构成》，李康、李猛译，生活·读书·新知三联书店1998年版，第69—70页。

响机制，如保护性机制和风险性机制，以及抗逆力的过程分析，而关于个体的社会结构之于抗逆力的关系，或文化之于抗逆力的作用则几乎没有被涉及。显然，外来女工的抗逆力状况不可能从这些微观层面或过程分析中得以全面把握，外来女工在城市中工作与生活，必然会与城市社会结构的各个层面有着交集，进而与其构成关联，而她们自身的文化背景肯定会在城市里遭遇本土文化。然而，这些却不在现有的抗逆力研究的关注范围之内。因此，本书认为，我们不能单纯地从个体层面(诸如动机理论)来理解外来女工的抗逆力，而是应该注重从"社会的"角度加以理解与解释。

本书尝试结合微观与宏观的视角，在综合吉登斯的"结构化理论"和格尔茨的"文化"概念的基础上，提出本书的分析框架，即从结构、文化与能动性三者互动的角度展现外来女工抗逆力的动态过程(具体见图3.1)。在此研究框架中，抗逆力被视为一个动态的、多样的、发展的、立体的过程，是一个个体与环境之间持续的互动过程。心理学、社会工作等现有的研究注重个体的抗逆力特质，诸如认知、情感、身体、行为等特质。本书不将抗逆力视为个体的一种固定品质，而是跳出"个体还原论"，注重个体的抗逆力过程，并借助于结构与文化的相关理论视角，对抗逆力的过程(即个体与环境的互动过程)加以分析与解读。在此意义上，抗逆力不仅是一个动态性的概念，即体现为个体与环境互动的结果呈现，是一种在互动基础上适应良好的结果，而且也是一个"社会性"的概念，即体现为结构与文化各要素的相互作用的动态过程。

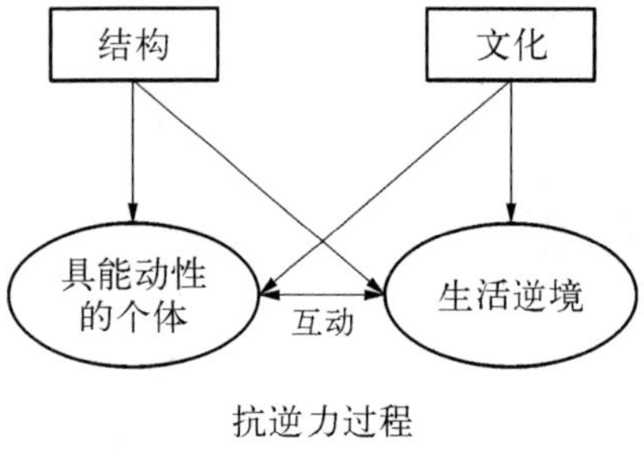

图 3.1 抗逆力的研究框架图

二、理论框架说明

与西方主流抗逆力研究取向有所不同，本书的研究框架乃是置于中国社会语境下的一种理论假设，而其中最主要的差异在于前者是将抗逆力置于个体本身能力之中加以审视，而后者则将之放置于个体所处关系系统中进行解读。边燕杰认为，个人主义的本质特征是利益本位、个人导向，而集体主义与个人主义针锋相对，其本质特征是价值本位、集体导向。但是，关系主义与个人主义、集体主义有着完全不同的理论逻辑，关系主义的本质特征是伦理本位、关系导向。在关系主义理论家看来，个体和集体的利益及其边界是动态的，因为它们植根于个体与个体、个体与集体、集体与集体的关系之中。也就是说，与个人主义、集体主义文化中的权、责、利相对应，关系主义文化中的行为规则是熟、亲、信。[①] 于是，为了理解中国社会语境中的抗逆力，本书不能忽视关系之于个体的核心意义，且将抗逆力放置于"关系"及其一系列行为规则中，考察个体抗逆力的动态性过程。

首先，结构面向上，抗逆力过程生产于"结构"又反作用于"结构"。抗逆力在个体与结构的互动之中展开，"结构"在吉登斯眼中也是一种实践过程，抗逆力过程所生产的结构，正是吉登斯所界定的结构。"结构二重性"用于分析外来女工的抗逆力，具备了理论上的可能性，且有着理论基础。"结构二重性"非常注重"实践"的作用，尤其是它在由规则和资源所形成的结构的运作中的作用。吉登斯认为，只有在实践过程中，规则和资源才能运作，才有动力，才有动态与转换性。在此，抗逆力与其过程中的"结构"紧密关联，"结构"不断地被卷入由个体在特定时空情境中的抗逆力行动所构成的社会系统中，在时空条件下被不断地再生产，与此同时，个体的抗逆力行动流在多样性条件下又创造出各种规则和资源，以至形成新的"结构"。个体的抗逆力以个体在逆境中与环境的互动过程得以表现，而此过程中的风险因素与保护因素与个体在此实践过程中的资源与

① 边燕杰：《关系社会学：理论与研究》，社会科学文献出版社 2011 年版，第 2—3 页。

规则有着密切关系。于是，"结构二重性"实质上得以展现，即社会结构既是由人类的行动建构，同时又是行动得以建构的条件和中介。

结构视域下，单纯的行动或是结构都不是社会生活的唯一内容，行动与结构两者都在社会生活中占据重要的位置。行动和结构不是截然不同的两种既定的现象，而是实践中两个相互渗透的面向。如此，只有从抗逆力的实践出发，才能对外来女工的社会生活（即抗逆力过程）做出合理的阐释。在意识层面，行动者具有无意识动机、实践意识和话语意识，行动者的反思能力始终贯穿于日常行动流中，且多数情况下存在于实践意识之中。行动者的行动是一种持续不断的行动流，行动并不是由一系列单个分离的意图、理由或动机组成的，而是一个行动者不断地加以监控和反思的过程。个体与环境的互动过程，可视为一种结构意义上的行动流，而在该过程中，行动的"反思性""非决定性""社会性"等得以凸显。从结构来分析抗逆力过程，它将被看作一个规则与资源不断地组合且嵌入行动流中的过程。于是，个体的抗逆力通过个体在逆境中与环境的互动得以表现，而此过程中的风险因素与保护因素与个体在此实践过程中的资源与规则有着密切关系。在个体抗逆力行动流中，与个体有关的规则和资源在过程中形成了一个动态性的"结构"，而不同的规则与资源的组合恰恰分别与风险因素和保护因素形成了互动关系。

简而言之，本书从结构维度上进行分析的思路是：抗逆力是一种动态的过程，是个体与环境之间相互影响的互动过程，是个体与环境互动过程所涉要素中的保护因素与风险因素相互博弈的过程。

其次，文化面向上，抗逆力过程展现出一系列文化符号，且这些"符号"在抗逆力行动流中构成了"意义"。本书在文化维度上关注的重点是如何通过"文化"进一步深入理解"行动"，其目的在于对"行动"的解释，尤其是对"意义"的阐释。在此，被视为行动流的抗逆力，不再被视为个体的一种心理学意义上的特质，而是文化的产物。抗逆力是在特定时空情境中的那些对个体而言具有风险性的单元过程的一种行为，这种行为也是个体与该情境中文化的交互作用的结果，因为，若缺乏有意义的符号体系提供的指导，它就不可能指引个体的行为或组织个体的经验以应对风险。抗逆力作为行动流，有来自文化所提供的信息，即随成长过程而积累起来的有意义的符号储备。

文化视域下，来自不同文化背景的人类相互理解的基础是研究者作为“转译”的中介人，借此文化差异得以解释，双方进而在解释中走向理解。于是，文化之于外来女工抗逆力的分析关注于：以外来女工抗逆力过程作为文化载体，其呈现的符号凝结着特定的意义，而探索这些意义，则需要进行符号上的解码，即转译。因而，研究者可以借助文化的解释进行对话，进而从文化层面上理解外来女工的抗逆力。外来女工的抗逆力被视为行动流，而行动中所隐含的动机则由于目的而“被赋予意义”，如此，抗逆力的本质在于通过行动过程展现意义符号，且“意义”在行动流中传递。

在吉登斯看来，个体行动所属及所生产的“结构”并未明确分离出文化的地位或角色。他并未区分“结构”与“文化”之于个体行动者行为的不同作用，而是用“结构”加以解释。由此，“文化”被囊括于“结构”中。然而，中国社会的文化对于个体行为的意义不可小觑，并且以关系主义为本位的行动逻辑深化了“文化”之于个体行动者行为的影响及意义。

如此，本书框架通过“意义”解读抗逆力，而作为一个特定过程中的行动流，其承载的各种“符号”之意义就显得尤为重要。换言之，抗逆力作为一种行动流，其过程中的物质、行动、事件和语言等，都承载了某种意义，而这种意义又由象征符号来承载。在此，本书从文化维度上来解读与理解外来女工的抗逆力，通过解读她们在日常活动中的行动流所内含的“意义”，对她们与环境互动的风险过程中的象征符号加以理解，并以此从不同于个体心理学而是社会层面来理解她们的抗逆力。

基于这一理论框架，本书的研究问题是：外来女工遭遇的困境是什么？她们是如何解决的？她们的抗逆力过程是如何展现的？她们如何与结构和文化进行互动？

第三节 研究设计

本书的研究对象主要是外来女工，学界对其尚未有一个明确的概念界定。自20世纪80年代以来，大量的农村年轻女性进入城市工作与生活，“打工妹”最先被社会各阶层与媒体用于称谓这一女性群体。进入21世纪后，政府及社会各界在诸多政策法规文件中将“农民工”改称为“进城务工人员”。[①] 而本书则着重关注那些在工厂务工的外来女性，她们主要在沿海地区工业园区的轻工、电子、玩具等加工型企业工作。本书所使用的“外来女工”一词包括以下属性：非城市户籍，主要在或者曾经在城市中制造业类企业务工的女性。

一、资料收集方法

本书以深度访谈法和文献法收集资料，互相检验、补充和整合，由此可以更深入和完整地了解外来女工的现实生活，并具有科学反思的潜力。

第一，文献法。笔者注重一手资料的收集，这些资料主要包括外来女工所在工厂的规章制度，如考勤制度、安全制度、质量制度等，同时还有部分女工的工资单和请假条等。

第二，深度访谈法。本书主要采用半结构式的深度访谈，把外来女工自我叙述的工作和生活经验、主观感受和想法作为主要的资料。在半年

① 汪勇：“‘农民工’称谓的历史演变及其启示”，载《南京社会科学》2007年第11期。

多的时间里，笔者在上海浦东的9家工厂进行了深度访谈，一共有28位女工参与了访谈，这28位外来女工分别来自安徽、山东、福建、广东、四川、江苏、浙江等地，她们大都是一线的操作工人，每位女工的访谈时间在1小时左右，使用半结构式的访谈方式，访谈提纲见附录。在此过程中，笔者希望自己能够突破对宏大叙事的追求，关注日常生活及相关细节，倾听女工自己的声音。

二、质性研究与调查过程

本书采用的是质性研究方法，该方法具有这样一些特点：一是自然主义的探究传统，追求在自然情境下对个人的日常生活等进行研究，即任何情况下都不能脱离其环境而进行理解，理解涉及整体中各部分之间的互动关系；二是对意义的“解释性理解”，研究的主要目的在于对被研究者的个人经验和意义建构进行“领会”；三是演化发展的过程，即研究是一个动态的过程，研究者和被研究者双方都可能发生变化；四是使用归纳法，即研究者在收集和分析资料时走的是自下而上的路线，在原始资料的基础上进行分析。本书基于质性研究方法，通过深度访谈和文献法收集资料，以此深入和完整地了解外来女工的“生活世界”及“抗逆力”。

本书着眼于外来女工，研究的对象主要是在城市大型工厂务工的外来女性。实地研究的空间范围主要限于上海市的近郊地区，这个地区是长三角大型工厂的集聚地之一，大量外来女工在此工作与生活。笔者选择了上海某近郊社区，该社区地处工业区附近，交通便利且房租便宜，因此吸引了附近十多家工厂的近600名外来务工人员在此居住。笔者在2009年10月通过房东介绍，访谈了10名外来女工。2010年5月，笔者进行第二次回访，其中有3位女工已经搬离了该社区，失去了联系。2010年8月，笔者通过滚雪球的方式，又访谈了18位外来女工。2010年10月，笔者将整理好的访谈记录与12位被访者进行交流，完善资料。

三、资料分析

研究者对资料进行了整理和编码，提炼出在与外来女工的访谈中不断重复的主题，并将主题主要聚合为结构与文化两个元主题，而在这两个元主题下面还包含着能动性这一元主题，因为能动性是在文化与结构的互动之中展现的，所以很难被单列出来。

为了更为直观地展现抗逆力的过程，本书以小梅的生活史展现结构、文化和能动性的动态过程。后面的分析将不断与小梅的故事进行对话，从而看到其中的共同点与不同点。

四、资料的信度、效度及伦理分析

本书主要采用笔者在选定地点所获得的实地调查资料，以及国内其他研究者所获得的大量调查研究资料，来论证和支持本书的主要论点。笔者在选定地点所获得的资料主要包括：大型工厂的规章制度，个别雇主的访谈资料，外来女工的访谈资料。

为提高本书的外部信度，本书将笔者自幼生长的社区作为实地研究的地点。笔者首先联系了社区的“热心房东”，他们热心于社区事务，对当地人和外来人员都比较热情。房东的介绍能够有效缓解被访问者的怀疑和担心。笔者在进入现场前制作了知情同意书和印有调研目的的半结构式访谈提纲，并在访谈前再次强调本次调研目的和调研内容。在内部信度方面，笔者在深度访谈过程中进行了完整录音，并在当天进行资料录入与整理，如出现资料不清或者矛盾的地方就采取电话沟通。在第一次访谈的半年后，为确保资料的真实性和完整性，笔者对第一批的 10 位被访者进行了回访，最终找到的 7 位被访者都认可访谈内容并对一些主题进行了深入探讨。当笔者提出希望每一位被访者可以邀请 2～3 位外来女工参加本次调研时，有多位被访者表示愿意帮忙。两个月后，在多位被访者的介绍下，笔者又访谈了 18 位外来女工。

本次研究主要通过深度访谈收集资料，但在整个过程中，笔者也通过文献资料和观察进行三角互证，减少主观感受对资料收集和分析的影响。

笔者在收集资料和使用资料过程中秉持“知情”“匿名”“互惠”原则。在访谈之初，笔者就向每一位被访者说明调研目的和资料可能使用的情况，每一位被访者都签署了知情同意书。本次调研内容有不少涉及隐私，因此笔者在呈现相关资料时均会采取匿名的方式，最大限度地保护被访者。在调研早期，笔者更多是通过调整各种研究方法，确保更深、更全地收集资料。但渐渐地，笔者发现不少外来女工心理压力很大，很需要倾诉和支持，因此笔者也通过面谈、电话和网络等途径与她们交流，给予她们希望和支持。

第四章　抗逆力的动态“呈现”：外来女工小梅的生活史个案

小梅，1986 年出生在四川巴中，高中学历，家中还有一个在四川大学上学的弟弟。父母原以种地为生，1995 年开始做收粮的生意，生活条件在当地处于中等水平。父母一直希望姐弟俩能多读点书，将来找份好工作，出人头地。然而令人遗憾的是，小梅高中毕业后没有考上本科，于是选择了打工，她只身前往广东东莞，开始了打工之旅。之后因为婚恋的原因，她又在上海工作和生活。

第一节　外出打工的动因：备受束缚的生活

小梅家里的生活条件在当地还算不错，因此父母有条件供小梅和弟弟读书。小梅在当时是村里唯一的女高中生，虽然成绩一直没有弟弟好，但还算稳定。2002 年，小梅考上了市里的一所寄宿制高中，这使得其父母在生活等方面难以给予及时的照应，自然会多给她一些零花钱以备不时之需。小梅的高中聚集了各乡镇的学生，虽然学校在市里的排名也数一数二，但毕竟林子大了什么样儿的鸟都有，小梅也渐渐被一些不良的风气同化了，大把地花着零花钱，沉溺于吃喝玩乐，没有心思念书。高一第一学期期末考试的前三天，她突然就决定不读书了。

当时，小梅的母亲非常生气，逼着她去读书，但是小梅非常倔强，怎么也不肯去读。“我爸妈一直说，我是铁头，想到做什么都不回头，当时我就是不想读书了，就想去打工。”在小梅的坚持下，母亲在无奈之下联系了在广东东莞打工的姐姐，麻烦她操心一下女儿以后在东莞打工的生活。因为家里一直不支持，小梅就只好孤身一人坐车去东莞了。“坐着火车，看着路上的风景，当时我觉得很开心啊，我之前还从来没有出过远门。”下火车后，小梅的大姨来接了她。刚下火车的小梅就被广东的高楼大厦征服了，她想着未来一定要在这里扎根。满怀好奇、兴奋的小梅跟着大姨住进了宿舍，开始了 2003 年 3 月到 2003 年 6 月的第一段打工经历。“到 2003 年 6 月的时候，我觉得坚持不下去了，生活太孤单，工作太枯燥，太辛苦了，我想回家读书。”小梅的决定让母亲很愤怒，母亲说既然当时做了决定就不要后悔，但父亲总是心疼女儿的，小梅的父亲心一软就让她回到学校继续读高中了。

三个月的打工经历让小梅开了眼界，但是小梅的心正如放出去的箭一样收不回来。“我就觉得收不住心，根本就没有办法坐下来读书，但是既然我说要读书就必须坚持。”于是，小梅从 2003 年 9 月开始重新读高一。到了高二第二学期，因为选文理科的事情，家里又发生了矛盾。家里人一定要她读文科，希望她将来读个师范学校，毕业了可以当老师，但是小梅觉得读师范没有意思。迫于家人的压力，小梅最终选读了文科。不知道是高考时运气不好还是其他原因，小梅只考上了大专。这时，家里人开始为小梅谋划未来，让她在学技术和读师专之间做抉择，但是当时的小梅只想做一件事情，就是离开家乡过自由的日子。她回忆说："我只是觉得自己年纪大了，比周围的同学都大，再去读书没有意思。而且周围的初中同学都出去打工了，我也想再出去。"于是 2006 年 7 月，小梅第二次离开了家乡。

第二节　外出务工之路

一、打工初体验

2003 年 3 月，小梅在高一第一学期的期末考试之前选择了离开，因为她觉得读书没有意思。年仅 17 岁的她带着父母亲给的 300 元现金出发了，心里没有恐惧，没有害怕，所有的这些情绪都被"好奇"和"兴奋"掩盖了。小梅从成都出发，坐了 30 多小时的火车来到了东莞。繁华热闹的东莞让小梅这个连家乡小镇都很少去的女孩傻了眼，大姨领着懵懂的小梅来到了自己打工的工厂，带她住进了宿舍。

3 月的广东天气很好，初来的小梅每天早上都到贴着招工启事的工厂找工作，她大姨也托同乡和亲戚为小梅找工作。亏得大姨一家已经在广东打工十多年，对找工作的事情熟门熟路。但是，即便如此，小梅找了一周还是找不到工作。"这时候，我有些担心，因为所有的工厂都说要有经验的工人，但是我什么也不懂。家里人说让我骗人家说自己在电子厂干过。我结结巴巴地说了，但是没有人相信我。因为我的四川口音很重，普通话很烂，更不会说广东话。关键人也土，所以没有人相信我已经在电子厂做过。虽然我觉得我年纪小，学什么都快，但是厂里还是希望招有工作经验的。""当时，也跟父母说了狠话，怎么好意思刚出来就回去。"所幸，小梅的大姨终于在十天后为小梅找到一家电镀厂的工作。

“那时，我走进那家电镀厂，心里就在想：我的妈呀！这就是简易棚搭起来的嘛！所有的工人都穿着水靴。厂里的温度很高，特别是在喷漆的时候，还有令人作呕的味道。”小梅被分发到一副手套，然后就被要求站在一位熟练的工人旁边开始工作。她的那道工序就是把电镀好的产品分门别类地放好。“那些电镀的产品都需要清洗，我们工作的那个地方温度非常高，不管是冬天还是夏天，都非常热，如果在那里工作两小时，你摸一摸脸，就会发现脸上流的不是汗，是盐，那种热没有办法忍受。”“我前面的几道工序是这样的：第一道是电镀，第二道是喷漆，然后放在水里清洗，再烘干。我就是把刚烘干的产品根据铜、铝、铁的属性以及样式分类，然后根据要求用报纸或者袋子包装好。那个很烫的，所以工厂发给我们每人一副手套。”

年轻的小梅没有经过培训，没有签署任何书面劳动合同，就开始干起来了。“我真的什么也不懂，就是觉得很好奇。我刚上班那会儿精神特别好，每天工作 12 小时，两班倒，轮到我上夜班的时候，早上 7 点下班后我就回宿舍洗脸刷牙吃早饭都不要睡觉，然后直接去工厂附近的网吧，玩到凌晨 3 点多钟才去睡觉，这样的日子持续了两个月。”“刚开始，就是觉得好玩。还有就是工厂里的人很多很杂，还有两个帅哥，有两个跟我年纪差不多的女孩子。”小梅说，其实她 17 岁来到东莞打工不是最小的，毕竟她是高一上了一学期才出来的，有些工人只有 16 岁，有些个子只有一米五多一点，看着像个小孩子。

“新鲜感很快过去了，到了五六月份天开始热了，而且电镀有喷漆的，温度很高，味道很大，非常刺鼻。我受不了。我记得有一天气温大概 36℃，又是因为赶单子加班，当天就有好几个人晕倒了，我也晕倒了。晕倒的时候很难受，我就被扶到旁边休息一下，然后继续干活。”“但是看到那些主管们煞有其事地走来走去，看到人家字写得漂亮，我也觉得读书还是不错的。"更令小梅觉得不舒服的是，工厂的主管非常没有素质，经常骂他们，这让年轻气盛的小梅难以忍受。而且电镀厂的工作条件让小梅的身体出现了不适，"手指很痛，脸上很痒，疯长痘痘。"小梅决定辞工，但是没有合同的保障，小梅只能拿着 300 多块的工资悻悻而去。她说："我觉得打工太辛苦，还不如回家读书。"与父母软磨硬泡之后，小梅又回到四川开始读书了。要是真能安安分分地待在家乡念书，小梅的父母也还算欣慰，只是远离课本的这半年已经严重影响了小梅的生活习惯，小梅对待学习更是心不在焉，虽然一直想要坚持，但总有些细枝末节的事影响着小梅的心情。2006 年 6 月，小梅高考失利，父母希望她复读，但是小梅觉得自己中途辍学过一次，年龄肯定比同班同学大，也就不太想读了。小梅知道自己的表妹都已经结婚生子，她的心又开始蠢蠢欲动，想再度出门打工，寻找属于自己的新生活。当然她心中也有另一个想法："我父母就是从做很小的生意开始，也慢慢做成了，我先出去看看吧。"

二、第二次外出打工

2006 年 7 月，20 岁的小梅第二次离开四川老家，她又选择了前往东莞。"大姨和表妹她们都在那里，我肯定要去那里。关键我爸妈也不放心，我只能去有亲戚的地方。"第二次来到东莞，小梅对这座城市已没当初那么有新鲜感了，她心里想的就是赶紧找到工作。那时，东莞的职业介绍所已经很多了，小梅在一家职业介绍所花了 300 块介绍费进了快鹿电动车厂，是劳务派遣的性质。"走进快鹿，我第一个感觉是我好老啊，里面的小姑娘都好年轻啊。分配工作岗位的时候，不知道是因为我具有高中学历还是其他什么原因，我竟然被安排去做仓管。"仓管的工作很清闲，但对于 20 岁的小梅来说，清闲带来了两个不可回避的问题：第一，没有太多的人可以聊天；第二，工资只有七八百块。而当时大多在生产线上的工人的工资都已经在 1500 元以上了，在订单多的情况下，能拿到 2 000 元。

“我的同学都已经挣 1 000 多元了，我只有 700～800 元，我觉得好丢脸啊。我也不敢找人聊天，我觉得很不好意思。我表妹工资挺高，有时近 2 000 元，我觉得一定要离开了。因为我们出来不就是为了赚钱吗?”

小梅把她的想法跟大姨和表妹说了，正巧表妹当时去了一家非常著名的电子厂，为诺基亚手机做配件，就让她也去那家工厂。“走进那个工厂，我又傻眼了。那家工厂真是好啊，工厂外面有草皮，厂房非常干净、整齐，还装有空调。负责人事工作的人还告诉我们可以包吃包住，并保证待遇 1 600 元以上。”小梅动心了，特别是工厂制定了明确的员工职业发展规划，让小梅觉得这就是她理想中的工厂。不过小梅也意识到，在这家工厂工作的压力很大，他们经常组织员工参加各种考试。在晋升方面，员工都可以考拉长(负责一条流水线，一般 10～40 人为一条拉线)。只要考试过关，都可以往上提，这让小梅觉得工作有希望、有盼头。“这家工厂特别好，如果员工向上头反映一些问题，工厂马上会召集全体员工召开集体会议讨论这些问题。工厂还会组织培训，员工都是一批批招的，然后集中培训，培训有 2～3 天，主要包括工作知识点、安全知识以及合同等相关知识。我很喜欢这家厂，不仅工作时长还可以接受，每天工作 12 小时，而且管理也比较人性化，不像小厂的领导会随便骂人，这里的拉长会很有耐心地教你，不会骂你。你表现得好，就会被提拔，没有太大的偏心，我们每个月都有评优，拉长如果觉得你好，就会提拔你为副拉长，平常 3～6 个月都有考试，可以有机会晋升拉长，当然你也可以直接告诉拉长自己想当拉长。但是，不是所有人都喜欢当拉长，因为拉长最辛苦了，我们上 12 小时班，拉长要上 20 小时。而且拉长也很难做人，他尽心尽责想管好我们，但工作效率低或者被投诉的时候就会影响到拉长，领班和主管才不管是谁的问题，矛头总是指向拉长的。我有个老乡当时考上了拉长，做了 3 个月瘦了 10 斤，因为几乎每天都干 20 小时，她实在吃不消。拉长要把每天拉线上的所有东西都处理好，不能留到第二班，所以必须加班处理。”

这家厂是小梅比较喜欢的一家工厂，如果不是因为结婚，也许小梅会在这家厂做很久。“这家厂很严格，但也讲规则，就算拉长都喜欢能说会道的，但是能做到的也就是安排她喜欢的人干轻松点的活。所以，我想在这家厂好好干，多赚点钱。工作三四个月后，我开始定位了。其实出门打工前，我就一直想在一家好点的厂干长久些，我想一个月赚 1 600 元左右，自己花一点，然后一个月省下 1 000 元，4 年后也有四五万元，我就可以开小店了。”于是，小梅就去考拉长了，小梅认真地看了员工手册以及相关知识，顺利通过笔试，但是没有通过面试。在面试时，人事部门的人就说小梅胆子小，没有办法管下面的人，让她先锻炼锻炼。“其实我也知道自己的问题，也在工作中慢慢体会到了这个问题。比如，拉长让我做比较累的活，我自己从来不说什么，就是干。我想，如果我做拉长，最辛苦的人就是我了。”在东莞的第一个半年，小梅也有过两个想法：第一个想法就是想挣点钱之后去做点小生意，她有一个同事每天早班后都去摆地摊，但是小梅一直没有搞清进货渠道；第二个想法就是学电脑，因为她看到工厂里招办公室文员，她就边工作边学电脑，但是小梅渐渐意识到如果没有好的关系根本不可能当文员。“半年后，我就觉得，还是老老实实上班吧，多加班，多攒钱。因为以后无论想干什么都先要攒钱。然后还得有人提点和帮忙，我那时就想到我表妹。毕竟我们都是一家人，可以相互信赖和照应。”小梅把她的想法跟大姨商量，但是大姨她们极力反对。她们认为打工的收入很可观，比她们刚出来的时候好太多了，她们在广东打工 10 年来工资一直很低，而现在小梅就已经能拿 2 000 元，这个工资对于小梅大姨她们来说已经很好了。

“我大姨天天给我施加压力，然后给我妈打电话，让我妈劝我，我就一直觉得要坚持、再坚持。当时坚持的理由就是因为我觉得周围的朋友都在工厂上班，就忍下去算了。有时我在上班的时候跟大家聊天，想找一些有想法的人聊天，但是没人跟我聊这个话题，好像在那家厂里上班的人都是喜欢上班的。有些人因为100块钱从这家厂跳出去,然后跳回来,进进出出,反正都是在线上工作。我就想如果我出去了,我肯定不会回来,因为我觉得很没意思。"

小梅是个很有计划的女孩。"我还是有近忧的,还是有点想法的,我想24岁结婚,当时家里人把我跳槽和做点小生意的想法压下去后,我就想在这家厂里先工作四年,然后攒点钱,一个月存1 000～2 000元,然后回家做生意。"但是小梅的这个想法很难实施,因为小梅的表妹(比小梅小半岁)已经结婚生孩子了,那时候小梅的母亲就经常哭,非要小梅早点结婚,然后对小梅下了最后通牒,"如果你再不回老家,我就到广东把你拎回去"。"我大姨也一直反对我在广东找对象,因为不是熟人介绍怕不了解,他们思想比较传统,这也影响到我的选择。"

其实在找对象这方面,在工厂上班也增加了很多麻烦。在电子厂上班,最难熬的事情就是"孤独",虽然小梅所在的电子厂有1 000多人,但男生只有100人,在厂里可是炙手可热的。年轻的小梅看到人家谈恋爱,也萌发了谈恋爱的念头。"那时候觉得好寂寞好无聊,然后看到周围的人很年轻就谈了恋爱,我自己还虚拟了一次恋爱。其实我心里一直觉得孤独,上班还好,下班很孤独。但是我一直比较理智,还是让自己现实一点。我看到别人谈恋爱,自己也很想。但是有很多同事都说要同居,我就非常接受不了。"

小梅2006年夏天才出门打工,但当年年底小梅母亲就开始催小梅回家相亲结婚,有主见的小梅常常给母亲做思想工作,小梅母亲的态度虽然软化了许多,但还是天天催着小梅去相亲。2007年年初,小梅老家的亲戚为小梅介绍了对象,对方是做小生意的,开了三家小超市。小梅的母亲觉得男方的条件非常不错,男方对小梅家也很满意。只是当时的小梅很抵触。"我觉得相亲很傻,既然出来了,应该在外面找,回家相亲,就像是找不到对象一样的感觉。我就不回去,我很叛逆,错过了那次机会后,我妈妈气得要死，然后家里人，大姨和表妹天天跟我说结婚是什么，结婚后要过什么日子，该怎么过日子。”只是，小梅一直不想要这样的婚姻。

到 2007 年下半年的时候，小梅妈妈和大姨觉得拿她没办法了，就想让小梅的小表妹和小梅一起回去相亲，因为这个小表妹跟小梅在同一家厂里上班，平时关系好到穿同一条裤子。“因为他们知道表妹干什么，我就干什么。我想干什么，我表妹也会跟着干。家里人就天天鼓动我表妹，后来我表妹被说动了，决定回家，我也就回家了。”

第三节　恋爱与婚姻：经历波折重重的婚恋

一、被迫相亲

从 2006 年 7 月到 2007 年年底，小梅已经基本适应了东莞的打工生活。但是迫于结婚的压力，小梅还是在年底回家相亲了。“我回家相亲一点感觉也没有，我谁都不想见。第一次相亲，我头发也不梳，就穿个拖鞋，没想到对方还是愿意跟我谈。我妈看我是故意的，就不再勉强我，就对我说广东不要去了，就在成都上班。”小梅就开始在成都的一家小工厂上班，成都的这家电子厂工作压力没那么大，工资稍微少一些。一个月后，小梅的母亲就又以和她爸爸吵架为由，把小梅“骗”回家里。这次的回乡坚定了小梅母亲让小梅迅速嫁掉的决心。很快，家里的亲戚又给小梅介绍了一个对象，对方是个大学生，在北京上班，主要是男方的家人不让他在外面找，说外面的女孩子不好。小梅母亲越来越着急，几乎每个星期都给小梅安排相亲。结果就是他们中意的，小梅都不中意。

有一次经外婆介绍，小梅遇到了影响她一生的男人——小军。小军结过婚，还有个孩子，当时他外婆来找小梅外婆说亲。“其实我母亲是不同意的，但是我们那里的人是很要面子的，不能随便拒绝人家，所以我妈就答应了，她想我肯定不会跟这个人谈，到时候再推掉也不迟。谁知道……”

小梅还记得第一次在小军外婆家见到小军的场景：“我一到他们家就看到小军正准备给儿子洗脸，还摘了儿子的帽子戴在自己的头上，看着特别温馨。”从小到大，小梅的父亲从来没有这样对待过她，她觉得这个男人一定会给她带来家的温暖。小梅曾提到《打工妹》和《知音》对她的影响：“我读过一个故事，就是一个男人因为不懂事跟第一任老婆离婚，在第二次婚姻中他意识到年轻时不懂得珍惜，然后他就对现在的老婆非常好。”小梅觉得像小军这样，即使离婚也没有推卸责任的男人一定是值得依靠的，为此，小梅义无反顾地选择跟小军在一起。交往一个月后，小梅就结婚了，然后跟随老公一起来到上海。

二、家庭关系紧张

小梅和老公在2007年年底来到了上海，住在远离市中心的凌桥镇。他们租住的房子实际上是临时搭建房，没有卫生间，没有厨房。小梅老公从老家过来后工作一直不稳定，卖过化妆品，也做过保安。小梅因为有工作经验，很快就在电子厂找到了工作，每天上班的路上，小梅都会到处张望。她说：“上海人真会打扮，把自己弄得很漂亮，我自己一直不弄的。在工厂也不需要弄。”

新婚不久的小梅也没有蜜月期的感觉，反而一直很怀念一个人在广东打工、经常买点零食吃的日子。小梅抱怨小军生活太过节约，不能容忍她吃零食，年轻气盛的小梅就常为吃零食的问题与老公发生争执。小军则一直责怪她没有家庭责任感。“那时我不忍的，他跟我吵，我就跟他吵，直到赢了为止，我才会觉得舒服一点。吵归吵，家里的饭还是要我来做，我就觉得好辛苦，比一个人生活的时候累多了。当时厂里的工作也很不顺心，每天工作时间长，工作条件真的很差，组长也老是骂我，我又不敢吱声，厂里受苦家里受气，我顿时对自己没信心了。别人一说我，我就害怕，然后工作就越做越差，没有自信。而且，我觉得自己的视野也很窄的，什么也不知道。像以前在广东住在宿舍，我能接触到的都是工人，生活很封闭，知道的东西也就只有那么多。来到上海打工，跟做其他职业的人做了邻居，就会经常聊天，发现生活原来还可以是另一个样子。”

年轻的小梅的确也不会过日子，以前一直住宿舍，在家里也不干家务，不会洗衣服，不会做饭。不会持家的小梅受到了老公的责骂，越来越自卑，觉得很无助，很差劲。小梅经常偷偷地哭，不敢当着老公的面哭，因为只要小梅哭，就会被老公说真没用，小梅越来越觉得自己一无是处。小军家的亲戚也看不起小梅，嘲笑她长得不好看，身材也不好。更让小梅烦恼的是，婚后 1 个月，她怀孕了。“我那时就想打掉孩子，因为我觉得这样的状态没法过日子了，我甚至还想到了离婚。幸亏那时身边有个 40 多岁的上海阿姨对我很好，经常开导我，然后我有事就会跟她聊。”

小梅想要离婚的念头遭到了母亲的反对，她觉得小梅既然已经结婚而且怀孕了就应该尽量把日子过下去。“就是打掉小孩这件事情，他们怎么也不同意，我妈妈说她也打过一次小孩，那种感觉很不好，心里很难过，对身体也不好。她说，也许把孩子生下来，他们就对你好了。但是，当时这样的说法一点用都没有，因为我婆婆老是强调我老公的前妻有多好，生下来的孩子有多好，多漂亮。我就想如果我生下来的孩子像我一样不聪明、不漂亮，那该怎么办呢？我那时的压力就更大。我很纠结、很痛苦，后来我妈也很担心我生下来的孩子很难看，其实我妈听别人一直这样讲，也觉得我会生出个怪物来。但是为了控制我的情绪，我妈都没有怎么说。直到孩子生出来，她看到了宝宝才放心。”家里人的坚持还是让小梅断了离婚的念头，并顺利生下了一个男孩。

生完孩子才 20 天，小梅的婆婆就催着小梅夫妻赶紧回上海，抓紧时间赚钱养家糊口。在无奈和埋怨中，坐完月子后，小梅就回上海了。回到上海之后，小梅依然很不开心，生活又很拮据。夫妻俩从老家回到上海的时候身边只有 200 元，卡里也没有钱。到上海要租房、买菜、付水电煤……生活很是困难。小梅就跟婆婆提出现在钱不够花，婆婆就不断指责小梅。为了逃避争执，小梅打算回老家带孩子。正在这时，有个老板想让小军处理二手电脑，小军就想把店盘下来做，并希望小梅留下来帮忙。为了生计，小梅很不舍地把襁褓中的儿子放回了老家，然后又回到电子厂上班。跟以前不一样的是，小梅白天在电子厂上班，晚上在电脑房守夜，另外为了增加收入，他们夫妻还开始做送水生意。"我经常开着电瓶车送水、搬水，每天大概送 20 多桶水。我真的觉得很累，而且老公对我还是不好，他心里根本没有我，老是说我，那时我开始掉头发，非常严重，我去看医生，医生说是气血不足，过于劳累和忧心，我真的受不了。我就把头发剪短了，像个男的一样，然后我老公对我更差了，看我都是用眼角斜着看的。我就经常跟他吵架，吵着吵着就想和他离婚。我一碰到什么事情都要跟我妈说，我经常跟我妈说，我要离婚，我妈就劝我，让我把这个想法压下去。一次又一次，最终我受不了，我妈实在看不下去了，就去我老公外婆家评理。"经过一段时间，小梅母亲也忍不下去了。"终于我妈打电话跟我说，想离婚就离婚吧。我当时舒了一口气，觉得有家人支持我，我就可以离婚了。"小梅说家人的支持对她太重要了，"我在每家工厂都认识了一些朋友，但都是随便聊聊之类的，一旦离开工厂就基本上不来往了。我很实际的，工厂里的大部分人都不是老乡，以后也碰不着，干吗浪费感情。现在就是一个上海的邻居跟我关系很好"。

三、离婚与逆境

2009 年 3 月，离婚后的小梅决定还是留在上海，主要有两个原因：一个就是她一直以来的想法，当时她在上海这家工厂的收入还可以，已经达到了 2 800 元，她想再坚持几年就可以做小生意了；另一个就是她可以看到儿子。但是，她每次看儿子都是不愉快的经历，婆婆和小军都不给小梅好脸色看。绝望的小梅觉得实在无法在上海待下去，即心痛又心累。“在上海没有一个人可以帮我、支持我，我很无助，我就又回老家了。第一个月，很痛苦，想儿子，我就打电话给我前夫，他对我很冷漠。我就告诉我自己，不能自暴自弃，我要坚强，要坚强。”回到老家的小梅随便在家附近的鞋厂找了份工作。

小梅的家人又为小梅安排了两条路：一条就是再嫁个人，一条就是找家好的工厂好好干。在家人的帮助下，2010 年 3 月，小梅进了成都一家比较好的工厂。同年 4 月，小梅在 QQ 上收到了小军的留言，提到了孩子的事情，小梅的眼泪就掉下来了。“我不给我儿子打电话的那 3 个月，我就把思念儿子的念头藏起来，抑制住，也就不那么难受了。但是一跟小军聊到儿子，我就控制不住了。”几天后，小梅跑到上海，带孩子在锦江乐园玩了一天，尽管小军表示出复婚的念头，但是小梅表示希望越大、失望越大。

到 2010 年年底，小梅又有了新的压力，母亲让她年底一定要结婚。“我想到我爸妈已经老了，我不要让他们太伤心和担心，我就答应父母年底一定结婚。我也把这个事情告诉了小军，我说如果年底你回老家，我就跟你复婚，如果你不回来，我就准备跟其他人结婚了。小军说他肯定不回，我说那行，我们不要再联系了。谁知道那年年底，小军回来了，也向我父母表了态，说会对我好，因为我不在的那段时间，他觉得家不再像家。”

第四节　逆境与成长：脱胎换骨的小梅

2010 年年底，小梅就又跟小军回到了上海，在浦东的一家工厂工作。小梅表示这家工厂的工人不是很多，但是都非常年轻，她突然觉得自己变老了。小梅看着这些青春年少的姑娘们，仿佛看到了八年前的自己。小梅没有选择复婚，平时她就住在宿舍。下了班，她会跟年轻的女孩子们坐公交出去逛逛。这些女孩们也常常鼓动小梅多买些漂亮衣服打扮自己，小梅大胆地尝试了一下，给自己的头发做了个新造型。小梅的变化让小军都感到诧异。“我老公都开玩笑说你认识别人啦，搞这么好看，这么有女人味。我发现，我婆婆也变了，对我的态度比以前好了。我也比以前更会忍耐了。想想退一步海阔天空。现在我偶尔回我婆婆那里，我婆婆经常会炒四五个菜，我觉得很满足了。但是我还是不能和她住在一起，因为我心里一直对婆婆有想法的，我心里有阴影。”

2011年，小梅的儿子回老家了，小梅一直以为他可以在上海上幼儿园，但是他们得到的消息是名额满了，他们只好把小儿子送到了老家。当年，小梅的大儿子(小军与第一任妻子的孩子)可以上小学了。“我们这里有民工子弟学校，我们就报名上了。这次真是幸运，上海不知道出了什么政策，这个民工子弟学校与公办学校合并了，我们的学费就减少了，听说老师也会好一些。”

一、重拾自信

现在这家工厂让小梅找回了自信，这家工厂的年轻人很多，大多只有20岁，他们非常有活力，小梅成了他们的姐姐。小梅因为多年来在电子厂的工作经验还赢得了组长的信任。小梅的生活变得很充实，过得很开心，有时去老公那里也会觉得很开心。“我突然发现我老公愿意跟我聊天了，游戏也不玩了。我以前话很多，但是我老公不爱听，说我说的都是屁话，但是现在不会这么说我，我觉得有点像我妈说的：一个人如果心里有你，你干什么他都喜欢；如果心里没有你，你干什么他都觉得不好。我老公说我以前太强势了，处处想胜过他，现在觉得我温柔了许多。”

二、重视自我

小梅一直觉得在工厂工作的时候，自己就属于埋头苦干型，虽然在线上也经常聊天，但都是瞎聊。“如果哪个人有点想法，一说出来自己的想法，他们就会说在这里上班多好啊，别多想。”“在我老公的网吧，会碰到不同的人，大家都有很多交流，他们见识广，阅历也多。我很喜欢跟客人聊天，特别是有点阅历的，能够让我思考将来该干什么。在工厂就是上班、下班、吃饭，非常机械。下了班，大多就是上网聊天。”

现在，小梅对自己的看法彻底改变了。“我觉得以前什么都要靠老公，就算离了婚，全家都觉得要马上结婚。现在我觉得女人最重要的就是独立，虽然我老公说我的想法不对，但是我觉得我是对的。以前我很黏人，现在真是不同了。以前随便在哪里上班都没有人认可我，但是在这家工厂，我觉得很开心，我被认可了，原来的组长辞职了，老板就让我顶上做组长。我发觉原来自己能够干得这么好，我就对自己越来越有信心，收入高了，我老公也重视我了。我想我再在这家工厂干个几年，就可以开我自己的小店了。”

三、自我成长

“工作的几年以及跟老公的分分合合，让我觉得人要长大，就一定要经历很多波折。成功人士背后一定有心酸的、不为人知的往事。现在的我人生很有方向，我会清晰地告诉自己这个月要存多少钱，这个月要做哪些事情。然后就是遇到不开心的事情，包括跟婆婆闹矛盾时，我会告诉自己我不能把情绪强加在别人身上，我不能任性，不能非要别人对我好，要有辨别的能力。我觉得自信心太重要了，一个人只要有信心、有活力，不管做什么，不管收入怎么样，都能愉快地活着。我也一直对自己说：不管我最终和我老公怎么样，一定不会像以前一样再让自己受委屈，我不会自暴自弃，我会更爱自己，坚强勇敢地活下去。”

“这段痛苦的婚姻让我很感激，它让我迅速成熟。小时候虽然家庭不富裕，但父母对我非常好，我没有生存的压力，不需要外出打工，只要在学校读书就可以了。那时的我就像温室里的花朵，经不起任何风浪，承受不住任何比较重的话，哪怕是一个眼神。如今什么都经历过了，也就不怕了。现在，我特别愿意去鼓励厂里那些年轻的女工，因为这些年轻的女孩都经历了很多事情，可能她们很小的时候父母就外出打工，常常寄人篱下。她们虽然成熟得很早，能看懂并接受很多东西，但心里总会有一些阴影是挥之不去的。我就不一样，父母没有外出打工，(我也)顺利读书。直到这段婚姻才让我有所改变，让我迅速成熟。”

“不过，一直以来的倔强也是支持我的力量。现在工作的这家工厂，我在里面年纪也算比较大的了，有时学习新的东西没有十八九岁的女孩快，我就有点动摇。但是，我心里还有一个声音，这几年我的人生也已经到谷底了，说不定美好的人生从现在就开始了呢。也许坚持下去，我就是最好的。果不其然，一个月后，我工作的产量、质量都是最好的，然后就做了组长。我觉得做什么都是急不来的，什么都是需要付出的，因此我现在面对很多事情的时候就很淡然，一切顺其自然。”

小梅现在依然在浦东一家电子厂工作，在休息日会去前夫家看儿子，并帮助前夫打理网吧。

第五节　小梅生活史之反思

中国经济社会的转型，宣告了农民从农村涌向城市的开始。潘毅在《失语者的呼声》的导言中写道：“工业资本一面熟练地操纵着需求、欠缺和欲望，一面在既梦想成为城市工人，又梦想成为现代消费者的打工者中间将‘现代化’神圣化。”[①]作为外来女工的小梅，怀着梦想从农村来到城

① 潘毅：《失语者的呼声：中国打工妹口述》，生活·读书·新知三联书店2006年版，第10页。

市，伴随着全球化与城市化的浪潮，她试图摆脱长期生活的农村及乡镇的环境而进入充满期待的城市生活，并尝试去体验东莞的人潮汹涌，上海的时髦风尚，成都的休闲自在。然而，残酷的社会现实、恶劣的工作环境、辛酸的生活体验、冰冷的政策制度以及艰辛的家庭生活，让小梅不断地跌宕起伏于充斥着向往、失望、希望与绝望的生活现实中。起始于因厌学而只身外出的务工之路，小梅经历了返回学校读书却高考失利，再次外出打工却遭遇逼婚，以及结婚生子却婚姻失败等生活低谷。在这一过程中，她也感受到家人的理解与家庭的支持，认真付出与奋斗而获得的工作成就，以及重获自信和注重血亲而再次获得的幸福等生活中的温馨。在这些起起落落的生活体验中，抗逆力之于小梅生活的影响显然易见。

一、陷入逆境：小梅的生活片段

片段一：从学业失败到外出打工。2003 年，17 岁的小梅因无法承受高中学习的强度，第一次前往东莞打工，其后由于电镀厂工作太辛苦及环境恶劣，她又回到家乡读高中，直到高考失利而再次前往东莞打工。学业失败的困境构成了小梅外出打工的原因之一。她在第一次体验到工作困境时，如电镀厂工作环境之恶劣和工作强度之大，尚无应对的能力而毅然决定返回学校继续读书，“我觉得打工太辛苦，还不如回家读书”的叙述表明了小梅感受到工作比学习还要劳累与痛苦。然而，小梅在面对高考失利而家人要她复读时，却选择第二次外出打工。在这一过程中，父母对小梅的生活路径的指定，又是小梅体验到的另一种逆境。

片段二：从工作环境恶劣到个人发展瓶颈。8 年来，小梅先后在 7 家工厂打过工，其中既有三五十人的民营企业，也有员工超过千人的代加工厂；既有需要每天穿水靴、耐高温、忍恶臭的电镀小厂，也有服装统一、24 小时恒温的标准化工厂；既有用工随意、毫无培训的小作坊，也有关心员工职业生涯规划以及安排各种康乐活动的大厂。但是“很累很累”“很无聊”是外来女工共同的心声。小梅在东莞的电镀厂晕倒多次，经常觉得皮肤很痒，在上海的一家电子厂，因为每天工作12小时还要照顾家里，导致大把脱发，无奈之下把头发剪短，还有工作之余的“孤独”，这些都是小梅处于逆境之中的一系列“生活具象”的呈现。

片段三：从相亲及婚姻初体验到婚姻失败。迫于父母的压力，刚外出打工的小梅就奔着结婚的目的而相亲。凭个人感觉，再加上些许对父母的叛逆，小梅与离异且有一儿的男人成家，而随后原生家庭和生育家庭的双重压力冲击了小梅期待的婚姻生活，于是，夫妻关系不和、婆媳关系紧张加速了小梅婚姻的结束。从相亲到体验婚姻，再到婚姻失败，小梅面对了不同层面的逆境，如为了与自己喜欢的男人结婚而与父母进行艰难的沟通，为了家庭和睦与婆媳关系的缓和而做出些许自我改变等。

上述三个有关小梅的逆境生活片段表现出过程性的特点，即小梅的逆境生活片段都是在一段生活过程中得以展现的。而小梅是怎样通过自己及周边的资源来应对这些逆境的？其中是否具有抗逆力的影子？这些问题下文将加以阐述。

二、走出逆境：小梅抗逆力的动态呈现

在小梅外出打工的生活体验中，构成她的逆境生活的片段只是一方面，伴随逆境的生活过程也有着很多应对逆境的过程。这些应对逆境的生活过程蕴含着她所具备的抗逆力，且在这些过程中得以呈现。

呈现一：小梅在遇到学业失败而外出打工的逆境时，不管是她选择去东莞打工，还是在东莞找到电镀厂、电动车厂及电子厂等工作时，她的家人及亲属都扮演着小梅应对逆境过程中的协助角色或提供资源的角色。在相亲到婚姻的逆境过程中，她的大姨、表妹、妈妈和爸爸都给予了重要的支持，不仅为小梅提供了找工作和生活方面的帮助，更重要的是给了她内心的支持和情感的依靠。而在小梅婚姻失败后，她的工友，即“姐

妹”们帮助她重塑了信心。这些“姐妹”常常在打工最艰难的时候彼此支持，在闲暇的时候共度时光，这种拟亲缘化的交往方式实现了资源上的互惠互利。

呈现二：自外出打工开始，小梅就带着自己的很多梦想。一是想攒点钱之后去做点小生意。二是提升自己的能力，从流水线转向办公室文员。即使在流水线工作最无聊、在婚姻陷入低谷的时刻，她还是以这两个目标鼓励自己。打工之路上的种种生活事件也逐渐使小梅找到了自信，满怀自信的她开始用不同的视角看待困难，尝试用更积极的方式去解决困难。

呈现三：小梅的外出打工之路，也让她向“成熟”转变，而成熟的符号之一，用小梅自己的话表达则是“忍”。“以前我不会忍”“忍是很重要的”“我忍不住了”是小梅打工初期和婚姻初体验时期的经常用语。而小梅母亲给予她帮助的同时也常常劝导小梅处理事情或面对事情时要“忍”。然而，小梅在经历过婚姻失败的逆境后，她变得会“忍”，表现在面对婆婆、面对前夫、面对家人、面对工作等各个层面。可见，“忍”之于她的意义何其重要。一般而言，外来女工之所以能够被招进劳动密集型的电子、纺织、玩具等工厂，很重要的一个要素就是女性通常被视为更加容易被驯服能忍耐和适应工厂生活。但是，外来女工作为个体，也会尝试与“社会对主体进行塑造的力量”抗衡。小梅的经历正是暗合了这一观点。而且，“忍”对于小梅而言，占据了她在应对逆境时的一个很重要的考量基础，也是能帮助她应对逆境的一个核心要素。

小梅的故事告诉我们，抗逆力作为一个动态过程是不断展开的，并没有一个简单的结果，所谓的结果只不过是生活中的某个片段而已，而生活是一个行动流，抗逆力也呈现为流动的、变化的过程。小梅的故事还告诉我们，小梅面对社会结构与文化之时，不是“傀儡”，她在不断反思，不断学习，也在不断成长，这就显示了她的能动性。小梅的故事绝非特例，她的生活所呈现的主题，也不断出现在另外的研究参与者的述说之中。

第五章　抗逆力：结构中的能动

上一章通过小梅的生活史个案，展现了一幅描绘外来女工群体生活的图景，且呈现了作为外来女工的小梅的抗逆力的过程性。在此基础上，本章将进一步从吉登斯的“结构化理论”视野来审视外来女工作为能动的主体如何与结构进行互动，从而展现抗逆力。

第一节　抗逆力：结构抑或意义？

一、视角脉络：结构与意义的分歧

“结构”或“社会结构”是社会学领域里较为核心的概念之一，但结构概念的理论化仍处于一种模糊状态。不同学者对“结构”的理解呈现出显著的差异，纵观自古至今的有关结构的论述，可以将之归纳为三类。第一类是源于早期人类学家的理解，“结构”被置于观察者的范畴，涵括了有规律的、持久的关系面向，而那些不可预测的关系面向则被排除在外。第二类理解将结构视为潜藏于外在表象之下的决定因素。日常社会经验与信念被视作一种假象，掩盖了位于意识层次下的一个真实但却隐秘的实在，该隐秘的实在则被描述为结构。而第三类理解则认为结构乃是人类有意或无意创造出来的，与人类的行动密切相关，它是具体实在的力量，是其构成性行动要素的总和。① 在古典社会学思想中，涂尔干有关"社会结构"的思想有着深远影响，他在融合实证主义与有机论的基础上，将社会视为一个体系，其基本的特质乃表现在"结构"上面。而结构作为一种"社会事实"，其核心特质主要表现在有些学者所谓的"社会形态学"上，在此组成"社会"的元素的数量、本性与相互关系的"社会事实"构成了社会形态学分析的重点。然而，涂尔干后来也开始关注另一类"社会事实"，诸如集体信仰、价值、规范或日常语言等，即涂尔干所谓的"集体表征"。前一类"社会事实"是客体化的，独立于人们的意识之外，且可量化；后一类是主体互通的，通过人们的意识得以呈现，即质化的。基于涂尔干的二元性"社会事实"的观点，下文将从两种面向对结构及社会结构的概念与理论的历史演进加以回溯，分别为结构面向与意义面向。

（一）社会结构的结构面向

自斯宾塞以有机体的比喻方式将"结构"用于解释社会现象以来，"结构"对西方社会学者而言一开始就是沿着自然主义的路径发展的。而帕森斯认为，结构并非一个单纯的抽象概念，相反，它应被视为一种实存性且具体化的经验实在的样态。

帕森斯有关结构的研究可以从两个阶段来加以解读。沃特斯将帕森斯第一阶段的结构主义思想称为软式的结构主义。"在第一阶段，他使用模式变量来说明结构必备项是如何通过具体社会安排来形塑现实社会。

① ［澳］马尔科姆·沃特斯：《现代社会学理论（第 2 版）》，杨善华等译，华夏出版社 2000 年版，第 100—101 页。

由此他得以说明，社会系统与文化系统的组织可以有不同的具体形式。他从价值模式的角度来描述这些形形色色的可能性，而价值模式则是通过对模式变量的交叉分类而确立的。"[①]第二阶段被称为硬式结构主义，从功能角度切入构建结构主义理论。"他认为行动被组织成一系列有生命力的系统，其中最重要的例子就是社会系统。这些系统都是按照维续原则运作的，并必然被驱向该向度。如果'要保持系统的均衡和持续存在'，就必须履行某些功能。这些功能'必备项''迫切要求'或'问题'会约束社会安排，以便使后者与自身一一匹配。"[②]而帕森斯所谓的功能必备项通过 AGIL 图式得以展现，并成为说明研究系统相关结构的基础。对帕森斯而言，即使是个体的行动，也具备"体系"性，进而有着一定的结构形态。在帕森斯眼中，一个具体的行动系统是一个与情境有关之行动元素的整合结构。结构与功能两个概念被帕森斯巧妙地结合在一起，成为其分析社会"体系"时的概念关联体，且结构先于功能。帕森斯试图整合各种分离的社会实体层次来形构社会结构，三个结构概念的面向被独立地铺陈出来，又被自然地融合成一体：结构由功能体现；结构是互动关系模式；结构乃规范。这三者依靠中介变量"地位—角色"进行串接。[③] 帕森斯试图从宏观到微观、主观到客观两个方面来阐释他眼中的社会结构概念，虽仍有缺陷，但对社会结构概念的发展有很大的推动作用。

默顿随后将帕森斯所确立的社会体系架构进行了细化与标准化。所谓"社会结构化的可选项目"即是默顿早期所指出的诸如规范、角色、地位或文化模式等在文化上具有标准化特点的项目。帕森斯虽然将社会结构概念建立在社会体系内各元素的整合与分化关系上，但这些体系的构成

① [澳] 马尔科姆·沃特斯：《现代社会学理论(第 2 版)》，杨善华等译，华夏出版社 2000 年版，第 117 页。

② [澳] 马尔科姆·沃特斯：《现代社会学理论(第 2 版)》，杨善华等译，华夏出版社 2000 年版，第 119 页。

③ 周怡：《解读社会：文化与结构的路径》，社会科学文献出版社 2004 年版，第 9 页。

元素却存在着一定的模糊性，并缺乏用于实证研究的可操作性。而默顿对社会结构理论的贡献正是在于此，通过社会体系所涉项目的标准化，来弥补帕森斯理论的上述缺陷。

继默顿之后，布劳对社会结构概念的发展起了较大作用。布劳认为，“社会结构的研究是将注意点集中到有组织或集体的各种特征间的相互关系，特别是涉及不同社会关系的那些特征，但原则上并不直接以这些关系来分析社会互动过程”①。布劳基于“社会”的角度去分析互动的社会心理因素，同时又具备一定的反还原主义，即认为结构分析不应该涉及人的内在，而应将人视为客观化的对象。布劳强调社会结构变项的因果关系仅仅是表面现象而已，个体社会事实的内在结构面向存在仅可量化的属性，“结构”是对集体性的社会关系加以外在客体化所衍生而具有并发性的特点而已。结构是指“一个丛集的迸生特质，而终其结果，它并不彰显组成此丛集的个别元素”②。但丛集并非结构，仅是元素的综合。而结构则依赖元素间关系的状态来展现，比如群体的内聚力等。迸生特质是社会结构的特征，纵使这些特征是个体行动的丛集结果，但个体是无法控制的，而且，社会环境的这些条件也必然限制了人们的自由意志的实现。③依此，布劳的社会结构被视为一个集合体中分化的社会位置或地位与人们占有的地位所影响下的角色关系，并重点考察这些分化的部分与结构关联的问题，透过对年龄、肤色、社会经济地位等变项的参数化，进而展开实证化的研究。

马克思结构主义者则从与布劳思想具有一定差异的角度阐述个体与社会之间的结构关系，认为在某个层面上个体社会事实是可以构成社会结构自身的。例如，无产阶级的阶级意识如果被唤醒，经过革命的阶级属

① 叶启政：《进出“结构—行动”的困境：与当代西方社会学理论论述对话》，三民书局 2000 年版，第 156 页。

②③ 叶启政：《进出“结构—行动”的困境：与当代西方社会学理论论述对话》，三民书局 2000 年版，第 157 页。

性改造之后，原来的生产关系与阶级结构就会被改变了。“社会再生产将社会结构看作是个体之间反复的社会际遇‘再生产’而成的。”[①]马克思将“社会结构视为行动者当中的资源分配，这些行动者在社会际遇中动用他们各自的资源，并在此过程中再生产了社会结构和随之而来的资源的分配”。如此，结构就成了行动者在其际遇中所拥有的符号、物质和政治资源。马克思结构主义的理论中有关结构或者结构主义的思想主要体现在两个关键概念上——“系统再生产”和“系统矛盾”。

（二）社会结构的意义面向

在涂尔干的《乱伦禁忌及其起源》和《宗教生活的基本形式》，以及与马塞尔·莫斯合著的《原始分类》等著作中，涂尔干开始关注另一类有关社会结构的“社会事实”，诸如集体信仰、价值、规范或日常语言等，即涂尔干所谓的“集体表征”。涂尔干与莫斯认为，社会的物质结构是心灵分类体系建构的模板。“每一种分类都意味着一种等级秩序，而这种等级秩序的模型既不是由有形的世界、也不是由我们的心灵本身给予我们的”[②]，人们思维体系中的“最初的逻辑范畴就是社会范畴，最初的事物分类就是人的分类，事物正是在这些分类中被整合起来的……如果事物的全体被构想为一个单一的体系，那么这是因为社会本身看上去就是这个样子。社会是一个整体，进一步说，社会就是那个与之相关的所有事物所组成的独一无二的整体。因此，逻辑的层次只不过是社会等级的另一个侧面，而知识的统一体不外乎就是扩展到了整个宇宙的集体的统一体而已”[③]。如此，涂尔干与莫斯并未将其研究走向个体心理本位的方向，而是视“社会”事实具有自主性与优先性的特质。他们将“集体表征”和“集体意识”

---

① ［美］乔纳森·特纳：《社会学理论的结构》，邱泽奇等译，华夏出版社 2001 年版，第 146 页。

② ［法］爱弥尔·涂尔干，马赛尔·莫斯：《原始分类》，汲喆译，上海人民出版社 2000 年版，第 8 页。

③ ［法］爱弥尔·涂尔干，马塞尔·莫斯：《原始分类》，汲喆译，上海人民出版社 2000 年版，第 88 页。

这两个不可还原的社会事实基本单位作为分析单位，而回避了用心理事实来解释社会事实。他们在这一点上虽然被很多学者所诟病，但却在社会结构层面上，将“社会”构建为一个具经验性而非形而上性的道德实体，并对个体加以限制，以集体的方式保证了社会秩序的稳定与推进。

列维-斯特劳斯在继承了涂尔干和莫斯所谓“集体意识”和“集体表征”这一类社会结构的“社会事实”上，借鉴了索绪尔的语言学结构理论，将源自语言学的理论应用到人类文化现象的解释上，创新出“结构主义”人类学，试图创立“关于人的普遍科学”。索绪尔视语言为一种符号系统，意义的构成只取决于语言的各种关系（即句段关系和联想关系），而语言则是一个个相互依赖的要素（亦即能指或所指）所组成的符号系统。索绪尔对能指和所指的区分引发了结构主义对“意义”的追求，即寻找客体内所内含的“客观”意义，而此意义并不以所指客体之外的任何事物来定义。列维-斯特劳斯认为，一切社会活动和社会生活中都深藏着一种内在的、支配表面现象的结构，人类的认识和行为深受大自然的影响，人类的一切活动都是仿真自然界中种种关系的结果，在“人与人”或“人与自然”间所构成的关系网，就是结构。“结构的假设是可以从外在世界得到证实的。从原则上看，如果不总是从实际上说的话，它们可以比之为种种独立而又被严格限定的系统，每个这样的系统依其自身的权利而享有某种程度的客观性，这也是对于其理论构造的有效性的证明。”[①]社会结构并不仅是一个特定社会中社会关系的总和，而且是超越经验观察而达到的实在，它是一个完整的整体，由许多的元素组成，其中任何一个元素的变化，都受到其他元素变化的限制。

列维-斯特劳斯认为文化的结构是理性在无意识之中创造的。人类文化的普同性若存在的话，也仅存在于结构的层次，而非实际表现的层

① ［法］克洛德·莱维-斯特劳斯：《结构人类学（第二卷）》，俞宣孟译，上海译文出版社 1999 年版，第 305 页。

次，且结构的形塑又源于人类内心的潜意识。以亲属现象为例，以男人为中心而将女人区分为妻子与姐妹两个范畴，并进而决定何者可以（或不可以）发生性关系的“近亲乱伦的禁忌”，其实质是由血亲（如与姐妹之间的血缘关系）的自然事实过渡到联盟（如与其他氏族通婚）的文化事实的一种体现。婚姻制度和亲族系统应当被看作一种语言结构和一种符号系统，人们通过语言符号可以进行某些类型的通信活动。像语言学家一样，列维-斯特劳斯不关心社会生活的表面，而是关心社会生活和语言的无意识基础，他研究整个文化的语言，它的体系和一般规律，将研究对象分化为一些要素，然后找出这些要素之间的相互关系，即它们的结构。列维-斯特劳斯认为亲属关系的意义就决定于这些要素的结构，而不是单个的要素。这种方法与结构语言学的方法是一致的，亲属关系的各个项，即亲属成员，相当于语言中的一个词或者音素。它们结合为一个体系、一个结构，即亲属结构。亲属结构中的成分像语言中的词或者音素一样；音素只有组成一个音节系统时才有意义，词只有组成一个句子时才能表达完整的意思。并且，列维-斯特劳斯认为人是一种能把意义归附于事物的“意指性生物”，从各种社会与文化现象中观察到的秩序与规则，都是人类心灵的结构化能力的产物。因而，亲属结构与音素系统一样都是心灵在无意识的思想层级上建立的。人类心灵中的先验的深层结构的创造力，不仅无意识地支配着人的语言活动，而且还支配着所有由人的行为所构成的社会文化生活现象。人心这种赋予外界事物规则性的能力是文化创造的本质。文化既包含思维本质的投射，又包含思维对自然的认识，人类思维是自然和文化的中介。

二、“结构二重性”：结构与意义的互嵌

吉登斯与列维-斯特劳斯等结构主义思想家不同，他认为结构不是一个神秘的符号系统，也不是如同布劳等功能结构主义思想家所说的那样，

是一个施加于行动者身上的决定性尺度和外在约束。在吉登斯的理论中，社会结构充满了转化性和灵活性，它是行动者在具体情境中的“一部分”，且被他们用来在时空中创造社会关系的模式。

（一）规则与资源

吉登斯不相信有关社会行动、互动和组织的抽象法则的存在，其理论是一串敏感化的概念，并且松散地联系在一起，其中一个关键的概念是结构。“结构指的是使社会系统中的时空‘束集’在一起的那些结构化特性，正是这些特性，使得千差万别的时空跨度中存在着相当类似的社会实践，并赋予它们‘系统性’的形式。结构式转换性关系的某种‘虚拟秩序’，是说作为被再生产出来的社会系统并不具有什么‘结构’，只不过体现着‘结构性特征’，同时作为时空在场的结构只是以具体的方式出现在这种实践活动中，并作为记忆痕迹，导引着具有认知能力的行动者的行为。”[①]而且，“结构可以概念化为行动者在跨越‘空间’和‘时间’的‘互动情境中’利用的规则和资源。正是因为这些规则和资源，行动者在空间和时间中维持和再生产了结构”[②]。

可见，结构由规则和资源组成。规则是行动者在各种环境下理解和使用的“可归纳而得的程序”，其常常是行动者了解并提供给他们行动的相关程式的方法论或技术。这些规则具有以下固定的特征：“(1) 它们经常用于谈话、互动仪式和个人的日常惯例中；(2) 它们被策略性地掌握和理解，并成为合格行动者的‘库存知识’的一部分；(3) 它们是非正式的，没有书面形式，没有明确表达；(4) 通过人际间技术的使用，它们不会受到太大的约束。”[③]吉登斯视规则是行动者“知识能力”的一部分，当行动者遭遇和面对他人以及互动的特殊情境时，能够很好地将规则转化为一

① ［英］安东尼·吉登斯：《社会的构成》，李康、李猛译，生活·读书·新知三联书店 1998 年版，第 79—80 页。

② ［美］乔纳森·特纳：《社会学理论的结构》，邱泽奇等译，华夏出版社 2001 年版，第 170 页。

③ ［美］乔纳森·特纳：《社会学理论的结构》，邱泽奇等译，华夏出版社 2001 年版，第 171 页。

个新的综合。而资源被吉登斯视为行动者用来处理事务的工具。“支配依赖的是两种不同类型资源的调集。一是配置性资源，指对物体、商品或物质现象产生控制的能力，或者更准确地说，指各种形式的转换能力；二是权威性资源，指人或者说行动者产生控制的各类转换能力。”①

（二）“结构二重性”

吉登斯将社会结构视为被行动者所用的东西，而不是到处挤压行动者的外在现实，能转换为行动者在具体情境下所用的规则和资源。吉登斯视规则和资源具有“可转化性”和“中介性”。规则转化为两类基本的调节过程：一是规范性的，即在一个情境下权利和义务的创造；二是解释性的，即在一个情境下毫无疑问地具有正确性的知识库和知识架构的生成。

资源转化为两类基本的调节社会关系的工具：一是权威性资源，即在一个情境下，控制和引导互动模式的组织能力；二是配置性资源，即在一个情境下，在控制和引导互动模式中对物质特征、人工制品以及物品的使用。规则与资源可以通过三种模态与互动（即吉登斯所谓的“社会系统”）相关联，“它们将结构的面向和与之对应的互动面向连接起来，并随着行动者利用每一结构化模态去构成其行动，就再生产出了相应的结构面向”②。吉登斯用结构化“模态”来阐明互动中结构二重性的一些主要特征，将行动者的认知能力和结构性特征联系起来。行动者在互动系统的再生产中利用了结构化模态，并借助同样的模态反复构成了系统的结构性特征。互动中的意义沟通与规范约束的运作之间的相互独立性只具有分析上的意义。行动者不仅能在日常行为的常规状态下监控自己及他人的活动，还有能力在话语意识层面上对这种活动本身进行监控。行动者在互动的生产与再生产过程中利用的知识库存，与他们在提供说明、给

① ［英］安东尼·吉登斯：《社会的构成》，李康、李猛译，生活·读书·新知三联书店 1998 年版，第 98 页。

② ［澳］马尔科姆·沃特斯：《现代社会学理论（第 2 版）》，杨善华等译，华夏出版社 2000 年版，第 115 页。

出理由等活动中借助的大体一致。并且行动者在意义构成的过程中，依惯例是要融入日常接触的时间性与空间性特征。[①]

吉登斯认为社会系统的结构性特征是外在于行动者的个体活动的。若无行动者的能动作用，社会系统显然不复存在，但这并不意味着行动者创造了社会系统，他们只是在社会系统中互动的时候，能再生产规则和资源，或者能够转化它们，如此，社会互动和社会结构就交互地嵌套。社会系统的时空伸延跨度越大，即它的制度切入时间与空间的程度越深，就越能抗衡任何一个个体行动者的操纵或改变。时空伸延可能隔绝个人的经验，但同时又开启了另一些个人行动的可能性。

三、“结构”与抗逆力

抗逆力是个体在面对压力源或现实挑战时，与环境互动中而同时出现的一种动态性的过程，在合二为一的过程中，个体与环境要素都是动态发展的，两者之间相互影响，抗逆力在此两者的互动流中得以运作与呈现。而且，在此过程中，个体与环境的各种要素可以被分为风险性与保护性两种，前者是使个体面临的压力或困难变大，而后者则被视为能缓冲这些所造成的消极影响。抗逆力的相关理论指出，个体在一两个风险因素下尚能良好适应，但是超过两个，其发展功能损伤及适应不良的概率大增，与此相反，保护性因素数量的增加可以有效地缓冲这些风险性因素的影响。从个体与环境互动过程中的影响机制来进行分析，风险性机制与保护性机制的运作都是环境与个体互动的结果，两者只有共同作用，才能减轻逆境对个体产生的消极影响，即提升抗逆力。如此，抗逆力是一种动态的过程，是个体与环境之间相互影响的互动过程，是个体与环境互动过程所涉要素中的保护因素与风险因素之间相互博弈的过程。

---

① ［英］安东尼·吉登斯：《社会的构成》，李康、李猛译，生活·读书·新知三联书店 1998 年版，第 93—94 页。

吉登斯的“结构二重性”非常注重“实践”的作用，尤其是它在由规则和资源所构成的结构的运作中的作用。他认为，只有在实践过程中，规则和资源才能运作，才有动力，才有动态与转换性。“结构”这种动态性体现在：一是当行动者实践时，会以自己的领悟为规则进行新的组合；二是行动者会因知识不完满，而有意外后果；三是行动者会在时间中创造新资源，即有机会改变配置性资源与权威性资源；四是两者在实践中会运用不同形式的组合，人可以在这些变化中发挥作用。[①] 于是，“结构二重性”实质得以展现，即社会结构既是由人类的行动建构起来的，同时又是行动得以建构的条件和中介。

如此，抗逆力是以个体与环境的互动之过程为核心，而“结构二重性”是基于实践过程来解读“结构”，抗逆力与“结构二重性”在此意义上达到了一个契合点。于是，“结构二重性”可作为一种结构面向上的视野来分析抗逆力。

具体来看，在此视野下，抗逆力与其过程中的“结构”紧密关联，“结构”不断地被卷入由个体在特定时空情境中的抗逆力行动所构成的社会系统中，“结构”会在时空条件下被不断地再生产，而与此同时，个体的抗逆力行动流在多样性条件下创造出各种规则和资源，以致形成新的“结构”。

从结构面向上用“结构二重性”相关理论来审视外来女工的抗逆力中的风险因素与保护因素，个体的抗逆力以个体在逆境中与环境的互动过程得以表现，而此过程中的风险因素与保护因素与个体在此实践过程中的资源与规则有着密切关系。在个体抗逆力行动流中，与个体有关的规则和资源在该过程中形成了一个动态性的“结构”，而不同的规则与资源的组合恰恰分别与风险因素和保护因素形成了相互关系。

---

① 周怡：《解读社会：文化与结构的路径》，社会科学文献出版社 2004 年版，第 18 页。

第二节 资源制约性

马斯滕等人认为抗逆力本身并不构成个人特征或者品性，它会随着环境中的保护和危险性因素的改变而改变，所以应该视抗逆力为一种适应良好的结果。[①] 如此看来，抗逆力其实是动态的、多元的、发展的、立体的过程，是风险因素和保护因素在某一时空点上相互影响、相互博弈的过程。抗逆力的风险因素，可能是个体的特征或是环境条件，对于何种风险因素或积累因素会导致不良后果的讨论也是研究的焦点。但正由于风险因素的存在，个体才能展示出其抗逆力。霍华德等人更强调与环境相关的风险因素，他们指出在抗逆力理论中，风险因素并不是指那些基因、生物病因学等因素，而是指环境因素中单个或者整合的那些造成儿童在生存方面更容易失败的因素。[②] 就抗逆力而言，个体所面临的风险因素本身也是多向度的，它可以被视为各种特殊的高风险因素的积累或者是其他的组合。对外来女工而言，她们的抗逆力在结构视域下所涉及的风险因素主要有以下几方面：排斥性的社会制度；规训化的车间与宿舍；“痛楚”的生活体验。

一、“二元性”制度的排斥

M7：我都不签合同的，合同会把人拴住。我以前签过一次合同，不过我们那家工厂有个要求，就是满 1 个月才能签合同。我觉得没有必要签合同，保险可以自己买，我爸妈就是自己买医疗保险和养

① Masten & Coatsuorth, “The Development of Competence in Favorable and Unfavorable Environments,” *American Psychologist*, 1998, 53(2), pp. 205 - 220.

② Howard, Dryden & Johnson, “Childhood Resilience: Review and Critique of Literature,” *Oxford Review of Education*, 1999, 25(3), pp. 307 - 323.

老保险，每年 3 000 多块钱。其实如果一直没有缴金，也就习惯了没有保险。在这四五年里，我在四家厂工作过，只有第一家厂是缴金的，因为这家厂比较大。其实也是一种无奈。

M1：我没有签合同，签不签那要看合同里写什么，都有些什么好处。如果没有可见的保障，我肯定不会签，如果让我没有自由，哪怕少了一点点，比如不能想走就走，我觉得就是限制我的自由，我本来可以一旦干得不开心就想走就走。

M2：合同的确是一种保障，不过关键是看老板的人品，如果老板好，签不签合同也无所谓，如果老板不好，签合同依然没有保障。现在的老板人很好，我们现在每顿饭一荤三素，在别的地方只包一顿饭，现在的老板包两顿。

M4：我是比较想签合同的，因为我不太喜欢跳槽，我个人适应环境比较慢。到底合同是什么我不知道。我没有见过，也没有签过。我觉得合同就是你在工作时，老板怕你跑，然后签合同拴住你。

M5：我们是劳务所招进去的，所以跟劳务所签合同。合同里就是写些基本工资什么的，还有就是厂里的一些规定，也缴综合保险。不过我不介意是否签合同，我也不知道，可能是心理作用吧。不过也看情况，有时候想想，签合同也好，里面怎么写的，我们就怎么办。还有就是，我们那个厂有一点不好，我有病假可以报的，应该可以报 50%，我们那个厂把这个算事假，这个让人很火大。我觉得根据劳动法，我有病假，不可能算是私事的。我看过劳动法，但是又能怎么样呢？合同和实际是不一样的，关键是看老板。

M17：我现在的工作已经签了合同，但我们拿不到合同，我们问领班，他就说上面的人没有上班，或者调到深圳去了，等等。我们从去年 7 月份开始缴金了。我现在每月缴 140 元的金。我觉得合同只是对公司有利。

M19：我去过的五家厂中有两家厂是签合同的，三家是不签的。其实，我不介意是否签合同。刚来的时候，换厂频率很高，不需要签合同。现在定下来了，觉得合同还是比较重要的。

M22：我无所谓的，我又不会在这里干一辈子。因为签合同，我要想走就不容易了。我觉得签合同要做到1年的呀，比如我想走，我也要负责任的，我不想被束缚。我觉得缴不缴金也无所谓。

上述外来女工的叙述中，多数外来女工都不与工厂等工作单位签订劳动合同，即使其中有些人签订了劳动合同，也拿不到，不在她们控制之下。劳动合同集就业制度和福利制度等内容于一体，大多数外来女工被这些制度拒之门外，即这些对她们而言，就是一种排斥性制度，她们没有能力去把握这种资源的配置。鲍曼认为，隔离区把空间的限制与社会的封闭结合起来，即把物质亲近/疏远与精神亲近/疏远融合起来。他认为“限制”与“封闭”缺乏第三个要素的补充将显得毫无意义，人群对立则为隔离区提供了第三种要素，给同质性/异质性的对立注入隔离区需要的稳固性、持久性和可靠性的能力。[①] 外来女工不签订劳动合同以及无法享受社会保险等方面的福利，使她们在日常生活中处于被制度构建出来的“隔离区”内。同时，她们与城市本地人所处社会空间的对立作为“第三种要素”，造成了外来女工边缘社会空间内部同质性和边缘社会空间外部异质性对立，并以区隔机制的方式注入边缘社会空间所需的稳固性、持久性和可靠性的能力，即强化了她们与城市本地人的对立。外来女工在日常互动中缺乏合法性的支持，如原本国家劳动法所规定的各种休假、福利等制度，这种缺失使得这些资源在结构上没有对外来女工的日常实践活动产生使动作用，而是适得其反，形成一种制约作用。

① ［英］齐格蒙特·鲍曼：《共同体》，欧阳景根译，江苏人民出版社2003年版，第142—144页。

上文以外来女工的合同签约方面的叙述为例，来考察排斥性制度作为社会结构是如何成为外来女工的抗逆力方面的风险的。可见，制度形式的固定性并不能脱离或外在于日常生活接触而独自存在，而是蕴含在那些日常接触本身。排斥性制度构建了外来女工在城市中就业、福利方面的异质性，较强程度地影响着她们在城市中的生活和工作状态，使其形成了一种日常实践活动过程中的风险机制，即构成了她们抗逆力的风险因素。排斥性制度以具备合法性的基础造成了外来女工与城市本地人不同的资源配置情况，使她们只能获取更低的经济、文化、社会、政治资源，按照城市制度给予的资源多少，外来女工与本地人被置于两个不同的日常实践空间之中。

排斥性制度方面的另一个例子是户籍制度。始于20世纪50年代中期的户籍制度，一直被严格地执行到现在，并把人二元对立地分为城市人与农村人。"20世纪80年代以来的中国社会由制度与文化共同建构起了第三种身份。在这个建构过程中，城市政府成功地将城乡二元的社会结构移植、复原于城市内部。凭既有的户籍制度，城市行政管理系统和劳动部门、社会保障、公共教育等各个系统将乡城迁移人员排除在'城市居民'之外，使乡城迁移人员成为事实上的'城市里的非城市人'——制度规定的'非市民'。"[①]户籍制度作为一种"社会屏蔽"[②]制度，将占中国人口多数的农民排除在分享城市社会资源之外。户籍制度不仅涉及外来女工可获社会福利的多少，也影响着她们的内心感受。目前，上海针对不同的非上海户籍人群实行差异性户籍制度，诸如稀缺人才或高级知识分子等特殊人才乃受接纳人群，并能直接获得上海户口，而类似于外来女工这类群体只能按照居住证评分标准，而获得一定期限的居住证。户籍制度鲜明

---

① 陈映芳："'农民工'：制度安排与身份认同"，载《社会学研究》2005年第3期。

② 李强："关注转型时期的农民工问题(之三)：户籍分层与农民工的社会地位"，载《中国党政干部论坛》2002年第8期。

地区分了外来女工与本地人的身份，并已经使其固定化和身份化，具有不可动摇的刚性。基于户籍制度而形成的这些排斥性社会制度在此彰显出外来女工现实生活中的风险性层面，并表现为对外来女工的结构性制约，制约了外来女工与本地人在获得经济地位和社会地位时的平等性与公平性，并将她们置于不同于本地人的社会空间中，使她们在城市中的各种行动都受到各类限制。虽然 20 世纪 80 年代以来，由于户籍制度有所松动，城市社会福利制度开始改革，劳动就业也逐渐市场化，劳动力的流动性愈益加强，大批外来务工人员在城市部门被雇用。[①] 但由于这些外来务工人员通常未能获得户籍而不能拥有平等的工作机会和永久的居住许可，外来务工人员在就业市场上依然会受到一定的歧视。

基于户籍的就业、教育和福利等排斥性社会制度对外来女工在上海的生活与工作是否构成风险性因素，取决于这些制度所形成的配置性资源是否能够被外来女工所获得。符号在结构化理论中乃是制度的聚合，以隐喻或转喻的方式发挥着作用，并由此产生一种符号秩序。外来女工在城市里的日常接触中面对制度方面的资源时，与其互动行动流所涉规则紧密地交织在一起。但是她们缺乏控制这些配置性资源的能力，确切地讲，在这些配置性资源面前，她们处于一种被动状态。上述排斥性制度对外来女工而言，乃是一种无法将其纳入自身日常互动的行动流当中的资源，进而，这些资源对外来女工生产出了一种符号系统，即外来女工无法被城市制度所接纳，或者说她们在某种程度上被城市抛弃了，这些资源制约了外来女工融入城市日常实践的互动行动流。外来女工在此种情境中，对这些排斥性制度也进行了反思，即这些资源再生产出的富有意义的符号系统。而且，外来女工由此资源所创造出的意义对她们而言乃是一种负面的或是消极的影响，对她们的抗逆力而言，也就是一种风险因素。

---

① 蔡昉："劳动力迁移的两个过程及其制度障碍"，载《社会学研究》2001 年第 4 期。

二、车间与宿舍的规训

某女工所在工厂的某些车间制度：(1) 在车间与班长、车间主任争执，发生一次罚款 10 元，并写检查，态度不好或 1 个月内累计 3 次者予以解雇；(2) 完不成当日生产任务的班组或工序不能下班，直到完成，晚上加班者不计夜班费，完不成任务者每次罚款 20 元；(3) 工作中不得擅自离开生产岗位，如有特殊需要(上厕所、接急电)，必须向班长请假，违者每次罚款 20 元。①

M26：半年前正好是工作旺季，我得了急性尿路感染休息了一天，班组长就立即给我脸色看，要求我第二天马上上流水线，我很勉强地答应了。第二天，我在流水线上工作的时候几次都忍不住想去厕所，但是不敢去，后来实在忍不住了就跟班组长报告，班组长还是数落了几下才让我去。那几天我真的觉得自己挺惨的。

M27：我们女工除了计件工资外也是算工龄的，我第一年(2007 年)来这家服装厂工作的时候，每月可以拿 600 元(如果完成定额)。但是我之前从没有做过服装，因此我那道工序就总是比别人慢，所以我经常加班却没有加班费。我也想争取加班费，但是我知道没有用，这是制度，谁让我手脚慢呢？我们整条流水线上有 70%以上的人是一个村子里来的，他们可以得到“赚活”。我们都在车间流水线上工作，因为其中五六个人不是邻居就是亲戚，所以他们可以控制速度，想快就快，想慢就慢。我们不是同乡人就受压迫，工作的时间最长，拿到的计件工资却是最少的。

M8：我们同事说，我们厂还可以。在电子厂好像就不太行，有的时候做着做着就睡着了。我觉得可以说话很重要，我上班那么长

① 陈蓓丽：“宿舍与车间的空间政治——上海外来女工生活体验研究”，载《社会工作》2009 年第 10 期。

时间，如果一直不讲话都要得自闭症了。如果可以讲话，时间可以过得快一点，也开心一点。

M17：现在习惯了，但是晚上困的时候觉得很辛苦，凌晨二三点特别辛苦，最困。这个时候往往我们产量都完成得差不多了，但是上面都有监控，厂里专门有个小部门叫“5S”（日资企业关于整理、整顿、清扫、清洁和素养的管理要求），专门来查我们有没有睡觉，叫什么清理整顿、素养什么的。会有好几个人走来走去，拿个摄像头。他们一来，我们就会说鬼子进来了，鬼子进来了。他们很严格，只要看到我们睡觉或者玩手机，就马上拍照，并远程传到经理和主管那里，一次被看到睡觉，就要扣200元月奖，两次就直接开除。我觉得这种感觉很不舒服，但是没有办法，为了工作、为了生活……

M24：我来上海已经五年，除了偶尔在浦东逛逛外，基本上没有去过市里。唯一的一次是我表姐来上海玩，说要去豫园，我问了厂里的很多人都不知道怎么去，最后还是问上海的一位大姐，才搞清楚路线。到了豫园，我们还是迷路了，怎么觉得除了商场就是商场，园林没找到，东西没买到，最后连坐车的地方都找不到。我觉得自己好可怜，本来大家来上海的目的也就是赚钱，可是也没想到赚钱那么辛苦，跟社会完全脱离，除了上班就是加班，或者就是无所事事。

车间与宿舍是外来女工生活与工作所处的基本空间单元。车间与宿舍的规训仅仅是一种有关奖励与惩罚的存在，只有外来女工在此空间中进行日常接触才会展现出其作为权威性资源的一面。外来女工在车间与宿舍空间中的行动流中也凸显出这些空间中涉及的规范性规则与解释性规则。车间和宿舍对于外来女工而言，是她们的工作空间与生活空间。在齐美尔看来，空间具有五种社会特质，如排他性、分割性、社会关系的固定效应等。列斐伏尔提出空间不仅涉及科学技术，还牵涉到社会互动和权力支配，这些技术通过空间的变化而得以直观展示。福柯认为学校、军队、工厂、医院是最早大量采用纪律来控制人的机构，它们采用了几种技术来达成规训的目标，其中之一就是运用封闭空间，并用等级序列在群体中建立起秩序，在一个封闭的空间内部的监视和规训可以将主体锻造成新的主体形式。[①]

车间与宿舍中的权威性资源配置涉及管理主体控制外来女工的工作时间、任务分配、质量要求、惩罚措施、生活规定等方面，而在外来女工的工作和生活的行动流中，这些权威性资源与上述两类规则（规范性规则和解释性规则）交错发挥作用，进而形成了她们被规训化的生活及工作实践。而这些权威性资源都具有强烈的控制作用，在控制关系上，外来女工恰好是被控制的一方。而外来女工也在实践过程中，以规范性规则的方式来应对工厂各种正式规定，但却以解释性规则来看待车间与宿舍空间中所进行的日常实践中遇到的那一类非正式规定。

上述第一段材料中有关工厂对女工的各种限制性的正式规定，以及有些外来女工口述中所涉及的各种车间与宿舍的非自由性的厂规，都是外来女工在车间或宿舍空间中会面临的与日常行动有关联的权威性资源。但这些资源被外来女工以规范性规则的方式进行应对，而且实际上外来女工缺乏利用这些权威性资源的能力，在此意义上，这些配置性资源构成了她们行动的风险因素。然而，外来女工在以上叙述中也透露出，除了那些明文规定之外，还存在一些实实在在影响女工们的日常工作和生活的非正式规则，诸如流水线上的“同乡”，车间或宿舍中的“熟人”。这些外来女工之间，或是她们与管理者之间的具有血缘与地缘特性的强关系，也构成了一种权威性资源，与外来女工在车间与宿舍的空间行动紧密地关联在一起。从外来女工口中得知，她们是以解释性规则来看待这些资源，并

① 陈蓓丽：“宿舍与车间的空间政治——上海外来女工生活体验研究”，载《社会工作》2009年第10期。

将其意义置于她们的日常沟通行动中。这种基于血缘、地缘的强关系，一旦渗透进外来女工在车间与宿舍的空间中的实践活动时，便附带着生产出一种霸权，使外来女工在流水线上的工作行动存在不公平的竞争现象，使得外来女工交错地使用规范性规则与解释性规则来应对车间与宿舍空间中的互动行动流。

日常活动中，外来女工在车间的8小时(甚至12小时)内被上述权威性资源所规训，宿舍空间又是这种规训的延续。如此，外来女工陷入了陌生的人群、语言、生活方式以及消费方式的空间中，并与外界隔离。① 车间和宿舍生活给她们带来了不安全感、不信赖感，并严重影响了她们的身心健康及社会关系。正如有的外来女工所说："我来上海已经五年了，除了偶尔在浦东逛逛外，基本上没有去过市里。""我上班那么长时间，如果一直不讲话都要得自闭症了。""我觉得这种感觉很不舒服的，但是没有办法，为了工作、为了生活……"

外来女工长时间在车间与宿舍进行日常实践活动，而这种活动十分缺乏自由度。由车间与宿舍空间行动所形成的配置性资源，对外来女工而言，就是一种不能够强加于意识的对象，她们只能以规范性规则与解释性规则对之进行再生产，结果则导致配置性资源再生产为一种阻碍外来女工自由，并对她们产生规训的存在。如此，车间与宿舍，以及在此空间中所涉及的配置性资源，在外来女工的抗逆力层面上，被视为一种风险因素。相关研究表明，越是需要劳工加班的企业，越有可能为劳工提供宿舍。② 任焰和潘毅也提出，传统市场经济中的"劳动—生活居住"分离式的生产体制不具备"对工人进行彻底的控制和改造"的优势，企业为其雇员提供住宿的动机并不是为了收买劳动力的忠诚或者保住稀缺技术，而是为了获

① 陈蓓丽："宿舍与车间的空间政治——上海外来女工生活体验研究"，载《社会工作》2009年第10期。

② 魏万青："劳工宿舍：企业社会责任还是经济理性——一项基于珠三角企业的调查"，载《社会》2011年第2期。

得廉价、年轻的外来工，并将其工作日的劳动产出最大化。[①] 并且，提供住宿的企业更倾向于雇用女性，因为在市场隔离的条件下，采用宿舍劳动体制的企业更需要的是教育水平低、工作经验少、未婚的年轻女性。因此魏万青提出，人力资本较低的女性，进入宿舍劳动体制企业的可能性更大。

吴炜、朱力的研究表也表明，宿舍劳工和其他劳工在劳动体制和月平均工资上没有显著差别，对是否有加班工资、工资是否被拖欠和实际收入与应得工资是否不一致也没有显著影响。从社会保险角度看，宿舍劳动体制下农民工获得医疗保险、养老保险和失业保险的比例要远小于非宿舍劳动体制下的农民工，由于农民工受所从事的行业特征的影响，在工伤保险的获得上则没有明显差别。总之，宿舍劳动体制对农民工的权益保护产生了负面影响，企业为工人提供宿舍从表面上看是一种企业福利，实际上是为生产服务的，农民工在获得这种企业福利的同时，付出了更长的劳动时间、相同的工资水平和更差的社会保险权益代价。[②] 其实早在20世纪40年代就有类似的情况出现，不少纺织企业都会在工厂内建立寺庙，可以使管理者能够消除女工请假去上香的困境，同时还可以减少工厂的损失并赢得女工的好感。

三、生活体验的“痛楚”

外来女工从农村走向城市，从经济落后地区走向经济发达地区，她们在城市中的生活状态、权益与福利、就业与收入以及健康等不同层面都呈现出一种“痛楚”，也即压力感。外来女工抗逆力在个体层面呈现出的风

① 任焰、潘毅：“跨国劳动过程的空间政治：全球化时代的宿舍劳动体制”，载《社会学研究》2006年第4期。
② 吴炜、朱力：“宿舍劳动体制对农民工权益的影响分析——以江苏省为例”，载《中国人口科学》2011年第4期。

险因素即与此有关联，她们在生活中体验到的压力，决定了她们所生活或工作的环境是否成为抗逆力过程中的风险因素。“弱者”的体验与“外地人”的意识是外来女工进入城市后体验到的一种消极际遇，这两种生活体验直接构成了外来女工个体层面上抗逆力的风险。

（一）“弱者”的体验

M7：我初中毕业后，上了一年的职校，职校是我们淮南职教中心开办的。我觉得学会计没什么用，与其读个两三年，还不如早点走上社会。

M8：我认为读书很辛苦，没劲，就跟着老爸来了。我读到高中二年级就不想读了，我爸老叫我上，我觉得太没劲，就不想继续上了。

M6：有很大的心理负担。以前在成都，我和老公经常出去吃饭，现在很少出去吃，一是因为口味不习惯，然后还有消费价格，上次他们有个朋友请我们去吃饭，他们说是吃麻辣的，然后去吃那个鱼头，非常贵。

M13：有压力。我以前不觉得钱很重要，反正花家里的。现在觉得 100 元也很重要，前两天我花了 100 元，买了点水果、饼干之类，我看着这些东西觉得 100 元很重要，这种感觉从来没有过。以前，我经常坐三轮车，觉得一天十块钱也还好，后来舍不得坐了。

M16：我想象中未来不怎么好。我小弟小妹还小。我妈讲，我必须为弟妹负责任。我就觉得为什么要我负责任呢。但是，我知道我不接受也不行。我觉得有压力，我感觉还是替弟弟妹妹担心，我妈 41 岁，我弟弟才 7 岁。

M17：就是觉得别人都挣到钱了，自己没挣到钱，有一种自己特别没有本事一样的感觉。我们不跟上海人比，只跟老家人比。如果在外面，不抠一点的话，就省不下钱了。我中饭、晚饭都在工厂解决，如果买衣服什么的，每个月就要花1 000元。

M16：我是2010年来的，觉得生活黯淡。我和周周（同住的女工）一起去找工作的，因为我觉得一个人找工作很恐惧，有被锁起来的感觉。但是在老家不会的，在老家很自由。到现在，我找工作还是不敢一个人去。

M17：有的，肯定有的。像我老公有八个结义的兄弟，他们在老家都有房有车。以前，他们八兄弟中只有一个人买了车，今年过年回去，只有我们一家没有买车，我们压力就大了，人都是要比较的。我本来想先买房，再买车，但是我老公不肯。孩子现在也小，我婆婆照顾得挺好，如果我们镇上那个房子装修好的话，我就回去了，我想先帮别人卖服装，然后就在老家待了。两三年内暂时不回。只要房子、车子买好了，我就回老家了，过过日子。因为孩子毕竟在老家。我们外地小孩不容易在上海上学。

从外来女工的叙述中可见，她们大多数“弱者”的生活体验表现在自身的学历低、从事着低收入的职业、家中子女需要照顾、城市中的高消费与高物价、在城市“扎根”的目标等各个方面。外来女工在城市中的职业选择、消费方式、生活方式、工作竞争等方面的生活体验展现出她们在面对上述配置性资源与就业性别歧视、家庭照顾分工方面的权威性资源时的无力感，进而形成了她们“弱者”的生活体验。这些叙述展现出外来女工在城市社会中的“底层”角色，在工厂中的非男性“劳工”身份，以及家庭中的主要“照顾者”角色。因此，外来女工在城市日常实践中所体验到的“弱者”身份，在个体层面构成了她们抗逆力维度上的风险。

外来女工进入城市后，就性别来看，她们在权益保障和发展机遇方面也处于“弱者”的境地，这体现在就业、权益、收入以及健康等不同层面。外来女工的工资收入普遍较低，不仅远低于劳动力的价值和价格，也远低于外来男性工人的收入。此外，外来女工由于学历低、专业技能缺乏等原因，在劳动力市场中择业面比较窄，且层次偏低。她们往往从事技术含量低、工作时间长、工资待遇差的工作。从以下外来女工的叙述中可以发现，她们还承受着家庭照顾方面的压力，尤其是已婚的外来女工在这方面的压力感更强。从结构与意义层面来看，外来女工这种"弱者"的生活体验，与她们在对阶层地位有关的配置性资源和与性别身份有关的权威性资源两方面缺乏控制能力紧密相关，而这些是否构成她们在抗逆力个体层面的风险取决于她们使用何种解释性规则去应对。

（二）"外地人"的意识

M7：我不怎么喜欢上海。在上海生活、工作的大环境就是信息多、节奏快、压力大，我觉得挺辛苦。在上海追求的都是名牌、名车，然后衣服和包包都要名牌，在我们老家可能也有人穿名牌，但是一年哪怕给自己买一件也就可以了。

M2：应该不会在上海定居，毕竟家在皖南。第一是房价太离谱了，第二如果真的嫁到上海的话，家里的亲戚也会疏远。我不想让生活变成这样，所以我肯定会回老家。

M6：我个人不太愿意生活在上海，但我婆婆超级喜欢在上海。她觉得这里比老家好很多，繁华，她消费超前。但我觉得我们老家好，我觉得成都好，我今年本来是不打算来的。但是一想到两个孩子，老是这样分开也不是办法，于是我就来了。我觉得老家亲切一点吧，在老家能说家乡话。我们老家的亲戚都在广东待了十七八年，最后还是全都回去了。上海比很多地方要好，但是我始终觉得辛苦，心里有思乡的感觉。

M8：如果上海没有爸妈和亲戚，我肯定不会在上海多待。

M23：我想结婚后就回老家工作，虽然老家工厂的工资要比上海低，但是消费水平低，所以我还是会回去的。

M10：我们在老家也买了保险，我们在巴斯夫也缴保险。如果待得下来，我想待在这里，五六年前，我们回老家盖了房子。但是如果可能，还是想待在上海。20多年习惯了，时间长了，家里也没有地可以种了。

M18：会回去，我就看儿子了。因为我儿子就当两年兵，如果他过来，我就待着。

M22：在上海生活的压力太大了，无论想干什么都很难。所以我还是会回老家，在小城市发展的感觉很不一样。

M2：区别的话反正我也不太清楚，因为我跟城里人接触少，我就觉得农村人踏实，要做什么事情就会做，感觉城里人谨慎一些。

M3：现在我老家那里开发得也挺好，如果在外面太辛苦，现在也可以回老家，我们那里的路也修得很开阔。

M5：我在工厂里碰到个上海人，他人就很好，但是有的人就不行，见人就吼，看你不顺眼就骂。

M6：其实，我更喜欢农村一点。我觉得我爸妈做生意做得惬意一些，我感觉在乡里面吧，人更亲切一点。城市的话，找不到那种感觉，就是那种很亲切、很舒适的感觉。

M8：交通方面老家乱七八糟，上海稍微有秩序一些。老家的人比较直接，有什么想法就会直接说。上海人比较藏着掖着。

由于受到地域文化差异与身份认同的影响，外来女工处于城市和乡村的文化边缘地带，在生活方式上徘徊于城市与乡村之间，因而她们时常体验到一种“外地人”的困惑和痛苦。外来女工满怀着对城市文明和生活工作的憧憬与追求来到城市，却因各种原因无法融入城市的制度与生活工作体系。“族群边界”实际上是一种“社会边界”，人们或许在文化、语言、体征等各个方面均没有差异，但移民还是会认为他们与本地人是不同的，这种边界感集中体现为文化差异感。对多数外来女工而言，她们虽然居住、工作在城市中，但由于制度上她们未被纳入城市居民，她们被排斥在工作和生活的城市之外，她们是“外地人”，并作为一种城市的边缘人在城市中生活与工作。户籍制度以及地域文化差异在外来女工于城市中的生活体验过程中展现出其制约性的一面，并在外来女工的互动行动流中生产出身份差异。外来女工“外地人”的生活体验，成为她们在城市中一系列互动过程中的权威性资源，她们又以解释性规则对该资源进行了意义的创造，即自我的“外地人”身份意识，并与本地人有所区分。与此同时，这也影响到了外来女工是否打算长期居住于城市以及如何看待城市等外来女工所使用的解释性规则。

上述外来女工的叙述透露出她们对城市与城市生活方式以及城市本地人的理解，如“我不怎么喜欢上海”“应该不会在上海定居”“上海人比较藏着掖着”等。从这些言论中可以看到，外来女工感受到她们与城市本地人在衣食住行、交往方式、价值观等方面存在着一定差异。她们拥有区别于城市体验的自身文化，并拥有持续存在的各种预想、形象和价值观所组成的知识体系，这也构成了她们的解释性规则的核心内容。这些差异影响着她们在特定时空情境下与城市本地人能否生产出可共享的观念、意象、社会共识，同时其本身也可能构成她们在个体层面上抗逆力的风险因素。外来女工透过体验到的“外地人”意识，在其城市日常接触活动中形成一种具有社会意义的符号或系统（“外地人”），它对外来女工与本地人之间的社会互动规则和对社会生活进行分类并加以沟通等方面有深刻的影响。在城市本地人眼中，外来女工仍是“乡下人”，而工作和生活于城市中的外来女工又会以她们的眼光来看待城市以及城市本地人，在此过程中，两种相互摩擦和相互冲突的文化与身份得以展现。在此意义上，外来女工未能真正地融入城市，仍有着“外地人”的意识倾向，这形成了抗逆力个体层面上的风险因素。

第三节　资源使动性

与外来女工用于应对逆境有关的资源及其结构，可被视为她们抗逆力的保护因素，而这些资源及结构对外来女工有着使动性，同时这也是她们对结构所产生的能动性的结果之一。与风险因素不同的是，保护因素乃是指环境系统中与风险因素相互作用，从而减轻风险因素消极影响的因素。威廉指出，保护因素是那些与风险因素相互作用，以降低或者改变由高危因素导致消极结果可能性的因素。[①] 所谓保护性因素，指的是能够促使个体更好地应对生活压力事件，减少消极发展结果出现的可能性的个人的或环境的因素。[②] 加梅齐认为个人抗逆力的保护因素来自三个方面：个人层面、家庭层面、外部支持层面。[③] 个人层面的保护性因素包括解决问题的能力、生活自控能力、自我效能感、对未来的乐观展望、创造力、社会信念等，环境层面（即上述的家庭与外部支持层面）的保护性因素包括良好的亲子关系、和谐的夫妻关系、家庭归属感、强大坚实的家庭体系、支持性照顾、社会支持系统、家庭经济稳定、安全的社区等。保护性因素影响个体调整，改善或改变其对风险环境的反应，这种调整、改善或改变的目的是对适应不良的预先应对，即防止适应不良的产生。一般认为保护性因素对个体的影响是累积性的，个体生活中的保护性因素越多，个

---

① William, "The Role of Self-understanding in Resilience Individuals: The Development of a Perspective," *American Journal of Orthopsychiatry*, 1989, 59(2), pp. 266 - 278.

② 李燕平："青少年研究的新趋势——恢复力研究述评"，载《青年研究》2005 年第 5 期。

③ Garmezy, "Resilience in Children's Adaptation to Negative Life Events and Stressed Environments," *Pediatric Annals*, 1991, 20(9), pp. 459 - 466.

体就有可能表现出抗逆力，因而更可能适应逆境。①

就外来女工而言，上述有关她们的个体及其环境层面的保护因素的分析乃是基于个体心理学视域的一种分析路径，而本书更注重基于结构视角来透视她们的抗逆力之保护因素的生产机制与运作。下文将试图从她们在城市中的日常接触中树立生活信心、确立期望与目标，以及寻求家人与朋友的社会支持等方面展开有关她们的抗逆力之保护因素的讨论。

一、树立生活信心

M1：能活着就是最大的信心了。我觉得这两年折腾得够呛，我也不想去折腾些什么东西了。在工厂的工作很机械化，没有什么自己的想法。

M3：我对自己还是很有信心的，我一边做一边学，我先在厂里做了1个月的清洁工，然后车间负责人就让我负责切割。那个时候，厂里都是小伙子、小姑娘。我一开始学得慢，但是我很努力，肯吃苦，从900多块钱做到4 000多块钱。

M5：我感觉我只要想做好一件事情，我都肯定会去努力的。我在工厂做了6个月，正好过春节，可以休息15天，我休息也是在家里没事干，就想找个零工干，于是就在小区的一个网吧做收银员，每天干18小时，我都坚持下来了。

M7：我觉得挺有信心的，我想做什么就能做好什么。我觉得我在上海只是一种体验，学习一点不同的东西。在厂里也能学到很多知识，我以后还是要回老家的。

M13：我觉得我是有信心来上海的。我觉得我可以一个人在上

① 刘取芝、吴远："压弹：关于个体逆境适应机制的新探索"，载《湖南师范大学教育科学学报》2005年第2期。

海，可以不靠任何人。我就凭着一股信心来的，但是我没想过我要做什么，就是有信心。我有个朋友在这附近，所以我就来了，这样可以有个照应。“出来工作没有人会把你当小孩看，大家一视同仁。”这是我们老板对我说的话，我觉得人要会交朋友，我父母也觉得我变化特别大。在北京（原来在北京打工）的四年我都没有回过家。我跟我父母说，既然在外面干了，就必须干出点成绩来。让我在外面适应下社会，既然出来了，我干吗有事没事回家。我出来一个是为了挣钱，还有就是为了积累经验。我老回家什么都学不了，四年后再回家。我考虑问题就很周全，不管是家里的事情还是其他事情。很多跟我一样大的人都结婚和生孩子了，但是我到现在还没有结婚。别人考虑的是早点生孩子，婆婆年纪轻好照顾孩子，我考虑的是，觉得自己还年轻，不能靠别人，我得让自己在各方面条件稍微好一点后再结婚生孩子。我觉得日子是两个人承担的。工作稳定了，思想成熟了，我觉得压力反而小了，也更有自信了。

M22：当然有信心。我觉得是个人的经历吧，我在这里接触的人还是有不同的。我比较喜欢自己的个性，会跟大部分人玩得很好，我不喜欢得罪人。

M15：刚开始是有的，现在没有了，很多东西都忘掉了。天天上班，之前好多人辞职了，就并班了，应该两个星期休息三天的样子，就感觉好累啊。

M16：我认命了。我都想过逃离，有一种承受不了的感觉，对自己很失望。我心里想逃离这个世界，想离开这个世界。我想着逃，但是我不会逃。这算是对命运的默认。

上述这些外来女工的叙述片段，描绘出两类外来女工的生活信心状况：一种对自身的生活充满信心，另一种对自身的生活缺乏信心。外来女工在上海的生活与工作过程中充斥着困难、忙碌、劳累等相关感受，这与她们日常接触中的各种物质性资源（即配置性资源）的多少，以及隐含于各种社会关系网络中的非物质性资源（即权威性资源）的多少有着紧密的联系。而且，日常互动流中的这些资源的多寡直接反映在她们是否具有生活信心方面。她们运用何种规则来审视或反思这些日常互动流所涉及的资源的结果也透过生活信心得以展现。外来女工的信心与能力，与她们在城市中的日常接触过程密切关联。在她们的日常接触情境中，她们看待自己的方式，所形成的自我认知，以及在此情境中与他人的互动流所感受到的实践意识，都与她们的信心与能力的形成有着很强的关系。个体的信心与能力在心理学领域被称为“自我效能”，乃是指人们对自己能否有效地实现特定行为目标的自我认知，以个体对能力、经验、过去的绩效、与任务目标相关的信息等多种资源的感知作为评估基础。高自我效能感有助于个体对某一个活动的长期坚持，尤其是当这种活动需要克服困难、战胜阻碍之时。如此，个体的自我效能感在心理学领域被置于个体的抗逆力之保护上。

但是，外来女工的信心与能力的形成被视为一种过程，并与她们在城市中的日常接触的“结构”以及她们对其产生的能动性紧密关联。外来女工陷入逆境时，她们如何不对自身陷入绝境的生活丧失信心？如何在应对逆境时重新树立生活信心？这些问题将通过外来女工的逆境过程中资源与规则不同组合所成的“结构”，以及她们自身的能动性而加以审视。

第一类外来女工是如此叙述她们的生活信心状况的：“我对自己还是很有信心的，我一边做一边学，我在厂里先扫了一个月地，然后车间主任就让我负责切割。”“生活遇到困难不可怕，可怕的是遇到困难时感到害怕，再大的困难也是需要一步步解决的。”

而第二类外来女工对她们生活信心的叙述则是如此：“我认命了。我都想过逃离，我承受不了这种感觉，对自己很失望。我心里想逃离这个世界，想离开这个世界。我想着逃，但是我不会逃。算是对命运的默认。”“（信心）刚开始有的，现在没有了，很多东西都忘掉了。”

可见，对于那些本着破解生活困境和积累生活与工作的经验的想法的外来女工来说，她们这种反思性结果产生了积极的生活信心；而对于那些体验到工作任务繁重或者对命运妥协的外来女工来说，她们的反思性结果则展现出消极的生活感受。如此，外来女工的生活信心不应被视为一种个体的内在品质，而是应该被置于她们与日常生活接触的行动流中，从她们与日常接触有关的各种资源和规则的互动过程来考察，即置于“结构”中而加以分析。

这些外来女工所谓的“信心”显然是她们对日常活动的“有意识”的结果，她们作为行动者在社会生活日复一日的连续过程中，对行为进行着反思性的监控，并且她们关注周围发生的事件，将自己的活动与这些事件联系起来。正如外来女工对自己日常接触的反思性的叙述：“天天上班，应该两个星期休息三天的样子，就感觉好累啊”；“我出来一个是为了挣钱，还有就是为了积累经验”；“我在这里接触的人还是不一样吧”。如此，这些她们所具有的信心与能力显然无法与她们日常接触的“结构”分离开来，这也是她们的日常互动流中的规则与资源的共同作用的结果之一。外来女工对各自在城市中的日常接触的反思性监控的结果是不一样的，有的结果呈现出满满的生活信心，而有些结果则呈现出对生活信心的丧失。

二、确立期望目标

M7：我的目标是将来自己开店。还有就是希望我自己有家，有房子，自己做点事情。我觉得这个目标可以实现，不过最起码要三到五年。不过我说的房子是指在老家，不是在这里。我中考没有发挥好，只考取了我们那里的十中，我觉得上十中是肯定考不上大学的，还不如不上了。然后我爸妈非要让我读技校，我被迫要求学会计，但是我抗争了，我爸给我打电话，我就不接。我想干什么还是会干什么的。

M3：今年就是想把房子装修好，让儿子结婚。然后看他的打算，如果想要做点小生意，我们就把攒的钱给他；如果不想做生意，那就出去打工。看他有什么打算，我们就帮他计划。如果他媳妇生了孩子，我就帮他带孩子、做好家务。

M3：我也没有觉得自己有多大能耐，就是觉得要尽力而为，有把握就去做。我经常对自己说自己文化水平有限，我也对自己说自己只有这个能力，没有想太多太大的事情。我就说有点钱就要去安排，就想以后在乡下修个房子，这个目标也快实现了。

M20：我的目标就是苦一点，将来能够在淮安老家买个房。因为我们老家的人都在老家的城里买了房，在我们老家城里买个房，大概20万，我们苦上一辈子就能买，上海就不要想了，苦几辈子也买不起。我们那里不算太苦的，现在每家每户房子都盖好了，也挺漂亮了。但是现在人的想法不一样了，结婚娶媳妇都要到城里买房子，家家都要在城里买房子。

M17：我现在不想在工厂工作了，我想做服装销售，我嫂子做服装生意，一个月都一万多，过年这阵都两万多，我都很羡慕的。所以，她说她在淮海路，我就去了一次淮海路，我上周休息去了一次，累得要命，脚都起泡了。我说我还是不会放弃的，现在服装这两个月不是旺季，我过一两个月再去找她。我嫂子最少一个月都有七八千元，我真是羡慕啊。

M19：我想开个花店，就是专门卖一些手工做的花。但是现在经济条件不允许，所以就一直没有启动这个计划。不过，未来有很多计划。好的怎么庆祝，坏的怎么解决之类。

M7：我现在就是拼命学习，拼命存钱。我每天从早上 10 点到晚上 9 点就在工厂，现在老板对我挺好的，他会告诉我订单啊，进原材料的渠道啊，流程啊，还有如何计算成本等，我可以学到很多东西。

可见，回家乡“修房子”或“盖房子”构成了大多数外来女工进入城市中生活与工作的核心目的。对外来女工而言，与纯粹的经济生存驱动力相比，与住房有关的愿望或目标虽然不是那么紧迫的东西，但是这与她们对自我的基本自尊及所住家乡社区的正面评价方面的需要有着密切的关联。家庭住房的品质在农村传统上被视为获得社会地位的关键因素。在农村，一个人或一家人的住房的质量不仅决定了物质上的舒适与否，更为重要的是，它也是一个家庭社会地位高低的标志，是一个家庭的公共脸面，也向外人证明了这个家庭控制经济和社会资源的程度。与此同时，房子在农村长期以来是家庭用于婚姻谈判的核心资源，而子女的婚姻也是年长的已婚外来女工所在家庭的重要生活目标之一。而另一些外来女工则把“做生意”设定为她们生活的期望与目标，并且要回到家乡实现之。当今社会中，物质资源的丰富与否，直接影响到人们的权力及其地位。因而，外来女工把“做生意”的目标视为她们改变工人身份，以及与该身份对应的地位与物质资源的方式。相比较于技术，她们选择“做生意”作为改变生活的一种手段，此乃她们在城市的日常活动过程中与自身所拥有资源以及环境要素的互动，再加上与她们所运用的规则的一种综合性互动的结果。在外来女工的日常行动流中，她们掌握及运用的权威性资源与解释性规则发挥着主导作用，在此基础上，她们“做生意”的目标乃是她们行动所形成的“结构”的结果之一。

然而，有部分外来女工没有清晰地确立对生活的期望与目标。她们这种未确立生活期望及目标的行动本身，也是她们对日常行动流的“结构”要素进行能动地互动的结果之一，且对她们的抗逆力也起着保护作用。

M1：关于目标，我不会说是有计划地去做什么，我今天、明天一定要做什么，就算是定了一定要做的事情，也是真的不是非做不可的事情。我就是顺其自然，比如在发工资之前，我从来都不会去想：这100元，我干什么？200元，我干什么？工资还没有发呢。我从来不计划，该怎么样就怎么样，经历了这么多事情，我觉得在这个世界上也没有多大意思。我总感觉很黑暗……然后他们说这是一种心理疾病。因为我看到很多很灰暗的东西，没有光明的事情。我觉得现在我尽力而为吧，不留下遗憾。我不会去计划，今天要怎样，明天要怎样，我就顺其自然。我基本没有想过以后一定要干吗。我现在唯一想的就是把我妹妹供出大学。她成绩挺好的，要看她的造化的。我觉得这个世界上一切都是安排好的，该怎么样就是怎么样的。所以没有计划，否则没有意思。今天这么过了，就这么过了，该怎么过就怎么过。

M1：嗯。想过吧。应该说，只能说想过，具体来说，也就顺其自然。有些东西只是想想，只是脑海中的一个提纲，只是脑海中的一个东西，哪天有可能的时候去实现它。

M9：我现在年纪大了，也没有什么目标了。讲目标谁都有，达得到吗？达不到嘛，所以对我们打工的人来说，就是多挣点钱而已。像我们过几年就要回去了，年龄大了工作也不好找了，只有回去。四五年内，我肯定就回去了。我女儿前年结婚，我回去了一次。回去就是来回路费贵，除非有事。没事，我们就在外面上班。

M16：我就想平淡一点吧，安静就好。我们厂工人大多就是25岁左右吧。我们那里上班的80%的人的孩子都在老家。所以晚点结婚吧。

M16：我没有未来，也没有目标。这个世界对我来说没有意思，生活一点意思都没有。我觉得很多事情都没有意思，我最难过的时候，就是想在空旷的地方大喊出来。

这些外来女工的叙述表现出她们对生活没有相对明确的目标与期望，这是她们对自己的处境以及在时空情境下“结构”的反思性行动的结果。“今天这么过了，今天就这么过了，该怎么过就怎么过”，这是对当前生活的一种无奈；“讲目标谁都有，达得到吗？达不到嘛”，则是对未来生活的一种不确定性；“这个世界对我来说没有意思”，则表现出一种自身生活意义上的迷失。这些外来女工的叙述很好地表达了她们对所处时空情境的一种理解，并进而影响到她们的生活目标，虽然未有明确的设定，但这对她们的抗逆力而言，仍是一种保护功能的体现，在她们的行动流的“结构”中显而易见。

如此，外来女工的生活期望及其生活目标与她们的抗逆力有着极为关键的关系。个体的期望与目标在心理学领域里一直被视为一种个体性保护因素。在心理学领域，生活任务、个人奋斗、当前关注点、个人计划等被用于理解与分析个体的期望与目标的功能，尤其是对个体的能力方面的作用。这些个体心理学领域的概念对外来女工的期望与目标虽然具有一定程度的解释力，但这种解释仅仅表现在外来女工的个体层面上，尤其是集中于对她们的人格分析。“当前关注点”是一种假想的动机状态，聚焦于“将来可能发生的倾向”；“个人计划”是一系列随时间演变而发生的相关行为，焦点在于“外显行为”；“生活任务”是个人希望解决的重要人生或生活课题，注重个人在生活转型期的意义；“个人奋斗”则表现为具有个人特征的一些努力方向或人生信念，其实只是一种认识，或是一种行为动机。从这些角度对外来女工的期望与目标进行审视，仅仅是从个体人格的内涵来解释她们的抗逆力，却忽视了非个体性层面的解释，而“结构”正好弥补了这个缺陷。

外来女工在上海的日常接触是按着前后次序被纳入日常生活序列性之中的，而且也正是它赋予了日常生活序列性的特征。她们在上海的生活或是未来离开城市的生活，乃是一种持续不断的活动流。因此，外来女工的期望与目标则是这种活动流中的一个片段，或是一个节点。进而，她们的期望与目标，跟这种活动流的"结构"显然紧密关联，是否能够构成她们抗逆力的保护因素，取决于她们与"结构"互动的结果。吉登斯认为，权威性资源在"结构"中的作用相比较于配置性资源也同等重要。权威性资源涉及三方面的范畴，分别为：对社会时空的组织；身体的生产和再生产；对生活机会的组织。外来女工身处城市，受到城市系统的各种管理秩序的控制，这些影响到她们的身体的再生产，而"做生意"则是她们身体再生产的一种表现。与此同时，"做生意"对她们而言则是在生活机会维度上作为权威性资源的一种体现，也是她们对城市与农村两种形式的社会的一种反思性的结果。

总之，外来女工的日常生活实践所形成的"结构"的各结构性原则，是她们生活期望与目标形成的基础。也就是说，她们行动流所涉及的各种资源与规则相互作用，并且她们是在能动性作用下生产了她们的生活期望与目标。这些生活期望与目标若是有利于她们拥有更多的配置性资源或权威性资源，如更多物质、生活机会等，这对外来女工而言，乃构成了一种使动性作用，成为她们对抗逆力的一种保护。

三、寻求社会支持

M14：我跟我妈聊得比较多，有时也会跟弟弟和哥哥聊，有时候碰到一些开心的事，也会跟朋友聊天，出去逛逛街。亲情很重要，朋友也很重要。虽然这里的朋友没有北京多，但是这里有父母，而且老板和经理也很好。这里更轻松些，上班比较随意。

M15：我妹妹有时候会打电话给我，我们的关系还好。她嫁在甘肃陇南，我爸妈不支持她这段婚姻，所以我妹妹不回来。我觉得甘肃肯定苦啊，我妹妹结婚都没有跟我们说，所以我家里人不同意我找别的地方的男朋友。现在，我爸妈只有靠我了。生活很有意思，小时候不在一起，现在却要靠我了。

M18：是啊，家里的帮忙是很重要的。我老公就通过中介服务来这里上班了。我姐姐妹妹在这里，就是我老公的姐姐妹妹在上海，我姐可以说一个新上海人了，来上海二三十年。我姐夫是部队里的，后来分配到上海了，我姐姐就一起来了。

M7：一般情况下，我不会主动告诉我父母的，不过看什么事情。我爸说我在想什么，基本上我一个眼神，他就能看得到、感觉得到。基本上，因为我很像他。不过有时候，他也是在瞎想，他有时候非要说你是这样想的，假设你是这样想的，我就说你不要把你想的事情强加在我的身上。

M16：有的时候，我想起我妈心里就有一点点安慰。有的时候，我这个人不能有安慰，一旦被安慰就不行，我就会感到温暖，就想哭。哭了之后我的痛苦加剧了。我记得刚进入初中时，我就有种很低沉的感觉。我觉得一个人就被封闭起来了，三年我在班级里就是可有可无的存在，我都不认识我们班的男生，我三年只有一个知心朋友。现在这个好朋友不知道哪里去了，中间也闹过一些不开心的事情。

M23：一开始找不到工作，我大专毕业后到市区去找工作，找了几个月都没有找到，然后到亲戚那里去了，亲戚看我可怜巴巴的，就让我跟他们一起住。当时一开始，就是到人才市场去找工作。但是那些工作都不好。我住在姑姑家，就是在江杨南路那边，一间房，我姑姑家一家四口，我和我叔叔都住在一个房间，打地铺。在外面，都是一条心，就是要靠家里人。

M1：工作中的困惑以及让我心情不好的事情，我会跟朋友说。我的朋友大部分都是在老家认识的，因为我不想跟那些没有深交的人多说什么。有几个很铁的老家的朋友，情感交流比较多。我一般好朋友中，男生比较多一些，女孩子少一些，玩得好的也是比较少的。

M13：我觉得在上海最开心的时候，就是当我很饿的时候，有人问我饭吃了没有；当我很累的时候，有人问我累不累；有时候大家看到你不开心，也会问问。我觉得这样就够了。

M22：有的会，不过他们感觉到他们也不一定会说。碰到一些不开心的事情，我会有情绪，会跟工友说说，有时就跟我表姐说。我表姐在老闵行，虽然表姐比我大很多，但是共同话语比较多。

M15：有的时候有，主要是找工作。我就觉得天天找工作，很难找，都觉得不好意思。有时就会觉得自己好像做不了什么事。这时候就会跟同学打电话，我不跟家里人打电话，怕他们担心。

M21：家人和朋友肯定会帮助我，还有就是我玩得最好的一个同学。

M9：碰到不开心的事情就是找同事、亲戚聊聊。如果真的碰到一些事情，只能找亲戚啊，亲戚才能提供实质性的帮助啊。

从上述外来女工的叙述中可知，家里的父母或是兄弟姐妹、家乡的朋友，以及都市里的工友或朋友，是她们外部社会支持网络的构成主体。正如她们所说，“亲情重要，朋友也很重要”，“家里的帮忙是很重要的”。这些外来女工关于社会关系网络的体验表明，她们在乡土社会中的家人及朋友关系网与城市中建立起来的人际关系网是她们在城市中的日常互动时获得安全感与归属感的“结构”，这种“结构”对于她们在日常生活中应对“逆境”有着支持作用。如此，这种“结构”包含了她们在应对困境时所需的配置性资源与权威性资源，进而在抗逆力层面上就表现为保护因素。

然而，外来女工进入城市工作与生活后，她们有了更大的生活圈子和更大的生活半径，在此过程中结识的朋友，即建立的关系网络，构成上述"结构"的一部分，但却有着较高的同质性和封闭性。城市本地人享有区位、经济和福利等方面的优越感，外来女工被歧视，因而会与本地人保持距离，这是她们自我保护的一种策略。与此同时，她们也对城市本地人产生了刻板印象。于是，她们无意识地在日常生活中发展出一个同质性与封闭性的关系网络，借以获得支持与保护。

外来女工进入城市后，她们面对逆境过程的资源与规则时的反思过程，让她们的能动性得以施展，并通过积极寻求社会支持表现出来。在城市中，她们工作与生活过程中的人际关系网构成了面对逆境时的支持系统，这种关系网具有血缘、地缘、业缘等关系属性。她们的个人社会支持网乃是一个借以获得各种行动流所需资源支持的关系网络，诸如金钱、情感、友谊等。通过该社会支持网的功能，她们能有效地解决日常生活中的问题与危机，进而促进抗逆力的形成。在此意义上，良好的社会支持网是外来女工抗逆力的保护因素。外来女工的外部支持网络以有血缘关系的家人网络为主，在她们应对突发事件或遇到危机时，能够给予有用的支持资源。外来女工在城市空间的"互动情境"中，面对逆境时，她们会能动地利用家人及朋友的外部社会支持系统的资源加以应对。这些资源乃是她们行动本身过程的生产结果，即配置性资源与权威性资源。对于外来女工而言，这些资源是有意义的符号，也是与她们的"互动情境"相关的各种非物质的东西，或是机会、尊重、认同等。总之，外来女工在构建这些外部社会支持网络时的主要表现是：一方面，对原有的，即乡土社会中所建立的社会关系网络加以维持与依赖；另一方面，将自身置于城市社会之中，积极让自己的关系网络在城市中蔓延伸展，如新交的朋友、同事、宿舍室友等。

简而言之，家人及朋友构成了外来女工的外部社会支持系统，该"结构”与她们的日常社会生活密切相关，既源于此过程的生产，又使动地作用于此过程。外来女工把“家人及朋友”置于她们的日常生活流中，也嵌入于她们的整个生命周期中，与此同时，她们也将其置于日常社会生活的“制度性实践”的绵延中，即“超个体”的结构化过程中。在此视域下，“家人及朋友”形成的社会支持网络不仅仅具有心理学意义上的外部支持功能，更为重要的是，“家人及朋友”是外来女工的日常社会生活过程生产出的一种“结构”存在，且该存在又对外来女工的日常社会生活形成使动性功能，这些都是她们的能动性之于所处的“结构”的持续的互动行动流的结果。如此，“家人及朋友”构成了“结构”意义上，在外来女工体验逆境（日常社会生活的一部分）时，她们此种行动流所生产出的资源和规则所构成的“结构”，而该“结构”在她们体验逆境时起着积极的作用，增强了她们体验逆境的能力与信心。在此意义上，“家人及朋友”具备了外来女工的抗逆力的保护因素的“资格”。

第六章　抗逆力：文化中的行动

基于吉登斯的“结构二重性”，前文从外来女工的保护因素与风险因素分析了她们的抗逆力过程中的“结构”，以及“结构”之于抗逆力的制约性与使动性。然而，在中国的社会语境中，中国文化之于外来女工的抗逆力的作用不可忽视。而且，吉登斯的“结构二重性”仅仅强调了“结构”的存在，而“文化”的影响被弱化了。于是，本章在之前论述的基础上，进一步从格尔茨的“文化”角度来审视外来女工的抗逆力，以探讨文化与抗逆力之间的关系。

第一节　抗逆力的文化解释

一、格尔茨的“深描”与强文化范式

格尔茨对于人类行为的理解，与吉登斯的结构化理论所强调的结构

与意义的侧重点有所不同，前者更注重“深描”的运用。格尔茨从赋予文化新的界定出发，试图将文化与结构及行动关联起来进行理解，从而为理解文化与行动之间的关系开辟了新的路径。格尔茨在界定文化时是遵循解释学方法的，这意味着文化是具有符号性与解释性的，即“人们体验生活，而不是仅仅以机械的方式反映生活，因而解释的方法是必要的。人们体验生活时，也试图寻找生活的意义，正是因为意义是主观的，因而发现意义的方法也必定是主观的”①。在此之前，“意义往往被处理成一种黑箱，而分析工作聚焦于文化生产和文化接受的外部环境中。探索意义与话语的尝试则往往是为了文化内容和生产或接受文化的特定群体的社会需求，以及在行动之间寻找某种对应”②。关于文化的定义，格尔茨在《文化的解释》一书中说：“文化是一种通过符号在历史上代代相传的意义模式，它将传承的观念表现于象征形式之中。通过文化的符号体系，人与人之间得以相互沟通、绵延传续，并发展出对人生的知识及对生命的态度。”③而且，“当文化被看作控制行为的一套符号装置，看作超越肉体的信息资源时，在人的天生的变化能力和人的实际上的逐步变化之间，文化提供了连接。变成人类就是变成个体的人，而我们是在文化模式指导下变成个体的人的；文化模式是历史创立的有意义的系统，据此我们将形式、秩序、意义、方向赋予我们的生活”④。

格尔茨在《文化的解释》中将“宗教现象”界定为一个文化的体系，指出宗教首先是符号的表述，而符号所承载的就是“意义”，即包括认识、情感、道德在内的一般性思考，这些正是文化的核心要素。若认定“文化是一种通过符号在历史上代代相传的意义模式”，作为文化的符号，宗教展

① ［美］杰弗里·亚历山大：《社会学二十讲：二战以来的理论发展》，贾春增等译，华夏出版社2000年版，第223页。
② ［美］杰弗里·亚历山大：《社会生活的意义：一种文化社会学的视角》，周怡等译，北京大学出版社2012年版，第18页。
③ ［美］克利福德·格尔茨：《文化的解释》，韩莉译，译林出版社2008年版，第109页。
④ ［美］克利福德·格尔茨：《文化的解释》，韩莉译，译林出版社2008年版，第65页。

示了社会中的人对其自身生活和命运的看法，它的意义并非是由“社会结构”所决定的，也不能归结为“无意识认知结构”，而应归于它本身就是富有自主性的意义形态，它是与人的人生观互为沟通的解释体系。格尔茨的贡献在于为文化分析提供了一个崭新的视角，跳出了文化作为结构的一部分的困境，为文化自主性提供了有力的证据。这乃是在一系列浩瀚的符号世界里的游走，其所要阐明的是作为行动的意义，即文化。

格尔茨在《地方性知识》中指出，人类学家的目标是“比较不可比较的文化”，在承认地方性知识体系和解释话语的自主性的同时，努力寻求人对社会解释的共用符号媒介。格尔茨的“对他人解释的解释”指的是在“比较不可比较的文化”的过程中获得的对不同文化解释体系的“转译”与贯通。格尔茨试图在“研究者的文化”与“研究对象的文化”之间寻找一种途径来理解偶遇的双方，且并不从一种超文化和超历史的观察点来观测，而是通过两种文化的“转译”来进行一项持续的对话。这种跨文化的“转译”构成了那些既不占有相同空间也不以他们自己独特的方式描绘共同空间的人们的共存，且这种“转译”离不开多文化整体的任何一方。

格尔茨在“深层游戏”这一章中详细地描述了巴厘人的斗鸡习俗。他发现巴厘人的斗鸡活动表面上是他们社会中的一种日常生活之外的特殊场景，它似乎超离于社会生活之外，与人们心目中的“严肃活动”相去甚远。但是，这个特殊场景所展现的却不是毫无意义的行为，而是将“鸡”“男性”“赌注”“规则”“地位”“竞争”等巴厘人关注的东西展示出来，并且在隐喻的层面上把憎恶观、乱治观、君臣观等世界观也彰显得淋漓尽致。格尔茨认为，“在斗鸡中，巴厘人同时形成和发现了他们的气质和他们的社会特征。或更准确地说，他们形成和发现了这些气质和特征的一个特殊的方面。在巴厘岛，不仅存在着许多对地位等级及其自我认知进行解释的其他的文化文本，除了接受这些解释的分层和争斗以外，还存在许多巴厘人生活的其他重要方面”①。因此，这本质上体现了文化乃是“象征符号中的意义模式，是由象征符号体系表达的传承概念体系，人们以此达到沟通、延存和发展他们对生活的知识和态度”②。而且，人被认为具有主观性，而非文化的附庸。在此意义上，格尔茨使用了“深描”这一方法，即“理解他人的理解”，这起始于韦伯的“理解”，而超越“生硬的事实”，试图达到研究对象、研究者自身以及文本阅读者三者的观念世界的统一。如此，格尔茨区分了文化与社会系统，即文化是有序的意义系统和符号系统，被人们用来解释他们的经验，并应用于他们行动的意义结构。正如杰弗里·亚历山大所述，“一旦根据主观方法把意义组织起来，文化概念就凸显出来。文化即是结构的秩序，对应于有意义的行为”③。

二、“文化中的行动”与抗逆力

抗逆力概念在心理学视域下乃是人所具有的一种心理特征，理应是个别的和特殊的。然而，在大多数社会情境中，引发个体抗逆力的动力源却往往具有社会性，其表现形式更必然是“社会的”，或至少是具有“社会的”意义。在此，格尔茨的文化解释性取向所引发的对人的行动关注的“文化转向”，为我们理解个体的“抗逆力”提供了一种新的路径。这种转向的重点在于如何通过“文化”进一步深入理解行动和结构，其目的一是在于考察文化如何影响行动和结构，二是试图关注文化与行动、结构之间的内在关联。

抗逆力的生成是个体在成长过程中与环境之间的互动关系及其结构化的结果之一，其重点在于个体抵抗环境的制约性，并保持原有个体的结构与功能以及自我发展的一种行动机制。抗逆力是一种动态性过程，指

①② ［美］克利福德·格尔茨：《文化的解释》，韩莉译，译林出版社2008年版，第533页。

③ Alexander, *Culture and Society: Contemporary Debates*, Cambridge: Cambridge University Press, 1990, pp. 67 - 88.

个体在危机或压力情境中，能够发展出健康的应对策略，且在此过程中虽不能避免风险，但却能够在克服不良经验后重新建立一种平衡，做出理性的、建设性的正确选择。也就是说，人在生命周期的不同阶段，无法避免所面临的风险因素，但却能够通过保护因素缓解或降低风险因素的负面影响。

在此，作为行动流的抗逆力，不再被视为个体的一种心理学意义上的特质，而是文化的产物。抗逆力是个体在特定时空情境下的日常活动过程中，那些应对就个体而言具有风险性的单元过程的一种形成，这种形成也是个体与该情境中的文化产生交互作用的结果，因为，若无有意义的符号体系提供指导，它就不可能指引个体的行为或组织个体的经验以应对风险。抗逆力作为行动流，有来自文化对其所提供的信息，即随成长过程而积累起来的有意义的符号储备。于是，通过"意义"的解读，抗逆力作为一个特定过程中的行动流，其承载的各种"符号"意义就显得尤为重要。对作为个体与环境互动过程结果的抗逆力的"意义"解读，有利于区分在文化要素层面上，哪些部分构成抗逆力的风险因素，哪些构成保护因素。在格尔茨看来，"意义"是包括认知、感情和道德的一般性思维，是包括知觉、观念、情感、理解以及判断等在内的综合性概念，而且他将"意义"与"象征"这一分析概念融合在一起。"象征"就是在"任何物体、行为、事件、质量以至关系"中，充当某种意义的载体的东西。"象征符号，至少是象征成分，都是概念的可感知的形式，是固化在可感觉的形式中的经验抽象，是思想、态度、判断、渴望或信仰的具体体现。"①换言之，抗逆力作为一个行动流，其过程中的物质、行动、事件和语言等，都运载了某种意义，而这种意义又由象征来运载。

因此，本章基于文化解释学的研究取向来审视外来女工的抗逆力，通

① ［美］克利福德·格尔茨：《文化的解释》，韩莉译，译林出版社 2008 年版，第 112 页。

过解读她们在日常活动中的行动流所内含的“意义”，对那些与环境互动的风险过程中的象征符号加以理解，并以此从不同于个体心理学而是社会的层面来理解她们的抗逆力。下文将从外来女工在城市中的日常实践活动过程中所涉及的与抗逆力有关的几个“意义”符号，即“家”“关系”和“忍”，来对她们的抗逆力进行文化视野下的解读与分析。

第二节　抗逆力：符号、意义与文化

一、“家”的意义

在中国社会，“家”在人们生活中一直是一个核心的概念，“家”作为象征符号，是以血缘、地缘及亲缘关系为基础而形成的以家庭为中心的一系列规则、行为、观念，深深地影响了人们的行动与价值取向。而外来女工大多数来自乡土社会，“家”之于她们的行动的影响及意义是不言而喻的。

（一）外来女工眼中的“家”

M7：我只是觉得我爸妈在上海，我就应该来。那时候没有想过到底来干什么，就是来上海工作、上班啊。我喜欢的工作我父母不喜欢，他们喜欢我做文员啊，或者开店啊，可是我没有这根筋，我不想做这个事情。

M1：我的第一份工作就在工业区的一家工厂，那时候我才17岁，我妈妈和亲戚都在上海的这家工厂，所以他们让我去上班，我就去了。

M2：2010年我来上海了，因为老爸老妈在上海，所以我才来上海的。如果我爸妈在农村，他们肯定也不想我出来。父母总希望我在身边，可以多些照顾，一个小女生出来父母总是不放心的。

M9：我们家的很多亲戚都已经在上海打工了，所以我们也想着来上海。没有亲戚，我们上哪里落地呢？现在老家那边，年轻人很少，即使有年轻人，也是因为家里有小孩读书走不开。

M14：现在我爸妈和我男朋友都在这边，我就来上海了。

M6：因为那时候我要结婚了，老公一家从2002年开始就在上海了。他也是我们老家人，我以前在广东佛山那里打工，我们老家很多人在佛山，我在一家电子厂工作。因为亲戚都在那边，那边有人，我就去了。刚到佛山觉得很新鲜，但我们住的地方条件不是很好。那时候我是租房住，虽然厂里包住但我没有住，因为我阿姨他们已经租房了，我就跟他们住了。不过后来要结婚了，就跟着老公来上海了。

M11：几年前，我老公因为车祸没了，我后来就重新嫁了一个江苏人，他们在上海，我就过来了。

M12：我目前在服装厂的仓库做调货工作。我2007年来上海的，其实就是过来结婚的。我们老公家来得早，我来得晚。我们结婚了，就来了。

M13：我父母极度反对我来上海。可能他们觉得一个女孩子要有份稳定的工作，收入只要自己过得去就可以了。我觉得父母很溺爱我，把我当公主。但是我觉得我好像每天都被绑着。我爸妈觉得我在上海体验一年就够了，但我希望两年。这时候再不让我出去，我到了30岁也不会去拼了。他们到现在为止都以为我是来体验生活的，其实我是来拼的。

M16：他们对我没有什么要求，只要我一天到晚工作就好了，看到有的父母很纵容自己孩子的时候我就觉得很失望，我爸妈就是希望我就是好小孩。我们家的家务都是我跟爸妈一起做的。

M22：就是我哥在这边，家里也没有什么期望，确切地说，他们不想让我出来的原因就是怕我找外地男朋友。因为在外面五湖四海的人都可以接触到，我哥比我大8岁，我父母很希望我在他们身边，但是我在安徽已经谈了朋友，年纪大了可以照应。他们希望我哥在外面闯荡。我爸妈心想我23岁了，觉得可以结婚了，我妈希望我早点结婚。我不想那么早结婚，我也不知道为什么。没结婚感觉无忧无虑，结了婚感觉很忙，一会儿老公、一会儿孩子的。回老家也是这样，没结婚的都可以出来玩。结了婚之后都是为孩子忙、为老公忙。如果小孩子不在身边还好，在身边就没有办法。

从以上这组外来女工的叙述来看，外来女工将"家"视为一种影响行动选择的变量。如以上外来女工所说，选择上海作为外出打工地，很大程度上乃是基于有全部或部分家人在上海。由此可见，"家"作为一种文化象征，渗透入外来女工的行动过程，并给予了指引。而且，这组资料也展现出外来女工感受到的源自"家"的管束与对"家"的责任。作为外来女工所属的最基本的组织，"家"所承载的规范符号、权威符号等都对外来女工的行动有着一定的制约性或使动性，而在此，"家"在一定程度上制约着外来女工的日常生活，并使她们产生了一定的责任感，这在她们的上述叙述中显而易见。

M10：我们全家都在一起的。过年也基本在这里过，我老公也在巴斯夫上班，我儿子在凌桥中学读书，以后准备到技校去读书。以前，女儿有时候在老家读书，儿子就一直在身边。我儿子成绩一般，我公公婆婆的身体也不好，估计儿子读书的话就要去住宿，但住宿又没有人管，现在孩子很容易学坏的。所以还是在身边比较好。

M11：我现在最亲的人也就是我姐。可是，虽然我姐姐一家人都在上海，其实以前都不在一起的，感觉也不好相处。我们的小孩也像陌生人一样，很生分，不像亲戚那么随随便便的。我姐姐也没有什么背景，她是随军被安排过来的，而我全靠自己找劳务公司。

M13：我大年初八就来了，我跟我爸妈沟通了半年多，我爸就说再苦再累，你自己也不要掉眼泪。我妈就特别不放心，每天早中晚都给我打电话。我老爸一句话也不说，我妈很心疼我。上次回扬州，我就记得我妈把卡放在桌上，我爸也放了钱。但是我没有拿。

M21：家里和朋友那肯定会帮助我的，还有就是我玩得最好的一个同学。

M6：我们平时联系还可以的。一般一个星期打一次电话。特别是，我过生日、过节的时候我妈妈会打过来，但是我一般会挂掉后再打回去的。

与前一组资料呈现的内容不同，这组外来女工的叙事表达了"家"是外来女工的一种依靠与归属。外来女工在城市的日常生活中，面对逆境时，对"家"寄予了一定的期望，期望从"家"中得到一定的支持，并且也产生了一种依赖感，增强了归属感。正如她们所说，"老公""姐姐""妈妈"等家人是她们遇到困境时，最首要的寻求资源支持的对象，即"家"是她们的一种情感与物质上的资源，且是她们可以获得并利用的资源。

可见，在乡土中国社会中，从"家庭"生活中所获得的经验常常是中国人主要的生活经验，外来女工也不例外，因而她们往往会将"家庭"中的结构形态、关系模式及处事方式延伸，作为自身的行为或意识中很重要的一个参考基准。"家"本身对于外来女工而言，是内生的一种符号，只有通过日常生活才看得见"家"的存在。在日常生活中，"家"人相互间的影响不是很明显，但一到"有事"（即面临困难）的时候便显现出来了。社会学视野下的"家"，便旨在关注外来女工在日常生活中的"家"的力量，即重视她们各种行动流中所外显出的“家”的符号与象征，换言之，即“意义”。

（二）“家”的文化符号

从人类的起源或社会生存层面而言，“家”是人类生活的最基本单位。然而，将“家”置于中国历史传统中时，它体现为一套伦理规范与行动规则，并基本上以非正式形式规定了人们的日常生活和社会生活的规则及思维模式。在中国，家是个人社会化与建立关系的起点。家让个人先与一群与自己有血缘关系的人联系在一起，以利他主义进行行动，这是希望个人习得这种观念后，能够再把它延伸至生活的其他方面。

每个国家和民族都有各自对“家”的文化阐释，但是只有中国的“家”文化在传统的全部文化中处于核心地位。中国社会语境下的“家”，是以血缘亲情为纽带的，家庭、家族为其实体存在形态，以父权为主导，以上下尊卑、长幼有序为行为规范。因此，“家”文化规定了家族的内部结构、身份关系、道德伦理、互动行为规则等，不仅如此，还扩展到家以外的各个社会层面，成为支配与调节人们日常生活的各个方面的思想体系。可见，家已然成为中国人的社会生活、经济生活及文化生活的核心。杨国枢认为，传统社会中，在家族中的生活经验与习惯常是中国人唯一的一套团体或组织生活经验与习惯，因而在参与家以外的各种社会活动时，他们自然而然地将家中的结构形态、关系模式及处事方式推广、概化或带入其中。而且，中国人是经由刺激类化的途径将家的组织特征、人际特征及行为特征推广到家以外的群体的。①

由此可见，“家本位”的文化包括两个层面：一是“家”的概念，二是“家”的扩展。前一层面，“家本位”包含了以家为主的认知、情感和意愿内涵，以及与家人、家庭甚至家族之间的组织及其运作原则的基本知识，并成为具有普遍意义的人生与社会规则。后一层面，“家本位”延伸至社会，

① 杨国枢：“家族化历程、泛家族主义及组织管理”，载《海峡两岸之组织与管理》，远流出版事业股份有限公司1998年版，第53页。

扩展为面向全社会的行为规范。“家”作为一种文化规则延伸至全社会，并成为具有高共识度的显文化规则。

此外，中国文化语境下，“家”的隐喻即“集体”。“家”的意义范畴在其本原意义上通过隐喻和转喻成为人们的一种实践意识。“家”文化体现为一种群体取向，也是集体主义的一个重要维度。群体取向的观念和行为有诸多表现，比如重视群体力量，强调“家”的利益高于个人利益，“家”成员间的关系具有等级，晚辈尊敬长辈，以及“家”人之间亲密无间，崇尚互相关心、互相帮助。

于是，“家本位”的文化之于外来女工的影响不言而喻，已然渗透于她们的日常活动中，并对她们行动过程中形成的结构以及她们的行动本身有着至关重要的影响。

（三）“家”与抗逆力

呈现为一个动态过程的抗逆力，与“家”之于外来女工的意义密切相关。此种紧密关联的关系主要是由外来女工的能动性推动的。在中国社会中，“家”的文化嵌入外来女工日常生活的各个方面，包括经济生活、社会生活，甚至政治生活等领域，“家”文化所承载的符号系统对外来女工的日常实践活动发挥着作用，而外来女工在日常实践过程中所施展的抗逆力也与之产生了紧密的关联。

本书着重考察外来女工日常实践过程中所展现的抗逆力是如何在社会学意义上形成并发挥功能的，而“家”文化则为此提供了一个切入点，即“家”嵌入于她们日常行动流中，并在她们能动性的影响下渗入于抗逆力过程。首先，“家”是人们早期生活的基础与认同单位，家庭、家族以及宗族引申出一系列伦理价值上的观念和维护秩序的制度。因此，外来女工的日常行动的规范与道德伦理会直接影响到抗逆力，在此意义上，“家”从规则与秩序层面上对外来女工的抗逆力产生了“文化影响力”。其次，“家”是外来女工最基本的生活单元，若是某个家庭成员遇到“紧张事件”

时，整个“家”都会被动员起来，此时，不再是该家庭成员独自面对逆境，而是整个“家”共同面对逆境。如此，“家”作为一种象征符号，对该家庭成员而言，即是一种抗逆力。

此外，从外来女工的叙述可知，她们在城市工作和生活虽然对其自身及家庭是有价值的，但最终她们仍会选择离开城市回到家乡。如此，她们表达出一种清晰的想法，即家乡仍是她们未来生活之地的首选。这就是她们对所处环境及其所能获取或支配的资源等进行的反思性监控，即她们能动性的体现，并致使她们在行动策略上深受“家”文化的影响。例如，回家乡“修房子”，房子即家，这个家可以没人住，但是它的重要意义在于它的象征性。城市对于外来女工来说仅仅是“打工”和“富有色彩”的地方，而家乡有着她们的童年时光，以及一切与家有关的记忆，这些记忆不仅承载了她们对“家”的理解，同时也带有她们能动性所留下的烙印。于是，“家”就成了她们面对逆境时可以寻求“回避”或“逃避”的选项，这对于她们的抗逆力而言是一个积极的因素。

二、“关系”的运作

社会网络是由相互联系的社会行动者构成的稳定关系结构，而抗逆力的形成是人们使用网络关系应对日常生活逆境而获得改变的重要过程。

（一）外来女工的“关系”结构

外来女工的抗逆力与她们的人际关系网络规模及水平有着密切的关联。而且，在中国社会文化语境中，人际关系网络有其独特的符号、意义以及功能。基于外来女工的叙述，她们的人际关系呈现出如下三个方面的特性。

M17：能解决的我就自己解决，不能解决的我就会跟老公讲。一般碰到不开心的事，我都会自己解决，要么闷在心里，实在不行才告诉老公，因为也怕他担心。有时也会觉得很无助，这样的感觉也有，特别是有些时候请假也请不出，就这样熬过来的。

M1：除了家庭我什么都没有，亲人就是我现在的唯一。我一直有这样的感觉，我是很顾家的人。我经常跟家里人聊，都是关于我要做的事情，比如工作、购物，或者是关于钱的事情，比如我要买个手机什么的，我会跟老妈说资金怎么周转。比如，我需要买东西，或碰到一些家里面的事情，我会找妈妈，比如我换工作的事情也会告诉妈妈。

M15：有困难、有需要就跟外婆和舅舅说。不会跟爸妈说，感觉心太远了，不好意思。因为跟他们说，感觉我在外面干得不顺，他们会担心。

M18：我妹妹啊。我妹妹跟我干一样的活。我们姐妹两个人会经常聊聊，我妹妹早就来上海了，她老公是当地人。再有实在有什么不愉快，我就会和姐姐聊聊，也没有什么不愉快的事情。如果实在不开心，我还是跟姐妹说，跟家里人说。

第一，从以上外来女工的描述来看，她们人际关系的核心圈仍是由家人及亲属所构成，是一种以"差序格局"为基础的血缘关系和地缘关系，这形成了她们的主导"关系网"。可见，外来女工虽然离开了农村进入城市，但她们的"根"仍然扎在乡土社会的血缘与地缘关系中。

M15：有的时候有，主要是找工作。我就觉得天天找工作，很难找，都觉得不好意思。就会觉得这工作自己好像做不了。这时候就会跟同学打打电话什么的，我不跟家里人打电话，怕他们担心。我的朋友基本都是老乡，因为都在一起上过学，彼此比较了解。同事之间会耍心眼，很烦的。耍心眼有时候也会有好处，但是我不喜欢。

M21：家里和朋友肯定会帮助我，还有就是我玩得最好的一个同学。

M9：碰到不开心的事情就是找同事、亲戚聊聊。如果真的碰到一些事情，只能找亲戚，亲戚才能提供实质的帮助。

M7：以前我在老家不善于交朋友，现在有需要啊，毕竟老家的朋友离得远，但是往往没有办法深交。因为我上初中之前，爸妈就到上海来打工了，我属于留守儿童嘛，所以性格上还是有点孤僻的。

M5：很多。老家的朋友也很多，但是在上海，我们老家人不多，因为工作的地方都不同。上海安徽人比较多，所以我的朋友都是安徽人比较多一点。

M22：这边的朋友比较多，不过还是我们安徽人多。原来老家的朋友比较少。还有就是老家的朋友很多就忙着结婚了，没有什么共同话语了，关注的话题不一样了。

M13：朋友不多。就说经济这方面，我有一个从小认识的闺蜜，知道我来上海，她也知道我卡里有钱，她还是打了 5 000 元给我，这次回家我把钱给她了，她在扬州。她怎么也不要。我妈还不知道这个事情，人的一生中有一两个人能雪中送炭就很不容易了。我扬州的朋友说我很棒。我的朋友都说我太有勇气了。

M7：不多，很少。像那种很铁的朋友一般只有两三个，一个是我的同学，她也是在上海，我们从上学时起就一直很好，她是在置地广场 14 楼的钻石网络销售店工作的。在老家还有一个好朋友，不过大部分好朋友都是老家的。我在交朋友的时候，觉得必须交老家的。我觉得工厂的同事都不能算朋友，因为离开那家工厂，往往就不联系了。我联系得多的还是同学。

M10：我已经把上海这里的老邻居当亲人了。我们还算可以的，因为我们现在这个住所还是比较安定的，一直住在一起。现在我们隔壁邻居年纪很大了，我也一直把她当亲戚。以前我刚来上海的时候和隔壁的老妈妈种茭白，也赚了一点钱。后来老妈妈种不动了，就把很多田让给我。我算是能吃苦的，种了很多田。我现在也把隔壁的老妈妈当作自己的妈妈。

M20：聊得来的就一两个，其实就是我们这些邻居。我们之间会有照应，我们倒不是老乡，但是处的时间太长了，也有五年多了。我们都在巴斯夫工作，我们就把两个班头的时间轮换了，这样可以互相照应，不然孩子根本不可能在这里读书，早就回老家了。早上我帮她送孩子，晚上她帮我接孩子。

第二，外来女工的关系网虽然是以差序格局为核心，但随着她们所处的社会环境的变化，她们这种关系网的内在特质也随之发生了改变，即"利益"渗入"差序格局"关系中。外来女工离开家乡后进入城市中，总是会依赖于血缘与地缘关系构造一个以"老乡"或"乡土同学"为纽带的亚社会结构。可见，她们离开乡土社会之后，在原有初级关系网络上，再建构了以工具理性为取向的初级关系与次级关系网络。外来女工在城市里再构"关系"时，以"老乡"为主，在此"老乡"关系被她们赋予了彼此认同的共有归属性特征。然而，外来女工的日常生活中的相互交往由于受利益的支配而致使原有关系亲疏的格局发生了改变，她们会尽量在"关系"中加入"利益"要素，以利于在工具性行动中获取更多的资源。外来女工在建立"关系"时考虑的主要是互利、互惠，所以亲属和非亲属（如城市中的邻居）都可以被纳入这个格局中。李沛良将这种人与人之间的差序表述为：以自我为中心，即围绕着个人或一定群体的利益而建立的。中心成员常要通过各种手段——如礼物的流动、情感的联络、关系的运作等——加强与其他成员的关系，关系越亲密，越有可能被中心成员利用，以获得稀缺资源，实现其利益目标。[①]

① 李沛良："论中国式社会学研究的关联概念与命题"，载北京大学社会学人类学所编《东亚社会研究》，北京大学出版社 1993 年版，第 71 页。

M7：挺好的，以燕燕为例（也是女工），她刚来的时候，我是她师父，刚开始觉得我是有什么说什么的人，心直口快，现在我们成了姐妹。她就觉得我好的说得少，我一般都说不好的地方。有人会觉得坏的我没有必要说你，坏的与我不搭界，我为什么要说你？我可以找话题跟你聊啊，我就容易说不好的。我说我就是这样的人，不好的我就要说。但是习惯了，别人会觉得我人挺好的。包括燕燕到现在还会跟我讲，她说被我领导惯了，她都会来问问我，她现在懒得去思考。我的确也会为她考虑，我觉得这种事情是相互的。我会站在她们的立场上想问题，所以同事了解我之后会说跟我一起做朋友比较轻松，不用想很多事情，她只要朝着这个方向就可以了。

M13：现在的工作很辛苦，我的闺蜜跟我说别做了，我们做其他的吧。我说你应该知道，我这个人想做好什么，就一定会坚持。现在，他们有时候烧饭了，还经常叫我去吃。我一般都不答应的，因为我们下班太晚了，或者说我困了。我就不想让她担心，我就说谁都不可能一开始就适应的。我觉得在上海最开心的时候，就是当我很饿的时候，有人问我饭吃了没有；当我很累的时候，有人问我累不累。我觉得这样就够了。

第三，外来女工基于对所处生活及工作环境的反思，将能动性施于行动过程中，而在关系运作过程中，这种能动性尤为明显，即将她们的“差序格局”关系网拟亲缘化。在现代城市社会中，外来女工为了更好地适应于环境，将个人的关系网络加以扩展，在此扩展过程中，一种新的关系类型得以呈现，即拟亲缘关系网络。原本，亲缘关系是信任结构建立的基础，容易使人产生信任和亲密度，也是实际获得资源的重要途径。在乡土社会中，存在着一种将正式的人际关系转化为非正式的人际关系的拟亲缘化现象，或者说人际关系初级化现象。乡土社会中，人们通常通过“认干爹”“拜把子”等形式，把人际关系转换成一种类似血缘的关系，这更多表现在由正式关系转为非正式关系。就外来女工而言，她们人际关系的建立并非属于这种方式，而是将业缘关系转换为一种类似血缘的关系，即通过“姐妹”这种符号加以表达。外来女工这种拟亲缘关系实质上是一种情感与利益混合的关系结构，“姐妹”相互间不具有任何事实上的血缘或亲缘联系，但“姐妹”间的互动方式和整个关系网络的运作方式却在一定程度上复制了传统亲缘群体的运作方式。

（二）“关系本位”的社会

中国传统社会极其讲究人际关系，具有先赋性的关系渗透于中国社会生活的各个方面，这与上文所述的“家本位”观念密切相关。有关中国乡土社会中人际关系及其结构的各种理论描述中，费孝通的“差序格局”最具影响力。差序格局这个概念揭示了中国社会的人际关系是以己为中心逐渐向外推移的，表明了自己和他人关系的亲疏远近。也就是说，中国传统社会的人际关系以血缘关系和地缘关系为基础，形成“差序格局”。正如费孝通先生所描述的，差序格局“好像把一块石头丢在水面上所发生的一圈圈推出去的波纹。……我们生活中最重要的亲属关系就是这种丢石头形成同心圆波纹的性质。……一圈圈推出去，愈推愈远，也愈推愈薄”①。

然而，边燕杰则把中国关系主义规范概括为：关系主义文化是一套以伦理为本位、以关系为导向、以“熟、亲、信”为准则的行为规范。这套行为规范与利益本位、个人导向，以“权、责、利”为准则的理性主义文化相区别。② 而且，他在梳理前人研究的基础上，提出“关系”的三种理论含义。一是关系作为亲族义务延伸的网络。家庭和亲属是社会关系得以形成的源泉，而关系就被理解为家庭亲属纽带和义务延伸而成的网络。二是关

① 费孝通：《费孝通选集》，天津人民出版社 1988 年版，第 95—97 页。
② 边燕杰：《社会网络与地位获得》，社会科学文献出版社 2012 年版，第 17 页。

系作为特殊主义工具性纽带的交换网络。此理解角度并不与“关系家庭义务延伸网络”相排斥，而是将关系的特征理解为包括家庭关系在内的特殊关系的工具性运用，并且正是这些特殊关系推动着互惠交换的发生。三是关系作为非对称性交易的社会交换网络。在社会交换中，资源的交换是非对称的，它从施恩者流向受惠者，施恩者的受益是符号性的，因为受惠者和相关他人将意识到施恩者拥有丰富的资源，提高了施恩者的声望并强化了施恩者的网络中心地位。①

但是，在改革开放以来的中国社会中，人们的经济活动和社会活动等都发生了变化，以“差序格局”为基本特征的“关系”也随之发生了变化，不过传统“差序格局”赖以生存的社会条件仍然存在，只是“关系”在社会文化中的符号、象征和意义等被部分地改变了。在传统乡土社会的差序格局中，关系被固定在以血缘与地缘为基础的封闭的内部群体中，但是在由传统社会向现代社会转型的进程中，市场经济的“利益”导向，使得社会成员开始注重“利益”，并且将“利益”置于决定人际关系亲疏的“差序格局”中。正如翟学伟所说，“中国人力图在交往中以固定的关系来寻求流动的关系”②。于是，外来女工在离开乡土社会而进入现代城市社会中时，她们的“关系”符号呈现出不同于传统“差序格局”的一面，即“关系”凸显出多元化、工具化、拟亲缘化等趋势。

（三）“关系”运作与抗逆力

对外来女工而言，她们的“关系”运作更多表现于工具性关系类别中，以及一定程度上被工具化的情感性关系中。她们基于“关系”运作而获取和支配“结构”中所包括的各种资源，并将之作用于她们的抗逆力过程，而且这种“关系”运作本身也是她们能动性的一种展现。对于中国乡土社会的关系网络的研究，多数聚焦于伦理、道德的角度来解释人际关系的性质

① 边燕杰：《社会网络与地位获得》，社会科学文献出版社 2012 年版，第 10—11 页。
② 翟学伟：《中国人行动的逻辑》，社会科学文献出版社 2001 年版，第 163 页。

和特点，而忽视了关系网络与资源配置之间的相互作用。“关系”之于外来女工而言，不仅仅具有伦理道德层面的意义，就她们抗逆力行动过程而言，更多的是资源配置上的意义。上文所述的“差序格局”的转变，即“差序格局”的利益化及拟亲缘化的趋势，就很好地证实了这一点。

首先，在中国传统社会中，家庭及其关系中的社会资源是依照“差序格局”的模式进行配置的，即以血缘和地缘关系为特征的人际关系网络上的资源配置。而“利益”渗入“差序格局”之后，改变了“关系”的资源配置模式，利益成了差序格局中人际关系亲疏的一个契合点，即关系上的亲疏远近，本质上反映了利益上的远近。边燕杰对包工头的“逆差序格局”逻辑的研究就说明了这一点，“在这种工资发放的逻辑下，与包工头关系疏远的边缘工人较先拿到工资，而核心工人反而面对更高的拖欠风险，因为该顺序与‘差序格局’恰恰相反，称为工资发放的‘逆差序格局’逻辑”[①]。如此，“关系”网络变得不再是那么固定，而是具有动态性，而这种“关系”得以维持与扩展的关键则变为关系双方在互动中对彼此占有的资源的交换或利益的交换。在此，“关系”利益化改变了外来女工的关系结构的同时，也调整了她们行动过程中的资源配置方式。这对于她们的抗逆力而言，是一种改变，即她们开始用一种新的方式来获取和利用与环境互动所形成的结构上的各种资源。

其次，外来女工在她们的日常生活实践中，主动地建构了基于“姐妹”符号的关系网络。“姐妹”这种称呼是用来实现关系网络的维护及相互间关系的协调的，是关系本位社会中“差序格局”的一种延伸，且是被个体主观地建构的。“姐妹”关系是一种拟亲缘化的体现，是一种家庭关系的泛化产物，也是一种类家庭化的结构关系。“姐妹”关系是一种平等地位上主体间的彼此认可与认定，这对于外来女工而言不仅仅有情感性的作用，

---

① 边燕杰：《关系社会学：理论与研究》，社会科学文献出版社 2011 年版，第 56 页。

而且对她们的社会生活具有意义。以“姐妹”的称呼建立的关系，不仅仅将关系主体置于一种家人关系序列，更是以“姐妹”的名义实现了资源上的互利互惠。“姐妹”之于外来女工而言是一种关系符号，于是，她们在抗逆力行动过程中会承载着这种符号，并对该过程中的权威性资源与配置性资源的获得与利用产生行动指引的作用。

三、“忍”的隐喻

“忍”是中国社会文化对人们处于逆境时的一种应对策略的“隐喻”，喻指人们的一种行为规范，凸显出中国文化中所独有的符号。这与西方文化中所谓的“忍”相去甚远，西方文化的“忍”被视为个体自我意识发展到一定程度所体现的功能，即一种内在能力，外显为一组行动流。对于外来女工而言，“忍”是她们面对生活情境时，与环境互动时空下的一种行为方式，基于自身对文化的内化而采取的一种行动策略，这种行动策略并不等同于心理学上所谓的心理机制，而是她们自身主观性、认知、行动与结构之间多方互动的产物，具有“社会的”属性与意义。

（一）忍：抗逆力的符号

M1：在外面，在师傅家的一年，我已经把自己压得太多，压得太累，现在我没有什么不能承受了，那第一年的打击对我已经很大了。那一年我都能够承受下来，我还有什么不能承受的？别人承受不了的、没承受过的，我都承受过了。在师傅家，那种苛刻，那种人在屋檐下不得不低头的感觉，那种压抑的感觉，寄人篱下的感觉……我都已经成这个样子了，我真的已经把自己搞得不像样了。我觉得自己第一年出来的时候，就不是一个人，而是一个鬼，穿梭在人群中。怎么就这么飘呢？怎么就这么渺小？太渺小了。

M13：我的第一份工作是在北京的一家饭店，当时我连擦玻璃和擦地都不会，那时主管特别不看重我，觉得我不适合干这个。然后我经常挨骂。那时候这家饭店的管理也是有问题，他们只考虑服务满意度和顾客满意度，很少考虑员工自身的满意度，所以经常说员工，我觉得特别委屈。后来看到别的员工被表扬，我觉得我也要好好干。我就天天晚下班，天天跟着其他老员工干。我用了三个月，领导都对我另眼相看了。从这件事情开始，我就想我做员工也是做，做领班也是做，现在趁年轻努力一下吧。干了半年，就有领班竞聘，店长让我参加。我说我资格还不够，论资历他们有的干得比我久，我觉得我自己才刚刚开始。一年后，我去参加竞聘，就被聘为领班了。

M19：要把困难当作考验，该解决的就解决。我还喜欢绣花、做手工。做手工会带给我平静、专注的感觉。

第一，从这组外来女工的叙述中可以看出，她们应对环境尤其是逆境的挑战时，表现出了极强的承受力，而这种承受力可谓之“忍耐”，即“忍”的一个层面。这种“忍耐”通过外来女工的抗逆力作用于生活的各种逆境之中，如艰辛的工作、沉闷的压抑、无故的责骂、沉重的打击、伤人的歧视等。当她们经历这些逆境时，她们将“忍耐”艺术性地运用于应对行动过程中，并借此施展抗逆力以成功应对这些逆境。外来女工作为女性流动人口，在城市中是以相对弱势的定位进行日常生活实践的，“忍”就成为她们面对生活压力与困境时的行动首选。正如下面她们的叙述，“忍”是相对于她们“苦”的一种行动选择，若没有这种选择，她们或许就会被逆境所吞噬。这种“忍耐”与外来女工的行动流过程中的抗逆力形成了密切的关联性。

M6：我以前碰到问题的时候，就经常会对自己说，一定要看在小孩子的分上，然后怎么怎么样。以前我们吵架的时候，我老公也会说，不想让两个孩子没有妈妈。如果在工作上，我会对自己说，我自己做得不好，我这个人很容易说服自己的，我告诉自己要坚强一点，要找到原因，即使做不好也要去做，只要是对的！大多数时候，我都会想到这些问题是我自己的问题。

M16：我弟弟妹妹还小，我妈说，你必须为弟弟妹妹负责任。我就觉得为什么要我负责任呢。但是，我知道我不接受也不行。我觉得有压力，其实我接受了。

第二，以上这组外来女工的叙述反映出她们在关系处理行动流中的“忍”的一面。“忍一时，风平浪静”凸显了“忍”之于外来女工面对关系处理时行动策略选择的影响。“看在孩子分上”“为弟弟妹妹负责任”这些朴实的话语中也透露出外来女工在面对一些逆境时的无奈，但她们艺术性地内化了“忍”以应对这些逆境，以达到与家人、朋友甚至是工友及陌生人之间的关系和谐。

（二）“忍”与抗逆力

正如外来女工的叙述，尽管她们在城市中面对的是低工资、高强度、长时间、条件恶劣、机会有限以及充满歧视和孤独的体验，但是她们相信城市拥有长见识和自我发展的机会，并且视大都市生活为与世界现代化接触的一部分，这些信念是她们面对体验时赋予“忍”的意义，也构成了她们要留在城市继续下去的强大动力。在此意义上，“忍”完完全全地与抗逆力的本质重合在一起，“忍”即抗逆力，当然这与她们的能动性也密切相关。

在文化层面，“忍”是中国社会一个重要且普遍使用的概念。影响中国社会成员的儒、释、道文化各有相应的表述：儒家所谓的“小不忍则乱大谋”，提出了人们应该把“忍”作为自我修养的重要组成部分；佛家的理念也具有“忍”的意味，“因果报应”论等都告知佛教徒应该忍受“恶人”的行为，以修炼“隐忍”的能力；道家则以“无为”“顺其自然”来提倡用“忍”的方式调节面对困境时的紧张心理，从而在心理层面提高“忍”的能力。梁漱溟在《中国文化要义》中指出坚忍是中国人的国民性之一，所谓坚忍就是自己能够忍耐到很高的程度，克己、自勉、吃苦，诸如此类。[①] 李敏龙和杨国枢的一项以“忍”为主题的实证研究在谚语研究和问卷调查的基础上提出“忍”的内容包括欲望之忍、情绪之忍、性情之忍、道德之忍、立身之忍、机运之忍、人伦之忍、对待之忍、富贵之忍和治事之忍。此外，李敏龙将“忍”从心理学层面定义为：“忍是一种策略性的自抑机制或历程，在此机制或历程中，当事人为了避免对自己、他人或公众显然不利之后果的发生，或为了预期对自己、他人或公众显然有利之后果的出现，不得不做己所不欲的事情或承受己所不欲的身心痛苦。”[②]“忍”的内容包括个人的道德修养、人际关系和社会成就。而“忍”的心理机制包括克制、坚心、容受和退让，如此机制才能保证个人能够承受某事而不发。这些观点都表明，“忍”乃是中国文化语境下，个人某一人格品质的“隐喻”。

在心理学领域，“忍”是个体自我意识发展到一定阶段所体现的功能，它既表现为个体对压力和挫折的承受能力，又表现为个体对心理冲动的自我控制能力，还表现为个体应对突发事件的应激能力。但是，这种从心理学角度对“忍”的关注，忽视了它的动态性，未将“忍”置于人们行动过程中加以考察。在社会学视野下，“忍”表面上是一种文化意义上的象征符号，实质上，它是个体行动过程中得以呈现的行动、结构、文化之间的相互作用的结果。对于外来女工而言，“忍”即体现了她们的抗逆力，刻画了她们抗逆力的一种“隐喻”的符号。具体而言，“忍”是外来女工在与环境互动过程中面对逆境时的一种行动选择，表现为面对压力的忍耐、人际相处时的忍让，以及面对困境时的生存意义上的“忍”。

---

① 梁漱溟：《中国文化要义》，上海人民出版社 2005 年版，第 25 页。
② 李敏龙、杨国枢：《中国人的忍：概念分析与实证研究》，桂冠图书公司 2000 年版，第 22 页。

但是，本章更多地将“忍”置于人际关系层面而加以阐释，尤其是考察外来女工在体验到日常生活中的“逆境”时，如何能动地把“忍”作为因应策略的心理过程、相应的因素及其产生的影响，即把“忍”与抗逆力置于一处加以考察。

在中国社会中，“忍”是以人们关系中的“自我”为核心来建构的。换而言之，人们在具体的时空情境中要展现“忍”时，不是以自我为出发点，而是将自身置于与他人的互动过程中加以分析与使用。在此意义上，“忍”不能就单独的个体加以分析或解释，而是应该把它放置于互动关系结构中进行分析与阐述。因为，在中国文化中，孤立的或纯粹的个人是没有意义的，因为其内核是空虚的，没有内容的，即没有经过定义的。而只有与他人或社会发生关系时，并在这种关系中被定位，获得某种人伦或社会角色时，人才获得自身的属性和意义。

于是，在中国这样一种道德网络、关系本位、“你中有我，我中有你”的社会文化环境中，“忍”便成为维持人们互动关系网络平衡的重要手段。而且，人们“忍”的过程具有目的性，它不仅仅是个体为了应对逆境或冲突而采取的应对策略，同时也是出于关系网络的平衡而采取的积极主动的行为，这也意味着个体某种程度上的“利益”忍让。之于外来女工，“忍”则是透视她们在城市日常生活情境中的行动、个体能动性以及结构的互动过程的一种文化视角，有助于解读在此过程中的文化符号与她们的行动以及行动所产生的结构之间的关系。

第七章　结构、文化与能动性的糅合：抗逆力的整合性解释

前文分别从"结构二重性"与"文化"的维度对外来女工的抗逆力进行了分析与阐述，基于有关外来女工在城市的生活体验的各种叙事，阐释了在"结构"面向的抗逆力与能动性之间的关联，并且通过外来女工的抗逆力行动流中的"符号"，从文化面向上解读了这些"符号"之于她们抗逆力的"意义"。然而，上述讨论仅仅分别探讨了"结构二重性"与抗逆力，以及"文化"与抗逆力之间的解释关系。于是，这四者（结构、文化、能动性与抗逆力）之间的解释关系是如何的问题，则浮现了出来。本章就该问题展开论述，尝试梳理这四者之间是如何产生关系的，以及具有何种解释层面上的关系，并探索性地提出一种整合性解释框架的可能性。

第一节　结构、文化、能动性与抗逆力的再讨论

一、嵌入“结构”的抗逆力

在吉登斯看来，“结构”被视为个体在日常接触过程中，反复涉及的规则与资源，并且由此抽象出两种性质的规则（规范性规则和解释性规则）和两种类型的资源（配置性资源和权威性资源）。日常惯例中的各种实践相互交织构成了“结构”的转换，从而得以实现社会整合与系统整合。这种实践的连续性是基于人具有“反思性”的假设，“人的行动是作为一种绵延而发生的，是一种持续不断的行动流，正如认知一样。有目的的行动并不是由一堆或一系列单个分离的意图、理由或动机组成的。因此，最好把反思性看作根植于人们所展现、并期待他人也如此展现的对行动的持续监控过程”①。本书将外来女工的抗逆力视为一种动态的过程，此过程正是吉登斯所谓的“实践”的一种。如此，抗逆力也可被视为外来女工在逆境的情境中与环境的互动行动流的反思性监控过程，且此过程也是在“反思性监控”影响下对“结构”关系进行生产与再生产的过程，即涉及的规则与资源的生产与再生产的过程。

当然，个体在日常接触中也包含了大量的“知识库存”，吉登斯称之为“共同知识”。共同知识是个体在社会生活中持续完成各种例行化事务的必不可少的部分，它由无意识、话语意识和实践意识所构成。但是，“共同知识在很大程度上是默记于心的，主要是在实践意识的层面上进行的”②。对外来女工的抗逆力过程而言，她们的“共同知识”更多是实践意

① ［英］安东尼·吉登斯：《社会的构成》，李康、李猛译，生活·读书·新知三联书店 1998 年版，第 62 页。
② ［英］安东尼·吉登斯：《社会的构成》，李康、李猛译，生活·读书·新知三联书店 1998 年版，第 475 页。

识组成，即那些只可行动而不可言说的意识。

在个体持续性的日常接触实践中，结构体现为转换性关系的某种“虚拟秩序”，即作为被再生产出来的社会系统其实并不具有什么“结构”，而不过体现着“结构性特征”。同时，“作为时空在场的结构，只是以具体的方式出现在这种实践活动中，并作为记忆痕迹，导引着具有认知能力的行动者的行为”①。吉登斯把在社会总体再生产中最根深蒂固的结构性特征称为“结构性原则”，而在这些总体中时空延伸程度最大的那些实践活动，则称为“制度”。然而，本书所关注的是，在外来女工的抗逆力行动流中，那些反复不断地组织起来的规则和资源除了作为记忆痕迹的具体体现并发挥协调作用之外，还有其超越时空限制的“主体不在场”特点。也就是说，外来女工的抗逆力实践活动被跨越时空再生产出来，嵌入她们具体情境中的实践活动的社会系统在互动中被反复生产出来的方式，以及处于该具体情境中的行动者可认知的活动，乃至她们在行动时，利用丰富多样互动情境下的规则与资源的方式。在此层面，具体情境中反复组织起来的实践所嵌入的社会系统的结构性特征，既是中介，又是实践的结果，此谓“结构二重性”。即对个体行动者而言，结构并不是什么“外在的”存在，从特定意义上讲，结构具体体现在各种实践中，且“内在于”行动者的活动，因而结构总是具有制约性与使动性。

外来女工是城市中的日常实践者，也被视为具有认知能力的行动者。她们对日常生活中的各种行动的条件与后果，都拥有大量的“知识”，这些“知识”与认知能力紧密相连，并且根植于实践意识中且形态极为复杂。当然，外来女工也拥有话语意识，以话语方式描述她们的行动及缘由，但这些话语意识仅适应于日常行动流。从吉登斯的角度看，作为行动者的外来女工的认知能力总是受到限制的，这种限制一方面

① ［英］安东尼·吉登斯：《社会的构成》，李康、李猛译，生活·读书·新知三联书店 1998 年版，第 79—80 页。

来自她们的无意识，另一方面则来自行动中未被她们认识到的“条件”与行动的“非意图后果”，恰恰这些“非意图后果”对外来女工的互动情境的系统再生产有着重要意义，当然对于她们抗逆力的影响也可想而知。在此层面，日常生活与可逆时间的重复性紧密相连，而这种重复性就体现在外来女工的抗逆力行动流上，并与“结构”的制约特征和使动特征相关。

“结构”嵌入外来女工的抗逆力过程中较为明显地体现于她们的“例行活动”和“本体安全感”两个方面。外来女工的“例行活动”与在心理上抑制焦虑的无意识来源有关，且在日常活动中处于支配地位。对外来女工而言，她们在互动行动流中的日常实践并不是直接由动机激发的，这点正区别于心理学考察抗逆力的角度，而例行化实践则是“结构二重性”在社会生活连续性方面的主要表现，通过在抗逆力过程中完成各种“例行活动”，她们维持了一种本体安全感。当然，在结构面向上，外来女工的抗逆力过程被界定为特定的“情境”或“互动情境”，此乃社会再生产的内在组成部分。这些“情境”有着这样的特点：行动者在互动片段形成的时空边界里，彼此可观察到各种符号，且能反思性地利用所观察到的内容来影响或控制互动流。

外来女工在这些“情境”中的互动流也与她们的社会身份及其定位有关，这与各种规范性的权利、义务和约束联系在一起，构成特定的集合体，并形成了规则。而且，在不同的文化空间中，她们运用各种规则来获取互动流所承载与传输的资源的方式也各有不同。

基于上述对“结构”嵌入于抗逆力的再讨论，“结构”与抗逆力的相互关系已毋庸置疑。简而言之，“结构”形成于抗逆力过程，又对抗逆力过程形成制约性与使动性。这一点，在上述有关从“结构”的制约性资源与使动性资源两个角度分析抗逆力与“结构”的相互关系的论述中得以清晰地展示。

二、嵌入“文化”的抗逆力

格尔茨的以“深描”为标志的文化解释学，提供了一种不同于“结构”的维度而从“文化”视角对外来女工的抗逆力加以审视的路径。格尔茨认为，文化就是由个体自己构建的意义之网，而文化分析则是一种探求意义的解释性科学，其具体手段就是“深描”，即通过特殊的视角和细致的分析，展示“研究对象”的语言、行为、信仰等，对其文化进行描述。“深描”的目的在于通过对文化现象的体验式的观察和理解，研究者能掌握具体情境中行动者行动的意义。于是，格尔茨把文化当作“文本”来看待，深描就是要对该文化进行解释，且深描的文本必须使其描述得到最大程度的还原。在此角度，格尔茨把文化分析界定为“是(或者应该是)对意义的推测，估价这些推测，而后从较好的推测之中得出解释性结论，而非发现意义的大陆，然后标画出没有实体的景观”①。在格尔茨看来，“意义”是包含认识、情感、道德在内的一般性思考，是具有知觉、观念、理解、判断的一种包容性的概念；“象征”是传递“意义”的载体。于是，格尔茨对于“文化”的界定暗含着文化的二重性：文化作为象征模型，揭示象征结构作为现在的非象征结构的比照物的操作；文化作为认知模型，展示象征结构作为人类行动的意义之源的操作。②

格尔茨关于文化与结构的关系的观点，受到了帕森斯的影响。帕森斯认为结构与文化是分离的，文化系统是一套客观性的符号、信仰与价值观的复杂交织体，既存在于个体之外又作用于心理之内。而格尔茨延伸了这一点，认为既不能将文化物化也不能将其简化。文化是观念性的，但“它并不存在于人们的头脑之中，它是非物质性的，但也并非是超自然的

---

① ［美］克利福德·格尔茨：《文化的解释》，韩莉译，译林出版社 2008 年版，第 26 页。
② 张帆：“格尔兹的信仰世界”，载《西北民族研究》2007 年第 1 期。

存在”[1]。在格尔茨看来，文化形态正是在行动流中得到表达的，即文化形态并非静止的形态，而是一个动态的过程；也不是一个孤立的形态，而是一个相互联系的综合体系。而“意义”是包含认识、情感、道德在内的一般性思考，是具有知觉、观念、理解、判断的一种包容性的概念，“象征”则是传递“意义”的载体。而被视为行动流的抗逆力，将不再被视为个体的一种心理学意义上的特质，而是“意义”的生产过程。如此，外来女工的抗逆力与她们的文化之间产生了一种交互的发展过程，即文化不是被附加在外来女工的抗逆力过程中，而是外来女工抗逆力过程本身的过程构成要素，且是核心构成要素。文化既不能脱离外来女工的主体而单独存在，也不能脱离她们的特定行动情境即逆境的抗逆力过程而单独被理解，否则，不仅文化的“意义”背景无法被把握，文化的“解释”也无法被深度解读。本书所述抗逆力是个体在特定时空情境下的日常活动过程中，那些应对就个体而言具有风险性单元过程的一种形成，这种形成也是个体在与该情境中文化交互作用下的结果，因为，若无有意义的符号体系提供指导，它就不可能指引个体的行为或组织个体的经验以应对风险。正如格尔茨所说，“文化是意义结构，人类依据它来解释他们的经验并指导他们的行为；社会结构是行为的形式，是实际存在的社会关系网络。因而文化与社会结构不过是同一现象的不同的抽象。在考虑社会行动时，一个是从社会行为对于行为者的意义角度来考虑，而另一个是从它对某种社会体制功能的促进角度来考虑的”[2]。抗逆力作为行动流，有来自文化对其所提供的信息，即随成长过程而积累起来的有意义的符号储备。于此，抗逆力作为一个特定过程中的行动流，其承载的各种“符号”之意义就显得尤为重要。

---

① ［美］克利福德·格尔茨：《文化的解释》，韩莉译，译林出版社 2008 年版，第 15 页。
② ［美］克利福德·格尔茨：《文化的解释》，韩莉译，译林出版社 2008 年版，第 177 页。

可见，外来女工的抗逆力是具有动态性的行动流，它可以被视为一种浓缩的“社会”形态，它与“文化”既非互为镜像亦非彼此孤立，而是彼此独立又相互依赖的。“文化”是一套社会互动围绕其发生的意义和符号系统，而“抗逆力”则是互动模式本身。在此，文化是先验的，而抗逆力则是把握文化的行动。因而，与格尔茨对巴厘人斗鸡习俗的研究相类似，我们可以运用深描来从文化面向上对外来女工的抗逆力加以解读。正如上文从文化维度对外来女工的抗逆力所进行的精细阐述，将“家”“关系”“忍”等编织在一起并置于她们的整个抗逆力过程中，可以展示出一部她们的抗逆力状况的生活体验的文本。

总之，从格尔茨所谓的“意义”来审视外来女工的抗逆力，可以获得一种不同于结构维度的理解与发现，诸如“家”“关系”“忍”这些意义符号被蕴含于抗逆力过程，并对外来女工抗逆力的状况形成了作用，这一点是“结构”视角无法提供的，这也正是从文化角度加以解读的意义之所在。那么，在对抗逆力的解读过程中，结构与文化这两个看似相互矛盾的角度是否会相互冲突呢？两者之间的差异是否会对抗逆力的阐释产生截然不同的观点呢？下文将就这一问题展开进一步的讨论。

三、能动性与抗逆力

在吉登斯的“结构二重性”理论中，知识就是文化的一部分，文化则被视为社会关系和认同的重要构成部分。社会结构是在社会行动的日常实践中再生产出来的，而行动者是具有知识的，社会结构可以成为社会行动的资源，然而这只有在行动者相当熟练地掌握互动技巧后才成为可能，这些共同知识则被视为文化的同义词。在这个意义上说，吉登斯的观点是文化与结构不分，即他把文化与结构看作相互交融的，通过行动者的能动性或主体性得以展现。虽然如此，文化在该理论视野下仍然处于一种“弱化”的地位。而格尔茨在其文化解释学视野中，提出了“文化系统—社会系统一人格系统”的三角结构，这三者之间存在“一种内在的不同一性和紧张”[①]，三者既相互独立不可归约，又相互依赖不可分离。在上述两种理论视野中，前者可以被理解为，“文化的解释力来自社会结构中的‘硬性’变量——比如意义被结构化而成为某种超结构的东西，成为被更‘真实的’实体性社会力所驱使的意识形态，文化被定义为‘软性’，是一种非独立或并不完全独立的变量，它被限定在社会关系的结构再生产中”[②]。而后者则可归为文化社会学范畴，即个人的行为都被包含在情感和意义之中，这一内在假设预示着行动者从不完全依照工具性和反思性行动，文化为人的日常活动及其创造力提供动因，并影响结构再生产和结构转型。[③]

一般而言，结构与文化作为对同一群体进行描述的两个方面，前者注重群体的构成要素、人群的集合和彼此的物质利益关系，为群体提供分类的模型，而文化则构成群体的信仰、意识体系，形成一套规范行为方式的宇宙观和生活方式。虽然如此看来，结构与文化是一种看似对立的关系，但是吉登斯的“结构二重性”和格尔茨的“文化解释学”都创造性地将结构与文化进行了糅合，而非放置在一种对峙的关系中。在“结构二重性”理论中，“意义”被视为“共同知识”，作用于行动者的实践意识和话语意识，但并未截然与结构分离，而是看似与结构合体。格尔茨注重的“深描”，在将“意义”用来描述对象本身的具体形态外，还放置在实践语境和社会话语中。

于是，在此意义上，“结构二重性”与“文化”这两种视野并不对峙，二者只是从不同着力点对同一社会现象给予解释。前者更突出“结构”的特性，后者更注重“文化”的解释。前者把文化看作重要的解释因素，但只将其作为一种对“结构”解释的补充，是行动流的外部环境且为行动提供一

① [美]克利福德·格尔茨：《文化的解释》，韩莉译，译林出版社 2008 年版，第 177 页。

②③ 周怡：“强范式与弱范式：文化社会学的双视角——解读 J. C. 亚历山大的文化观”，载《社会学研究》2008 年第 6 期。

种资源，即利用文化而非真正注重文化。后者则坚持认为社会本身就似文本一样，包含自身的解释，文化的解释是第一位的。“文化”的解释是以具体解释具体，而非像“结构”用抽象去解释具体。

如此看来，对外来女工的抗逆力这样一个社会现象的解释而言，“结构二重性”和“文化”两者只是从两种不同面向对同一对象进行了阐述，虽然各自的着力点不同，但两者之间并不对峙，而是一种糅合的关系。

第二节　一种结构、文化与抗逆力的整合性解释

一、抗逆力的再界定

与前文中的表述一样，抗逆力仍被界定为一种动态性的过程。在此，借鉴鲁特和库普费尔（Kumpfer）两位学者侧重于过程分析的抗逆力理论，来关注外来女工的抗逆力过程。鲁特从环境与个体两个角度提出四种策略，呈现出抗逆力运行的关系框架。库普费尔则提出了从抗逆力的启动到结果的运作模型，着重对运行过程做出详细阐述，标示着研究重点由线性分析向面状解构的转向。

鲁特聚焦于抗逆力的应对机制，尤其是保护性机制的运作过程。他从个体与环境的角度对保护性机制进行分析，视保护性机制的运作是个体与环境互动的结果，只有二者共同发挥作用，才能减轻逆境对个体产生的消极影响。在个体层面，抗逆力的应对机制主要有两方面：其一是提升自尊感和自我效能感；其二是创造获取经验的机会，减轻早期风险因素产生的影响。前者主要体现在增强个体的自信心方面，通过增能使其更好地应对各种困境及问题。后者则是基于风险因素不可避免的假设，而注重缓解风险因素的袭击，提升个人的能力水平，保护个体尽量少受伤

害，并能主动应对，克服困境，获得成长。在环境方面，抗逆力的应对机制也有两个层面：一是降低风险的影响，即改变对风险因素的评价和避免或减少与风险因素的接触；二是减少由于承受持续风险而产生的消极连锁反应。前一个观点认为，对于已经受到风险因素影响的个体，一种补偿性的环境有利于缓解这种影响；对于还未受到风险因素影响或者影响正在产生的个体，避免或减少与风险因素的接触是一种降低压力的途径。后一个观点认为，对于风险因素已经造成的消极连锁反应需要采取补偿性措施，尽量减轻这种消极连锁反应的扩大化。①

库普费尔着重于抗逆力运作的基本过程，同样基于环境与个体互动，库普费尔从抗逆力产生的起点、过程到结果进行了完整的探讨，并对抗逆力的运作机制做出详细分析。他将抗逆力过程分为两个阶段——前抗逆力过程（个体与环境的互动过程）与后抗逆力过程（抗逆力的运作过程）。在前抗逆力过程中，他所关注的主要是个体与环境之间的互动。面对逆境时，环境因素与个体抗逆力特质都会做出反应，二者之间相互影响，抗逆力通过二者的互动过程运作。一方面，在应对逆境过程中，内在抗逆力特质与环境直接发生作用，它包括精神方面、认知方面、社交/行为方面、情感方面和身体方面。另一方面，在个体与环境互动过程中，人们有意或无意地改善他们的环境或者对环境进行选择性知觉。在后抗逆力过程中，他所关注的主要是个体抗逆力特质与最终结果的关系，此又是在个体与环境互动的基础上产生的。②

从上述两种对抗逆力的过程分析的理论来看，鲁特认为个人与环境互动过程中，环境对抗逆力的影响更为重要，而库普费尔略有不同，认为个人与环境互动过程中，个体与环境对抗逆力共同起作用，没有孰重孰轻之分。如此看来，两者的抗逆力理论都可以被置于生态系统下加以分析。

①② 田国秀、邱文静、张妮："当代西方五种抗逆力模型比较研究"，载《华东理工大学学报（社会科学版）》2011年第4期。

前一种模型把抗逆力放在个体与环境互动的背景下，环境作为个体生存的生态环境，任何正向或负向变化都会对个体生存状态产生作用。而该生态环境的优化有利于提升个体的自尊感与效能感，有利于为个体提供创造机会。后一种模型则将个体与环境视为一个共生的生态系统，无论是个体还是环境，任何一方的变化都会成为抗逆力生成的起点，而抗逆力的过程始于个体的身心灵平衡状态被打破之时。

“抗逆力”的概念从最开始的关注于个人——特点、特征、性能、能力以及内部资源，到后来演化成生态学模式，把抗逆力作为外部风险因素、保护因素以及个人内部资源和依赖风险的本性在不同程度上减轻对人们不利影响的保护过程之间互动的结果。然而，采取这种生态观点势必要把某些实体作为逆境的风险因素和保护因素，并包括对象征的抗逆力组成结果的某些规范解读。安戈尔(Ungar)的有关全球儿童时期抗逆力的定性研究指出，抗逆力现象基于文化的嵌入以及对各方面敏感的理解，因为儿童时期的抗逆力关注的是年轻人如何“在面对逆境时，通过一个与众不同以及受文化根深蒂固影响的路径走向健康”①。这就形成了抗逆力的一个定义：“既是个人通过路径(通过这些压力)走向维持健康的能力，又是一个人的家庭、社区以及文化为其在文化上有意义的方式提供健康资源和经验的状态。”② 从这个角度来看，风险因素和保护因素之间的相互影响是抗逆力在生态模型上能被定义为压力的动态集合。与抗逆力及减轻风险并致力于生活安宁相联系的结果，依赖于人如何缓解压力以达到健康的功能，承认后者是文化根深蒂固以及对各方面明确的规范解读，并不会受人的主观想法所牵制。

然而，安戈尔对抗逆力的界定已然比传统个体心理学的界定有所提

①② Ungar, “Children's Resilience-Related Beliefs as a Predictor of Positive Child Development in the Face of Adversities: Implications for Interventions to Enhance Children's Quality of Life,” *Social Indicators Research*, 95(3), pp. 437 - 453.

升，但仍然是将抗逆力作为个体置于压力环境中，即逆境中的一种心理反弹机制。本书则跳出这种对抗逆力的理解，不将抗逆力视为一种心理反弹机制，而是将抗逆力看作个体对逆境的一种适用机制。这一点在中国文化环境下尤为突出，诸如“以家为本”“关系”“忍”等中国文化都呈现了“抗逆力”的适应性机制。

基于此，本书认为可以这样重新界定抗逆力，即个体在面对结构施加的逆境之时，借助社会与文化资源反思性地积极适应以应对困境的过程。因此这里的抗逆力是一个过程，这个过程是不断展开的，是一个行动流。个体具有能动性，受制于社会与文化的设定，但又能够能动地利用社会与文化资源应对困境。特别要强调的是，在中国文化背景下，外来女工的抗逆力是基于关系主义的，情境的定义、目标的设定、资源的动员等都是在关系的脉络下建构的。与西方的抗逆力概念不同的是，中国文化下的抗逆力并非只是强调对抗，而且强调积极的适应，这大概与潘光旦先生的“位育”思想有着较大的关联。

二、结构、能动性、文化与抗逆力的整合性解释

（一）整合性框架的应用：以小梅的生活史为例

基于整合性框架，抗逆力之于小梅生活过程可被视为呈现于逆境过程中的片段。因学业失败而外出务工，体验恶劣工作环境而试图提升个人能力以至个人发展，由相亲走向婚姻而经历婚姻失败，这些都是伴随小梅外出务工过程的生活逆境。在小梅的外出务工的生活实践过程中，她与环境之间的互动行动流，在应对上述逆境的过程中承载着抗逆力。然而，小梅逆境生活片段中包含着一系列的配置性资源与权威性资源的获取与运用过程，以及她在行动流中对解释性规则与规范性规则的反思。具体而言，务工机会、住宿、经济收入、穿着打扮等配置性资源渗透于小梅的生活逆境中，而所涉及的权威性资源则有亲属、工作制度或车间规章，

以及与父母的关系、婆媳关系、夫妻关系等。当小梅在沟通类型互动流中，她基于解释图式，即依靠自身实践意识内的知识库存中的类型化，生产出解释性规则来加以应对。而与此同时，解释性规则将一些类型化符号与现象、符号与符号关联起来。小梅在应对婆媳关系和夫妻关系的紧张时，"既然已经结婚而且怀孕了就应该尽量把日子过下去"这种类型化的知识渗透于小梅的应对过程中，并形成将就过日子的"新符号"。而当小梅遭遇工厂的一些工作规定时，包括与拉长的互动，则依靠资源手段，即工具化或理性化地运用资源以应对，并生产出支配或屈从的结构，如小梅屈从长时间的加班，或是苛刻的工作质量要求等，而这当中体现出一种被"支配"，小梅则在此过程中生产出规范性规则。当然，这些仅仅是小梅生活过程中，尤其是面对逆境时的一些结构的生产与再生产，而之于抗逆力，这些则呈现为小梅应对这些逆境时的风险因素与保护因素。鉴于上述资源与规则的分析，资源与规则的不同组合分别构成了小梅的抗逆力中的风险因素与保护因素，这表现出动态性，即嵌入于抗逆力过程中。就小梅的生活史而言，学业失败、工作环境恶劣、工作强度大、能力缺乏、生活艰辛、家庭关系紧张等可被视为风险因素，而她的理想信念、父母及亲属的帮助、工友"姐妹"们的鼓励、努力工作而获得的成就、开店做生意的目标等构成了保护因素。

当然，小梅在应对逆境的互动流中的资源与规则的不同组合生产和再生产的相应的结构，构成了抗逆力的风险因素与保护因素。实际上，该过程是小梅的个体反思性监控的一种体现，并内化于她的实践意识、无意识及话语意识，即"共同知识"中。小梅的日常生活正是不断地运用并生产"知识"，这体现为她互动行动流中反复地构成的规则与策略。于是，小梅对"共同知识"的运用与生产体现于抗逆力过程中，但同时也与她所属的文化密切关联。例如，小梅将"忍"视为个体是否"成熟"的符号之一，她觉得自己之所以有些时候没有处理好逆境，是因为她"以前不会忍""忍不住了"。当然，这种文化符号也受到她父母的影响，如母亲常常劝导小梅处理事情或面对事情时要“忍”。伴随着小梅的生活历程，“忍”内化于她的实践意识内，并指导她的行为，而这恰恰是文化的“符号”，具有文化的“意义”。

由图 7.1 可见，小梅经历了残酷的社会现实、恶劣的工作环境、辛酸的生活体验、冰冷的政策制度以及艰辛的家庭生活后，运用资源与规则的不同组合而生产与再生产出“结构”。与此同时，内化于她实践意识内的一系列类型化的“文化”符号影响了“结构”的生产与再生产，也嵌入于小

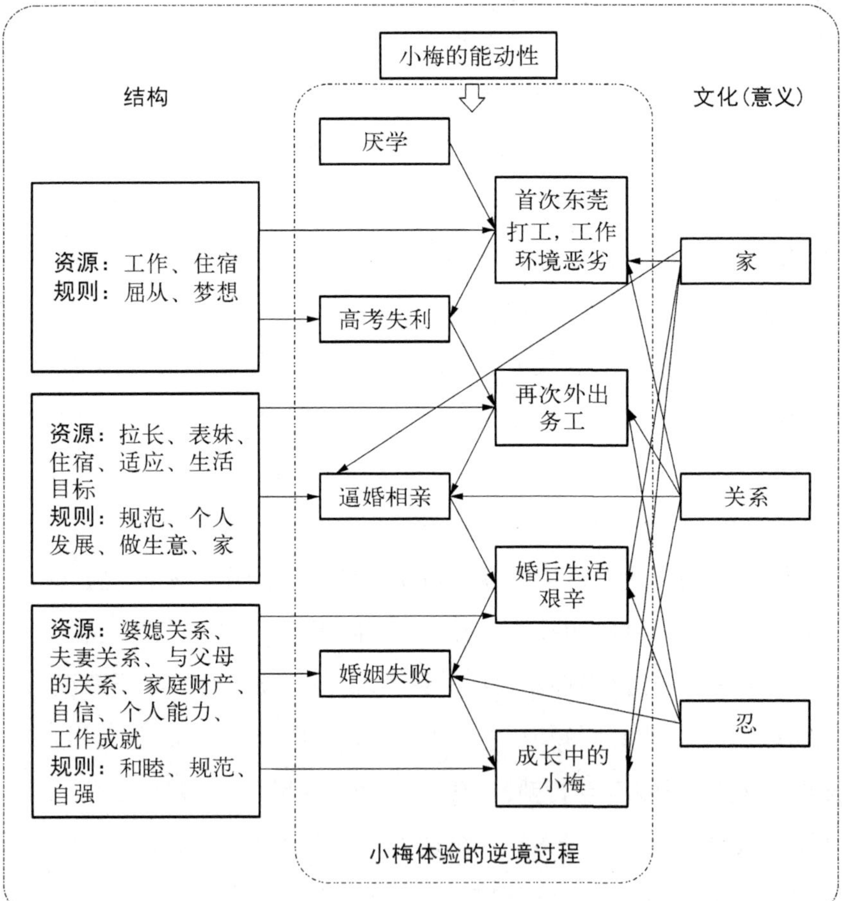

图 7.1　小梅抗逆力的整合性解释图示

梅的跌宕起伏的充斥着向往、失望、希望与绝望的逆境实践过程中，即抗逆力过程中。由此，小梅的生活史所呈现的抗逆力，在"结构"与"文化"的共同透视下，显得更为"清晰"，更为"全貌"。这些都体现在小梅面对学业失败而外出打工，遭遇逼婚及结婚生子却婚姻失败等生活低谷中，也体现在家人及亲属支持、奋斗而获工作成就、重获自信等生活应对之中。

（二）整合性框架的解读

在上文有关"结构二重性""文化"与"抗逆力"三者的阐述的基础上，下文尝试提出一种整合了"结构"与"文化"以解释"抗逆力"的解释框架（见图 7.2）。

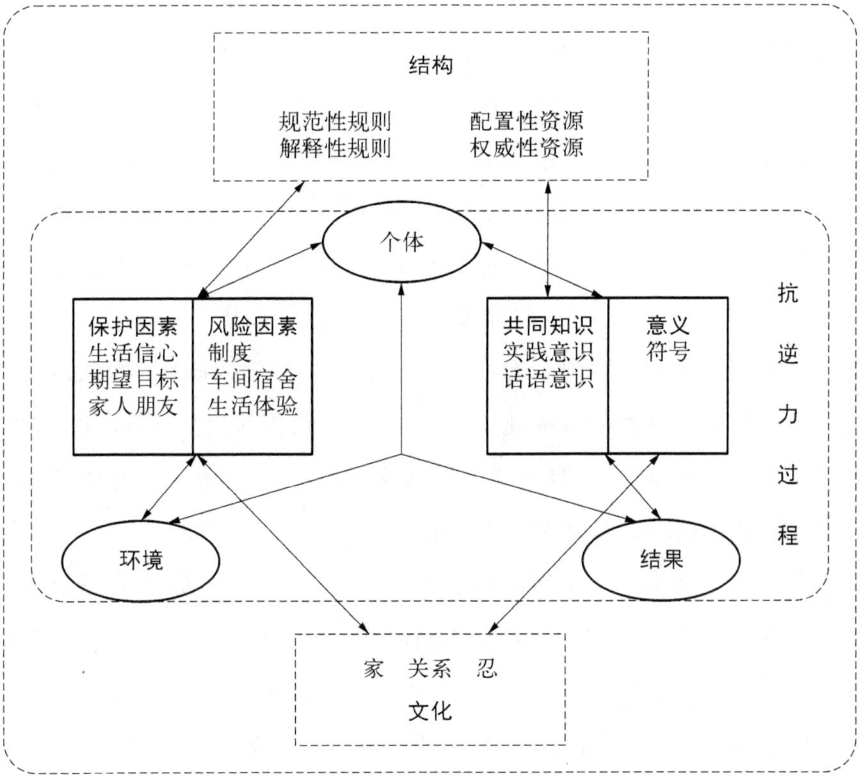

图 7.2　"结构二重性""文化"和"抗逆力"的整合性解释框架图

在此解释架构中，抗逆力得以从结构、能动性与文化三个维度以并行的方式获得开创性的解释，即同时从结构与文化两个面向聚焦于个体在面对逆境时的抗逆力行动流。

首先，在抗逆力动态过程中，个体与环境的互动行动流要从结构、文化与能动性的视野进行解读。前文着重阐述了此行动流生产的结构以及受结构反作用的方面，“结构二重性”弱化了“文化”在此过程中的作用。文化在此既构成了环境的一部分，又是个体内化的一部分，并通过保护因素与风险因素得以体现。具体而言，生活信心、期望目标和家人朋友作为抗逆力的过程呈现，与文化有着密切的关系。外来女工的生活信心在结构分析中是以对配置性资源和权威性资源的获取与利用程度的反思体现出来的，而文化视野下，外来女工对配置性资源和权威性资源的认定，以及对这些资源的获取和利用所进行的反思，都与文化密切相关。

家人朋友在结构分析中，被视为一种关系网络，以及基于此网络的社会支持，而在文化视野中，家人朋友被“家”这样一个文化符号所渗透，处处展现出“家”的意义，进而影响到这些所谓家人朋友的关系网络如何被看待与建构。对外来女工的期望目标而言，象征“符号”在此更是显而易见的。例如，外来女工的主要期望之一是回家乡修房子或建房子，这与“家”的符号意义无法脱离。而在外来女工的抗逆力风险因素方面，文化之于结构分析更有着不可忽视的解释力。“二元性”制度对外来女工的抗逆力行动流有着制约性，且构成风险因素。其中完全暗合了各种文化符号，诸如“体制内”和“体制外”，“城里人”与“乡下人”，“正式工”和“合同工”，等等。这些都是从文化视角加以解读的结果，而这恰恰又是结构分析所忽视的。就外来女工的生活体验而言，文化视角与结构分析有着截然不同的解读。在结构维度上，生活体验之于外来女工的抗逆力是一种风险因素，而她们在体验过程中遇到的各种“弱者”的体验经过内化的“忍”文化符号的意义建构，却转化为一种保护因素。她们通过“忍”体验到的“弱者”所致的痛苦、困惑等风险因素，来换取在城市获取经济收入、阅历增长和发展机会等保护因素，在如此“意义”的影响下，她们将这种生活体验视为一个必需的且有“意义”的“过程”。因而，对于她们的抗逆力而言，这不再是一种逆境，而是一种动力，一种积极的动力。

其次，个体的抗逆力行动流中的个体特质与结果之间的关系呈现过程，是一种反思性的结果呈现，结果与个体特质之间的关系表现取决于个体的反思性监控过程的表现。其中，“共同知识”起着关键作用，而这又与个体的实践意识紧密相关。这种“认知能力”中的“知识”可被视为自觉意识，而这种“实践意识包括知晓某些规则和策略，日常生活正是通过这些规则和策略，得以在广泛的时空范围内反复地构成”[①]。在日常生活中，人们知道自己正在做的事情，也成功地把自己的知识传递给了别人。这种“知识”（认知能力）包含“在构成日常生活主体的实践活动中，是社会世界的一项构成性特征。作为社会世界的组成者，行动者对社会世界的知识是和这个世界分不开的；他们有关自然界事件或对象的知识的情况也是如此”[②]。如此，行动者在行动环境中的实际行为规则和策略的知识，与那些行动者经历的具体情境中采用的知识，有着密切关系。当行动者处于陌生的文化情境中时，行动者的“认知能力”的“知识”部分必然会与行动者过去的文化发生关联。在此意义上，“文化”与“结构”中的认知能力得以关联，并且相互影响。于此，外来女工的抗逆力行动流中的个体特质与结果之间的互动以及个体的反思性行动嵌入了“文化”，并且受到“文化”的影响。此后，该行动流中的“文化”要素沉淀并得以积累，成为外来女工内化的“文化”的一部分。因此，在实践意识或话语意识所构成的“共同知识”部分，吉登斯的“结构二重性”与格尔茨所谓的“文化”解释之间架起了一座“互通的桥梁”，对外来女工的抗逆力，从同一切入点形成了不同

①② ［英］安东尼·吉登斯：《社会的构成》，李康、李猛译，生活·读书·新知三联书店 1998 年版，第 169 页。

的解释结果。

总之，上文基于整合性解释框架对外来女工抗逆力进行解读，使本书对外来女工的抗逆力的审视进入了一个崭新的视野，比之前的单一维度更加“全貌”，更加“多元”，且“非对立”。

（三）整合性框架的理论贡献

在此解释框架中，抗逆力被置于动态性的过程中，而结构、文化分别嵌入抗逆力的过程，进而与个体行动者产生了关联。于是，结构与文化两种维度被创造性地整合起来，置于同一个框架对抗逆力加以解释。如此，该解释框架具有以下几个层面上的理论贡献。

第一，结构与文化两个维度不是二元对立的，而是存在一种复杂的关联关系，它们相互并存，且经由能动性进行对接。结构决定文化，抑或文化决定结构，这种单向思维在此被打破，替换为一种非二元对立性、非线性的思维。

第二，以抗逆力过程为中心，彰显“结构—文化—能动性”的关联图式。本书所提出的抗逆力的整合性解释框架，不是从唯“结构”或唯“文化”的角度来考察研究对象，而是聚焦于研究对象作为个体行动者之行动本身，以个体自主性为聚焦点。正如周怡所说的，“文化与人类的关系并非单向的，而是互动的：人类发展依靠文化，文化的诞生始于人类的理性。结构与人同样存在密切的互动：每个人都生活在结构中，结构诞生于人的聚集。那么人在与结构和文化的同时互动下产生的行动，就会增加许多自由的空间”[①]。这种自由的空间正是体现了行动者的自主性。

第三，开创了抗逆力过程分析的社会学路径。前文中所提的鲁特和库普费尔两位学者对于抗逆力的研究中，鲁特侧重从环境与个体，尤其是环境要素之于个体抗逆力特质的影响，来分析抗逆力运行过程。而库普

① 周怡：《解读社会：文化与结构的路径》，社会科学文献出版社 2004 年版，第 78 页。

费尔则注重打造从抗逆力的启动到结果的全过程运作模型，但其研究的着重点仍偏向于个体心理学层面。在“结构”与“文化”对抗逆力的整合性分析框架下，抗逆力分析的关注点从个体转向了个体与系统都关注的群体性研究取向，更具有“社会性”，即更具有社会学分析的意义。而对能动性的关注，则体现了个体面对逆境的动态过程。

第八章 结论与讨论

第一节 研究结论

对大多数外来女工而言，她们未曾意识到面对逆境时的抗逆力的存在，因而抗逆力这一概念本身就是研究者在她们这种应对过程中建构起来的。事实上，外来女工的抗逆力不单单受到心理层面上的影响，同时也受到社会结构、文化等“社会性”因素的影响。于是，本书在前述内容中，分别从结构与文化两个方面对外来女工的抗逆力过程进行了分析，其中我们可以看到能动性的呈现。基于对外来女工在城市的生活体验的各种叙事，本书阐释了在结构面向上的抗逆力的保护因素与风险因素，而通过外来女工的抗逆力行动流中的“符号”，从文化面向上解读了这些“符号”之于她们抗逆力的“意义”。此外，本书还就四者（结构、能动性、文化、抗逆力）之间的解释关系的问题做出了一些阐述。于是，本书得到以下的主要结论。

一、什么是抗逆力?

“抗逆力”的概念从最开始的关注个人的特点、特征、性能、能力以及内部资源,到后来演化成生态学模式,把抗逆力作为外部风险因素、保护因素以及个人内部资源和依赖风险的本性在不同程度上减轻对个体不利影响的保护过程之间互动的结果。然而,采取这种生态观点势必要把某些实体作为逆境中的风险因素和保护因素,并包括对象征的抗逆力组成结果的某些规范解读。然而,安戈尔关于抗逆力的界定已然对传统个体心理学的界定有所提升,但是仍然是将抗逆力作为个体放置在压力环境中,即逆境中的一种心理反弹机制。

本书未将抗逆力视为一种心理反弹机制,而是将抗逆力看作个体对逆境的一种适用机制。这一点在中国文化环境下尤为突出,诸如“以家为本”“关系”“忍”等中国文化都呈现了“抗逆力”的适应性机制。基于此,本书认为抗逆力可被界定为:个体在面对结构施加的逆境之时,借助社会与文化资源反思性地积极适应以应对困境的过程。因此这里的抗逆力是一个过程,这个过程是不断展开的,是一个行动流。个体具有能动性,受制于社会与文化的设定,但又能够能动性地利用社会与文化资源应对困境。特别要强调的是,在中国文化背景下,外来女工的抗逆力是基于关系主义的,情境的定义、目标的设定、资源的动员等都是在关系的脉络下建构的。与西方的抗逆力概念不同的是,中国文化下的抗逆力并非只是强调对抗,还强调积极的适应。

二、“结构”之制约与使动

外来女工的抗逆力动态过程是在与结构进行对话的过程之中展开的,结构既是限制,也是资源,且外来女工的行动在不断再生产自己面对的结构情境。对外来女工而言，她们面对的结构性限制包括：排斥性的社会制度，规训化的车间与宿舍，以及“痛楚”的生活体验。这些限制是其生活困境的构成性结构要素。

首先，户籍等排斥性制度在合法性的基础上配置了外来女工与城市本地人不同的资源，使她们得到更少经济、文化、社会、政治等资源，而按照城市制度赋予的资源多少，外来女工与本地人被置于两个不同的日常实践空间。外来女工的这种境遇，体现为她们在日常互动中缺乏合法性的支持，如原本国家劳动法所规定的休假、福利等。这些规范性规则原本可以使外来女工获得并配置这些资源，但当下的缺失正好构成了相反的作用；这些资源在结构上未对外来女工的日常实践活动产生使动作用，反而适得其反，形成一种制约作用。

其次，车间与宿舍当中的权威性资源涉及作为管理主体来控制外来女工的工作时间、任务分配、质量要求、惩罚措施、生活规定等方面的资源，而在外来女工的工作和生活的行动流中，这些权威性资源与两类规则（规范性规则与解释性规则）交错发挥着作用，进而形成了她们被规训化的生活及工作实践。对外来女工而言，由车间与宿舍空间行动所形成的配置性资源，就是一种不能强加于意识的对象，只能以规范性规则与解释性规则对它们进行再生产，结果则是配置性资源再生产为一种阻碍外来女工的自由，并对她们形成规训化的存在。如此，在外来女工的抗逆力层面上，车间与宿舍，以及在此空间中所涉及的配置性资源，被视为一种风险因素。

再次，“弱者”的体验与“外地人”意识是外来女工进入城市后所体验到的一种消极际遇，这两种生活体验直接构成了外来女工个体层面上抗逆力的风险因素。如此，在个体层面，外来女工在城市日常实践中的“弱者”体验，构成了她们抗逆力维度上的风险因素。另外，由于地域文化差异与认同的影响，外来女工处于城市和乡村的文化边缘，在生活方式上徘徊于城市与乡村之间,因而她们常常体验到一种“外地人”的困惑和痛苦。在城市本地人眼中,外来女工仍是“乡下人”,而工作和生活于城市中的外来女工又会以她们的眼光来看待城市以及城市本地人。在此过程中,两种相互摩擦和相互冲突的文化与身份得以表现。在此意义上,外来女工未能真正地融入城市,仍有着“外地人”意识倾向,这形成了抗逆力个体层面上的风险因素。

然而,外来女工在城市生活中也充分展现了自己的能动性,表现在日常接触中树立生活信心、确立期望与目标,以及寻求家人与朋友的社会支持三个方面。

第一,树立生活信心。外来女工的信心与能力的形成被视为一种过程,并与她们在城市中日常接触的“结构”以及她们的能动性紧密关联。在访谈中,我们可以看到两类外来女工的生活信心状况:一是对自身的生活充斥着信心,二是对自身的生活缺乏信心。这些外来女工所谓的“信心”显然是她们对日常活动的“有意识”干预的结果。她们作为行动者在社会生活日复一日的持续过程中,对行为进行着反思性的监控。并且,她们关注周围发生的事件,并将自己的活动与这些事件联系起来。如此,这些她们所具有的信心与能力显然无法与她们日常接触的“结构”分离开来,这也是她们的日常互动流中的规则与资源的共同作用的结果之一。外来女工对各自在城市的日常接触的反思性监控的结果是不一样的,有的结果呈现出满满的生活信心,而有些结果则呈现出对生活信心的丧失。

第二,确立期望与目标。回家乡“修房子”或“盖房子”乃是有些外来女工进入城市中生活与工作的目的之一。而另一些外来女工则把“做生意”设定为她们生活的期望与目标,并且是想回到家乡实现之。如此,外来女工的日常生活实践所形成的“结构”的各种结构性原则,如资源与规则等,是形成她们的生活期望与目标的基础。也就是说,她们行动流所涉及的各种资源与规则相互作用,产生了她们的生活期望与目标,这些生活期望与目标若是有利于她们拥有更多的配置性资源或权威性资源，如更多的物质资源、更多的生活机会等，则对外来女工而言，乃构成了一种使动性作用而非制约性体现。如此，这些资源与规则就成为她们抗逆力的一种保护因素。此外，外来女工没有设定生活期望与目标的行动，也是她们日常行动流的“结构”要素互动的结果之一，且具备对她们的抗逆力起着保护作用的功能。

第三，寻求社会支持。外来女工进入城市后，她们工作与生活过程中的人际关系网构成了面对逆境时的支持系统，这种关系网具有“血缘”“地缘”“业缘”等关系属性。家人及朋友构成了外来女工的外部社会支持系统，该“结构”与她们的日常社会生活密切相关，既源于此过程的生产，又使动地作用于此过程。外来女工把“家人及朋友”置于她们的日常生活流中，也嵌入于她们的整个生命周期中，与此同时，还将此置于日常社会生活的“制度性实践”的绵延中，即“超个体”的结构化过程中。在此视域下，“家人及朋友”形成的社会支持网络不仅仅具有心理学意义上的外部支持功能，更为重要的是，“家人及朋友”成为外来女工在日常社会生活过程中生产出的一种“结构”存在，且该“存在”又对外来女工的日常社会生活形成使动性功能。如此，在外来女工体验逆境（日常社会生活的一部分）时，“家人及朋友”是她们此种行动流所产生的资源和规则构成的“结构”，而该“结构”在她们体验逆境时起着积极的作用，增强了她们体验逆境的能力与信心。在此意义上，“家人及朋友”具备了作为外来女工的抗逆力的保护因素的“资格”。

三、作为工具箱的“文化”

本书基于文化解释学的研究取向来审视外来女工的抗逆力，通过解读她们在日常活动中的行动流所内含的“意义”，对她们经历的那些与环境互动的风险过程中的象征符号加以理解，并以此从不同于个体心理学而是社会学的层面来理解她们的抗逆力。外来女工在城市中的日常实践活动过程中所涉及的“意义”符号主要有“家”“关系”和“忍”三种。

第一，“家”对外来女工有两个层面的符号意义：一是将“家”视为一种影响行动选择的变量，即想象中的“家”；二是将“家”当成一种依靠与归属，成为最后的退缩之地。“家”本身对于外来女工而言，是内生的一种符号，只有透过日常生活才看得见“家”的存在。在此，本书关注外来女工在日常生活中的“家”的力量，即重视她们各种行动流中所外显出的“家”的符号与象征，换言之，即“意义”。在乡土中国社会中，“家”之于个体的生活经验常常是中国人首要的积累经验的来源，外来女工也不例外。因而，她们往往会将“家庭”中的结构形态、关系模式及处事方式推广，作为自身行为或意识很重要的一个参考基准。“家”的文化嵌入外来女工日常生活中的各个方面，包括经济生活、社会生活，甚至政治生活等领域。“家”文化通过其所承载的符号系统对外来女工的日常实践活动发挥着影响作用，而外来女工在日常实践过程中所需的抗逆力也与之产生了紧密的关联。而且，“家”从规则与秩序层面上对外来女工的抗逆力产生了“文化影响力”。此外，“家”成为她们面对逆境时可以用来“回避”或“逃避”的选项，这对于她们的抗逆力而言是一个积极的因素。

第二，“关系”之于外来女工存在三类运作特点。第一，外来女工人际关系的核心圈仍是由家人及亲属所构成，是一种以“差序格局”为基础的“关系网”。第二，外来女工的关系网虽然是以差序格局为核心，但随着她们生活历程的改变，“利益”渗入这种“差序格局”关系网中。第三，外来女工将“差序格局”关系网拟亲缘化，这是她们基于对所处生活及工作环境的反思，将能动性施于行动过程之中的结果。社会网络是相互联系的社会行动者构成的稳定关系结构，而抗逆力的形成是人们使用网络关系应对日常生活逆境而获得改变的重要过程。作为“差序格局”基础的血缘关系和地缘关系，仍是外来女工的主导“关系”。外来女工离开家乡后，进入城市中总是会依赖于血缘与地缘关系构造一个以“老乡”或“乡土同学”为纽带的亚社会结构。在现代城市社会中，外来女工为了更好地适应环境，将个人的关系网络加以扩展，在此扩展过程中，一种新的关系类型得以呈现，即拟亲缘关系。“关系”网络变得不再是那么固定，而是具有动态性，且这种“关系”得以维持与扩展的关键则变为关系双方在互动中对彼此占有的资源的交换或利益的交换。在此，“关系”利益化在改变外来女工的关系结构的同时也调整了她们行动过程中的资源配置方式，这对于她们的抗逆力而言，是一种改变，即她们用一种新的方式来获取和利用与环境互动所形成的结构上的各种资源。外来女工在她们的日常生活实践中，主动地建构了基于“姐妹”符号所呈现的“关系”。以“姐妹”的称呼建立的关系，不仅仅将关系主体置于一种家人关系序列中，更是以“姐妹”的名义实现了资源上的互利互惠。于是，“姐妹”作为外来女工的一种关系符号，贯穿在她们抗逆力行动过程中，并对该过程中的权威性资源与配置性资源的获得与利用产生行动指引的作用。

第三，“忍”对外来女工有着两个层面的影响。一是，外来女工应对逆境时，通过“忍耐”之“忍”而表现出极强的承受力，而且她们将“忍耐”艺术性地运用于应对行动过程中，并借此施展抗逆力以成功应对这些逆境。二是，外来女工在关系处理的行动流中的“忍”的体现，如“忍一时，风平浪静”这种话语符号的表达，凸显出“忍”之于外来女工面对关系处理时行动策略选择的影响。这种行动策略的目的在于达到与家人、朋友甚至是工友及陌生人之间的关系和谐。如此，“忍”是中国社会文化对人们处于逆境时的一种应对策略的“隐喻”，喻指人们的一种行为规范，是一种中国文化中所独有的符号。对于外来女工而言，“忍”是她们面对生活情境时，与环境互动时空下的一种行为方式，基于自身对文化的内化而采取的一种行动策略，具有“社会的”属性与意义。对于外来女工而言，“忍”即体现了她们的抗逆力，刻画了她们抗逆力的一种“隐喻”的符号。具体而言，“忍”

是外来女工在与环境互动过程中面对逆境时的一种行动选择，表现为面对压力时的忍耐、人际相处时的忍让，以及面对困境时生存意义上的“忍”。

四、结构、文化与能动性的整合

本书尝试提出一种关于“结构”“文化”“抗逆力”的整合性解释框架，其中，抗逆力得以从“结构”与“文化”两个维度以并行的方式获得了开创性的解释，即同时从结构与文化两个面向上聚焦于个体在面对逆境时的抗逆力行动流。

前文着重阐述了此行动流生产的结构以及受结构反作用的方面，“结构二重性”弱化了“文化”在此过程中的作用。文化在此既构成了环境的一部分，又是个体内化的一部分，并通过保护因素与风险因素得以体现。在后抗逆力过程中，即个体的抗逆力行动流中的个体特质与结果之间的关系呈现过程中，结构与文化有着更大的互嵌性。在“结构二重性”维度中，此过程被看作个体在对前抗逆力过程的资源和规则所组合的结构的一种反思性的结果呈现，结果与个体特质之间的关系表现取决于个体的反思性监控过程的表现。其中，“共同知识”起着关键作用，而这又与个体的实践意识紧密相关。外来女工的抗逆力行动流中的个体特质与结果之间产生互动时，个体的反思性行动嵌入了“文化”中，并且受到“文化”的影响，此后，该行动流通过“文化”要素的沉淀得以积累，作为外来女工内化的“文化”的一部分。

第二节　讨　　论

本书基于结构与文化的整合性视野解读了外来女工抗逆力的过程与

机制，且具体分析了影响外来女工生存现状的抗逆力层面的保护性因素和风险性因素，同时结合中国文化探讨了文化之“符号”与“意义”对外来女工的抗逆力的过程机制的作用。然而，对外来女工的抗逆力的讨论与探索并未于此而结束，有一系列问题仍需进一步加以梳理与探讨。

一、“抗逆力”与“抗争”：外来女工的逆境应对

外来女工群体作为中国社会转型期的一种“社会现象”，有着鲜明的时代烙印与深层的社会意义。外来女工群体已被众多学者从多角度予以关注，潘毅从“一种抗争次文本”对她们进行的解读是一个典型。本书所探讨的外来女工的“抗逆力”与潘毅所谓的女工“抗争”有着何种关系和差异？这是值得进一步探索的问题。

潘毅通过聚焦于流星厂的女工们的叙事，展开了对她们的能动性、主体性与社会变革之间的因果的讨论，着重于审视一种“新的阶级形态和性别不平等”。她基于国家对社会的政治管制模式的变化，以及“追求现代性”的标语下社会主义社会日益市场化的背景，提出在社会主义时期，无论是支配力量还是被支配力量都在迅速地形成并不断对自身进行再造，寻求自身的文化认同、社会地位、市场位置以及政治合法性。[①] 同时，潘毅使用“隐藏文本”或“底层政治”来阐述女工们的抗争本质，且这是任何社会底层群体都能创造出来的。她们不仅会在支配者背后采取行动，而且还会公然对抗以及破坏支配者的权力。[②]

如此，潘毅注重从“结构”之阶级性来审视外来女工的生存与对抗行为，并借助于“身份主体”“话语权”“抗争”等词语来叙述外来女工们的行动逻辑。本书与潘毅一样，同样聚焦于“女工们”，虽然也注重从“结构”视野来关注她们，尤其是她们如何在逆境中生存和发展，但是在解读方式上

① 潘毅：《中国女工：新兴打工者主体的形成》，九州出版社 2011 年版，第 192—193 页。
② 潘毅：《中国女工：新兴打工者主体的形成》，九州出版社 2011 年版，第 197 页。

仍有着相当大的差异。本书更注重外来女工的行动所生产的“结构”和依附于“结构”的资源与规则，而非关注“结构”之阶级性及其权力支配等。然而，这并不是说两种解读存在着“对立性”或“矛盾性”，而是可以被看作一种研究角度和解读方式上的“互补”。两者提供了不同视域下对“女工们”生存方式的解读，以呈现一种相对更为完整的和全貌的外来女工“生活世界”。当然，本书并不想从抗逆力的视角建构一个浪漫化的图景，也不想取消阶级分析的社会学意义，只是想展示外来女工生活的复杂图景的一个侧面。

二、“适应”抑或“品质”：抗逆力研究取向的争执

伴随着抗逆力研究的发展，有关“抗逆力”研究取向的争论一直未能停止。早期抗逆力研究将“抗逆力”视为个人成功应对逆境的一种“品质”或“功能”，并与个人的社会支持系统有关。而第二代抗逆力研究则聚焦于抗逆力的展现过程，将抗逆力视为个体在面对生活逆境时的有效调整和适应，是对不断变化的环境的积极适应。而且，这一时期的研究转向对个人在逆境中的发展过程的探索，并注重运用生态系统的工具探寻个人与周围环境之间的动力关系和潜在的多重机制。近期抗逆力研究则注重抗逆力的应用性和干预性，这种新的模式是一种为健康发展服务的理论框架，即关注如何促进个人健康发展，运用结构所拥有的资源推动个人的健康发展，而不追问如何防止问题的出现。①

可见，“抗逆力”研究从最初关注于个人品质（能力、特征和资源），发展到强调抗逆力的过程机制与生态视角，再到注重抗逆力的应用过程和干预效果。而本书则从较为中观的层面对个体的抗逆力加以关注，这一点既不同于传统的抗逆力研究，又与之相关联。

① Antonovsky, *Unraveling the Mystery of Health: How People Manage Stress and Stay Well*, San Francisco: Jossey-Bass Publishers, 1987, pp. 5 - 20.

本书的研究取向的不同之处在于，本书跳出了传统抗逆力研究强调个体的“品质”对个体应对逆境的作用，而是着重于个体在行动过程中的抗逆力形成机制与发展过程。这与第二代抗逆力研究的取向较为接近，都重点关注个体的抗逆力过程与相关机制。但是，本书取向仍然与此有着较大的差异。

具体而言，本书并非将抗逆力看作个体在压力环境中的应对行动，即逆境中的一种心理反弹机制，而是个体对逆境的一种动态性的适应机制。这一点乃是基于中国文化语境的考量，“以家为本”“关系”“忍”等中国文化“符号”都在一定程度上影响了个体在此文化中的“抗逆力”呈现，即适应性机制。于是，本书更强调抗逆力的过程性、适应性以及动态性。换言之，抗逆力在此被视为在一个生态系统中，个体与环境的动态性互动过程，动态性体现在平衡被打破到再平衡的过程。这样的视角是基于关系主义的，即基于结构、文化与能动性的互动，在一定程度上具有理论创新意义，并批评了以往的个体还原论。这种研究取向区别于个体心理学的注重个体在应对逆境过程中的抗逆力的“压弹”机制，这也是本书整合了结构与文化视野来审视个体的抗逆力的意义所在，即更注重抗逆力研究的社会性、文化性、动态性和适应性。

三、“以外来女工为本”：抗逆力与社会工作干预

本书着重分析了外来女工的抗逆力的动态过程和适应机制，并发现她们的抗逆力与她们的生存或生活的社会结构与文化有着密切关联。这一研究结果显示，外来女工的抗逆力问题应该受到关注。现有研究更多关注的是她们的经济状况、生活困境、婚恋问题等方面，社会工作干预领域更是一片空白。这就带来一个问题：社会工作领域如何有效地介入外来女工面临逆境时的抗逆力过程？对该问题的讨论，可从以下两个方面展开。

首先，社会工作的“抗逆力”领域拓展至“外来女工”群体。外来女工在中国社会中，既作为“底层群体”也是一种“弱势群体”。她们在城市中的生活和工作也常常面临着困境，亟须社会工作专业服务的介入，以帮助她们度过困境，或提升应对逆境的能力。“外来女工”集聚了“弱势群体”和“企业员工”两方面的特点，这为中国的本土企业社会工作的发展提供了契机和突破口，同时也提供了将社会工作的“抗逆力”领域拓展至企业员工尤其是外来女工的可能性。

其次，“结构”与“文化”因素的导入。本书发现了城市社会结构之于外来女工的制约性，以及文化因素对她们的束缚。“城市二元制度”和家人及朋友的“关系”支持等结构因素，以及“家”“忍”等文化因素，对于外来女工的抗逆力有着极强的影响力。在社会工作服务过程中如何导入这些较为宏观的要素，是值得进一步摸索和实践的领域。这种服务思路不同于传统社会工作注重微观层面或是环境要素，而是基于整合性角度为外来女工提供抗逆力方面的专业服务。此外，在中国社会背景下，社会工作如何对外来女工的抗逆力进行有效的服务，也是社会工作本土化的一种缩影。针对外来女工的抗逆力，中国社会工作者若能探索出一种有效的服务模式，将在一方面推动社会工作之“抗逆力”领域的经验积累，另一方面也发展本土化社会工作的模式。

参 考 文 献

一、著作类

［1］ 边燕杰.关系社会学：理论与研究[M].北京：社会科学文献出版社，2011.

［2］ 边燕杰.社会网络与地位获得[M].北京：社会科学文献出版社，2012.

［3］ 丁建新.叙事的批评话语分析：社会符号学模式[M].重庆：重庆大学出版社，2007.

［4］ 费孝通.费孝通选集[M].天津：天津人民出版社，1988.

［5］ 金小红.吉登斯结构化理论的逻辑[M].武汉：华中师范大学出版社，2008.

［6］ 金耀基.中国社会与文化[M].香港：牛津大学出版社，1992.

［7］ 李路路.再生产的延续：制度转型与城市社会分层结构[M].北京：中国人民大学出版社，2003.

[8] 李敏龙,杨国枢.中国人的忍:概念分析与实证研究[M].台北:桂冠图书公司,2000.
[9] 李强.农民工与中国社会分层[M].北京:社会科学文献出版社,2004.
[10] 梁漱溟.中国文化要义[M].上海:上海人民出版社,2005.
[11] 梁鸿.中国在梁庄[M].南京:江苏人民出版社,2010.
[12] 陆学艺.当代中国社会流动[M].北京:社会科学文献出版社,2004.
[13] 吕国光.农民工口述史[M].武汉:湖北人民出版社,2009.
[14] 莫伟民.主体的命运:福柯哲学思想研究[M].上海:三联书店上海分店,1996.
[15] 潘毅.失语者的呼声:中国打工妹口述[M].北京:生活·读书·新知三联书店,2006.
[16] 潘毅.中国女工:新兴打工阶级的呼唤[M].2版.香港:明报出版社,2007.
[17] 潘毅.中国女工:新兴打工者主体的形成[M].北京:九州出版社,2011.
[18] 潘泽泉.社会、主体性与秩序:农民工研究的空间转向[M].北京:社会科学文献出版社,2007.
[19] 沈原.市场、阶级与社会:转型社会学的关键议题[M].北京:社会科学文献出版社,2007.
[20] 孙立平.转型与断裂:改革以来中国社会结构的变迁[M].北京:清华大学出版社,2004.
[21] 仝志辉,等.农村民间组织与中国农村发展:来自个案的经验[M].北京:社会科学文献出版社,2005.
[22] 佟新.社会性别研究导论:两性不平等的社会机制分析[M].北

京：北京大学出版社，2005.

[23] 佟新. 异化与抗争：中国女工工作史研究[M]. 北京：中国社会科学出版社，2005.

[24] 汪民安. 身体、空间与后现代性[M]. 南京：江苏人民出版社，2006.

[25] 王春光. 社会流动与社会重构：京城“浙江村”研究[M]. 杭州：浙江人民出版社，1995.

[26] 王铭铭. 文化格局与人的表述：当代西方人类学思潮评介[M]. 天津：天津人民出版社，1997.

[27] 王宇. 性别表述与现代认同索解 20 世纪后半叶中国的叙事文本[M]. 上海：上海三联书店，2006.

[28] 徐旭初，钱文荣. 生存故事：50 位农民工访谈实录[M]. 杭州：浙江大学出版社，2009.

[29] 叶启政. 进出“结构—行动”的困境：与当代西方社会学理论论述对话[M]. 台北：三民书局，2000.

[30] 张声华. 上海流动人口的现状与展望：上海市第六次流动人口抽样调查[M]. 上海：华东师范大学出版社，1998.

[31] 翟学伟. 中国人行动的逻辑[M]. 北京：社会科学文献出版社，2001.

[32] 周怡. 解读社会：文化与结构的路径[M]. 北京：社会科学文献出版社，2004.

[33] 朱炳元，朱晓. 马克思劳动价值论及其现代形态[M]. 北京：中央编译出版社，2007.

[34] [美] 迈克尔・布若威. 制造同意：垄断资本主义劳动过程的变迁[M]. 李荣荣，译. 北京：商务印书馆，2008.

[35] [澳] 马尔科姆・沃特斯. 现代社会学理论[M]. 杨善华，等译. 2

版. 北京：华夏出版社，2000.

[36] [德] 鲁道夫·特劳普-梅茨. 劳动关系比较研究[M]. 张俊华，译. 北京：中国社会科学出版社，2010.

[37] [法] 克洛德·莱维-斯特劳斯. 结构人类学(第二卷)[M]. 俞宣孟，译. 上海：上海译文出版社，1999.

[38] [法] 米歇尔·福柯. 规训与惩罚：监狱的诞生[M]. 刘北成，杨远婴，译. 北京：生活·读书·新知三联书店，2003.

[39] [法] 爱弥尔·涂尔干，马塞尔·莫斯. 原始分类[M]. 汲喆，译. 上海：上海人民出版社，2000.

[40] [韩] 具海根. 韩国工人：阶级形成的文化与政治[M]. 梁光严，张静，译. 北京：社会科学文献出版社，2004.

[41] [加] D. 简·克兰迪宁，F. 迈克尔·康纳利. 叙事探究：质的研究中的经验和故事[M]. 张园，译. 北京：北京大学出版社，2008.

[42] [加] 马克斯·范梅南. 生活体验研究：人文科学视野中的教育学[M]. 宋广文，等译. 北京：教育科学出版社，2003.

[43] [美] 艾米莉·洪尼格. 姐妹们与陌生人[M]. 韩慈，译. 南京：江苏人民出版社，2011.

[44] [美] 爱德华·霍尔. 无声的语言[M]. 何道宽，译. 北京：北京大学出版社，2010.

[45] [美] 赫伯特·马尔库塞. 单向度的人：发达工业社会意识形态研究[M]. 刘继，译. 上海：上海译文出版社，2008.

[46] [美] 杰弗里·亚历山大. 社会生活的意义：一种文化社会学的视角[M]. 周怡，等译. 北京：北京大学出版社，2011.

[47] [美] 杰弗里·亚历山大. 社会学二十讲：二战以来的理论发展[M]. 贾春增，等译. 北京：华夏出版社，2000.

[48] [美] 杰克·瑞启曼，等. 青少年暴力理论：抗逆力、危险和保护

[M]. 穆光宗，等译. 北京：中国人口出版社，2007.
[49] [美] 克利福德·格尔茨. 文化的解释[M]. 韩莉，译. 南京：译林出版社，2008.
[50] [美] 赖特·米尔斯. 社会学的想象力[M]. 陈强，张永强，译. 北京：生活·读书·新知三联书店，2005.
[51] [美] 罗伯特·K. 殷. 案例研究方法的应用[M]. 周海涛，等译. 重庆：重庆大学出版社，2004.
[52] [美] 迈可·布若威. 制造甘愿：垄断资本主义劳动过程的历史变迁[M]. 林宗弘，等译. 台北：群学出版社，2005.
[53] [美] 诺曼·K. 邓金. 解释性交往行动主义[M]. 周勇，译. 重庆：重庆大学出版社，2004.
[54] [美] 欧文·戈夫曼. 日常生活中的自我呈现[M]. 冯钢，译. 北京：北京大学出版社，2008.
[55] [美] 乔纳森·特纳. 社会学理论的结构(上、下)[M]. 邱泽奇，等译. 北京：华夏出版社，2001.
[56] [美] 苏珊·S. 兰瑟. 虚构的权威：女性作家与叙述声音[M]. 黄必康，译. 北京：北京大学出版社，2002.
[57] [美] W. I. 托马斯，[波] F. 兹纳涅茨基. 身处欧美的波兰农民[M]. 张友云，译. 南京：译林出版社，2000.
[58] [美] 约翰·洛弗兰德，等. 分析社会情境：质性观察与分析方法[M]. 林小英，译. 重庆：重庆大学出版社，2009.
[59] [美] 詹姆斯·C. 斯科特. 弱者的武器[M]. 郑广怀，等译. 南京：译林出版社，2007.
[60] [澳] 杰华. 都市里的农家女[M]. 吴小英，译. 南京：江苏人民出版社，2006.
[61] [英] 戴维·李，布赖恩·特纳. 关于阶级的冲突[M]. 姜辉，译. 重

庆：重庆出版社，2005.

[62] [英] 安东尼·吉登斯. 社会的构成[M]. 李康，李猛，译. 北京：生活·读书·新知三联书店，1998.

[63] [英] 杰西·洛佩兹，约翰·斯科特. 社会结构[M]. 允春喜，译. 长春：吉林人民出版社，2007.

[64] [英] 马克·J. 史密斯. 文化：再造社会科学[M]. 张美川，译. 长春：吉林人民出版社，2005.

[65] [英] 马克·柯里. 后现代叙事理论[M]. 宁一中，译. 北京：北京大学出版社，2003.

[66] [英] 齐格蒙特·鲍曼. 共同体[M]. 欧阳景根，译. 南京：江苏人民出版社，2003.

[67] [英] E. P. 汤普森. 英国工人阶级的形成[M]. 钱乘旦，等译. 南京：译林出版社，2001.

[68] Antonovsky A. Unraveling the mystery of health: how people manage stress and stay well[M]. San Francisco: Jossey-Bass Publishers, 1987.

[69] Alexander J, Seidman S. Culture and society: contemporary debates [M]. Cambridge: Cambridge University Press, 1990.

[70] Higgins E T, Kruglanski A W. Motivational science: social and personality perspectives[M]. Philadelphia: Psychology Press, 2000.

[71] Buss D M, Cantor N. Personality psychology [M]. New York: Springer-Verlag, 1989.

[72] Haggerty, Sherrod. Stress, risk and resilience in children and adolescence [M]. Cambridge: Cambridge University Press. 1994.

[73] Kirby L, Fraser M W. Risk and resilience in childhood[M]. Washington, D. C.: NASW Press, 1997.

[74] Luthar S S, Zelazo L B. Resilience and vulnerability: adaptation in the context of childhood adversities [M]. Cambridge: Cambridge University Press, 2003.

[75] Kumpfer K. Factors and processes contributing to resilience: the resilience framework [M]. New York: Kluwer Academic/Plenum Publishers, 1999.

二、论文类

[1] 陈佩华. 生存的文化——通过私人信件透视外来工人的生活[G]//清华大学社会学系. 清华社会学评论(2002卷). 北京：社会科学文献出版社，2003.

[2] 李沛良. 论中国式社会学研究的关联概念与命题[G]//北京大学社会学人类学研究所. 东亚社会研究. 北京：北京大学出版社，1993.

[3] 杨国枢. 家族化历程、泛家族主义及组织管理[G]//郑伯埙，等. 海峡两岸之组织与管理. 台北：远流出版事业股份公司，1998.

[4] 蔡昉. 劳动力迁移的两个过程及其制度障碍[J]. 社会学研究，2001(4).

[5] 曾昱. 城市农民工的社会心理探析[J]. 兰州学刊，2004(4).

[6] 陈蓓丽. 宿舍与车间的空间政治——上海外来女工生活体验研究[J]. 社会工作，2009(10).

[7] 陈琳，等. 合肥市329名打工妹抑郁症状及其与社会资本和社会网络的关系[J]. 中华疾病控制杂志，2009(6).

[8] 陈映芳. "农民工"：制度安排与身份认同[J]. 社会学研究，

2005(3).
[9] 关颖.憧憬、追求中的压力与困惑——新生代农民工生存心态调查分析[J].理论与现代化,2011(2).
[10] 郭星华,储卉娟.从乡村到都市：融入与隔离：关于民工与城市居民社会距离的实证研究[J].江海学刊,2004(3).
[11] 何雪松."忍"的述说：新移民妇女在香港第一年生活体验之纵贯研究[J].香港社会科学学报,2006(30).
[12] 何雪松,黄富强,曾守锤.城乡迁移与精神健康：基于上海的实证研究[J].社会学研究,2010(1).
[13] 胡明文,肖玲.农村打工妹与她们的社会网络资本：以江西省为例[J].江西社会科学,2003(7).
[14] 扈海丽.苏南地区外来女性劳动力状况调查[J].妇女研究论丛,1997(4).
[15] 李彩霞.城市经历与女农民工的生育意愿——对武汉市洪山区部分女农民工的个案访谈[J].江南大学学报(人文社会科学版),2005(4).
[16] 李春玲.社会结构变迁中的城镇社会流动[J].社会学研究,1997(5).
[17] 李红琼,黄正泉,梁剑宏.流动农村人口心理困扰成因研究——一种社会互动的视角[J].湖南社会科学,2009(3).
[18] 李培林.流动民工的社会网络和社会地位[J].社会学研究,1996(4).
[19] 刘旗,张冬平.外出务工农村劳动力的性别特征及差异分析——以河南省农村劳动力转移为例[J].农业经济问题,2005(5).
[20] 李强.关于城市农民工的情绪倾向及社会冲突问题[J].社会学研究,1995(4).

[21] 李强. 关注转型时期的农民工问题(之三)：户籍分层与农民工的社会地位[J]. 中国党政干部论坛,2002(8).

[22] 李强. 影响中国城乡流动人口的推力与拉力因素分析[J]. 中国社会科学,2003(1).

[23] 李若建. 女工：一个重生的社会阶层[J]. 社会学研究,2004(4).

[24] 李燕平. 青少年研究的新趋势——恢复力研究述评[J]. 青年研究,2005(5).

[25] 刘俊彦,胡献忠. 新一代农民工发展状况研究报告[J]. 中国青年研究,2009(1).

[26] 刘林平,郭志坚. 企业性质、政府缺位、集体协商与外来女工的权益保障[J]. 社会学研究,2004(6).

[27] 刘倩. 户籍制度背后：打工妹生存状态及社会心理[J]. 中州学刊,2001(6).

[28] 刘取芝,吴远. 压弹：关于个体逆境适应机制的新探索[J]. 湖南师范大学教育科学学报,2005(2).

[29] 吕炳强. 行动历程中的叙事与筹划[J]. 社会,2011(4).

[30] 芦恒. 日常生活与底层的真实表述——评《女工 1970：她们的反历史》[J]. 社会学研究,2008(6).

[31] 迈克・安戈尔(Michael Ungar). 建构高危青少年的抗逆力叙事[J]. 田国秀,译. 首都师范大学学报(社会科学版),2006(6).

[32] 潘毅. 阶级的失语与发声——中国打工妹研究的一种理论视角[J]. 开放时代,2005(2).

[33] 潘毅. 开创一种抗争的次文体：工厂里一位女工的尖叫、梦魇和叛离[J]. 社会学研究,1999(5).

[34] 潘泽泉. 全球化、世界工厂与中国农民工发展的经验教训[J]. 广东社会科学,2008(1).

[35] 戚良艳. 安徽省C县L村外出女工工作生活状况调查[J]. 青年研究,2004(4).
[36] 任焰,潘毅. 跨国劳动过程的空间政治:全球化时代的宿舍劳动体制[J]. 社会学研究,2006(4).
[37] 宋林飞. 城市移民的文化矛盾与社会安全[J]. 江苏社会科学,2005(5).
[38] 宋璐,李树茁. 劳动力外流下农村家庭代际支持性别分工研究[J]. 人口学刊,2008(3).
[39] 谭琳,苏珊,刘惠. "双重外来者"的生活——女性婚姻移民的生活经历分析[J]. 社会学研究,2003(2).
[40] 谭深. 打工妹的内部话题——对深圳原致丽玩具厂百余封书信的分析[J]. 社会学研究,1998(6).
[41] 谭深. 农村劳动力流动的性别差异[J]. 社会学研究,1997(1).
[42] 唐灿. 性骚扰:城市外来民工的双重身份与歧视[J]. 社会学研究,1996(4).
[43] 田国秀,曾静. 关注抗逆力:社会工作理论与实务领域的新走向[J]. 中国青年政治学院学报,2007(1).
[44] 田国秀,邱文静,张妮. 当代西方五种抗逆力模型比较研究[J]. 华东理工大学学报(社会科学版),2011(4).
[45] 田凯. 关于农民工的城市适应性的调查分析与思考[J]. 社会科学研究,1995(5).
[46] 佟新. 对出口导向型工业化过程中劳资关系的研究[J]. 工会理论研究,2006(5).
[47] 佟新. 话语对社会性别的建构[J]. 浙江学刊,2003(4).
[48] 佟新. 女性的生活经验与女权主义认识论[J]. 云南民族学院学报(哲学社会科学版),2002(3).

[49] 佟新，濮亚新. 研究城市妇女职业发展的理论框架[J]. 妇女研究论丛，2001(3).
[50] 外来女工权益保障和生存状况课题组. 外来女工权益保障与生存状况调查报告[J]. 妇女研究论丛，2003(z1).
[51] 王汉生，刘世定，孙立平，等. “浙江村”：中国农民进入城市的一种独特方式[J]. 社会学研究，1997(1).
[52] 韦汉军. 主动性生存方式的日常生活体验[J]. 广西民族大学学报(哲学社会科学版)，2004(z2).
[53] 汪勇. “农民工”称谓的历史演变及其启示[J]. 南京社会科学，2007(11).
[54] 魏万青. 劳工宿舍：企业社会责任还是经济理性——一项基于珠三角企业的调查[J]. 社会，2011(2).
[55] 吴炜，朱力. 宿舍劳动体制对农民工权益的影响分析——以江苏省为例[J]. 中国人口科学，2011(4).
[56] 文军. 从生存理性到社会理性选择：当代中国农民外出就业动因的社会学分析[J]. 社会学研究，2001(6).
[57] 席居哲，桑标. 心理弹性(resilience)研究综述[J]. 中国健康心理学杂志，2002(4).
[58] 席小华，王韶坡. 犯罪少年抗逆力的恢复[J]. 中国青年研究，2006(11).
[59] 谢启文. 阳光边缘处的另样生存——北京青年流动农民的生存状态[J]. 青年研究，2007(5).
[60] 徐敏. 被忽略的再就业主体需求——一次下岗女工劳动力交流会追踪研究所引发的思考[J]. 妇女研究论丛，2001(1).
[61] 严翅君. 长三角城市农民工消费方式的转型——对长三角江苏八城市农民工消费的调查研究[J]. 江苏社会科学，2007(1).

［62］ 严汇，高景柱. 打工妹的身份认同：内涵、根源及影响分析——《中国女工》解读［J］. 山西师大学报（社会科学版），2008（4）.

［63］ 严善平. 中国九十年代地区间人口迁移的实态及其机制［J］. 社会学研究，1998（2）.

［64］ 阳毅，欧阳娜. 国外关于复原力的研究综述［J］. 中国临床心理学杂志，2006（5）.

［65］ 于肖楠，张建新. 韧性（resilience）——在压力下复原和成长的机制［J］. 心理科学进展，2005（5）.

［66］ 余晓敏，潘毅. 消费社会与"新生代打工妹"主体性再造［J］. 社会学研究，2008（3）.

［67］ 余晓敏. 中国打工妹主体性的多元建构［J］. 二十一世纪，2008，108.

［68］ 俞宁. 从文化剥离到文化敏感——从个案工作看精神健康服务中的文化意识转向［J］. 安徽农业大学学报（社会科学版），2006（6）.

［69］ 张帆. 格尔兹的信仰世界［J］. 西北民族研究，2007（1）.

［70］ 张蕾. 精神健康与生活质量———城市弱势群体的社会学关注［J］. 武汉大学学报（哲学社会科学版），2007（3）.

［71］ 郑广怀. 社会转型与个体痛楚——评《中国制造：全球化工厂下的女工》［J］. 社会学研究，2007（2）.

［72］ 郑家学. 女工保护调查——一份沉重的答卷［J］. 现代职业安全，2007（3）.

［73］ 郑松泰. "信息主导"背景下农民工的生存状态和身份认同［J］. 社会学研究，2010（2）.

［74］ 周晓虹. 冲突与认同：全球化背景下的代际关系［J］. 社会，2008（2）.

［75］ 周怡. 强范式与弱范式：文化社会学的双视角——解读 J. C. 亚历

山大的文化观[J]. 社会学研究，2008(6).
[76] 朱虹. 打工妹的城市社会化——一项关于农民工城市适应的经验研究[J]. 南京大学学报，2004(6).
[77] 朱虹. 话语策略与打工妹的城市适应[J]. 南京大学学报，2008(4).
[78] 朱虹. 身体资本与打工妹的城市适应[J]. 社会，2008(6).
[79] 朱考金. 城市农民工心理研究——对南京市 610 名农民工的调查与分析[J]. 青年研究，2003(6).
[80] Brooks R B. Child at risk: Fostering resilience and hope[J]. The America journal of orthopsychiatry, 1994, 64(4): 545 - 553.
[81] Henggeler S W. Multisystemic therapy with serious juvenile offenders and their families[M]// Richman J M, Fraser M W. The context of youth violence: resilience, risk, and protection. Westport, CT: Praeger, 2001: 195.
[82] Johnson J L, Wiechel S A. Introduction to the special issue on resilience[J]. Substance use and misuse, 2004, 39(5): 657 - 670.
[83] Klinger E. Consequences of commitment to and disengagement from incentives[J]. Psychological review, 1975, 82(1): 1 - 25.
[84] Masten A S, Hubbard J J, Cest S D, et al. Competence in the context of adversity: pathways to resilience and maladaptation from childhood to late adolescence [J]. Development and psychopathology, 1999, 11(1): 143 - 169.
[85] Masten A S, Coatsworth J D. The development of competence in favorable and unfavorable environments[J]. American psychologist, 1998, 53(2): 205 - 220.

[86] Mandleco B L, et al. An organizational framework for conceptualizing resilience in children [J]. Journal of child and adolescent psychiatric nursing, 2000, 13(3): 99 - 112.

[87] Garmezy N. Resilience in children's adaptation to negative life events and stressed environments[J]. Pediatric annals, 1991, 20 (9): 459 - 466.

[88] William R B. The role of self-understanding in resilience individuals: the development of a perspective [J]. American journal of orthopsychiatry, 1989, 59(2): 266 - 278.

[89] Staudinger U M, Marsiske M, Baltes P B. Resilience and levels of reserve capacity in later adulthood: perspectives of life-span theory[J]. Development and psychopathology, 1993, (5): 541 - 566.

[90] Werner E. Risk, resilience, and recovery: perspectives from Kauai longitudinal study [J]. Development and psycnopathology, 1993, (5): 50.

[91] Howard S, Dryden J, Johnson B. Childhood resilience: review and critique of literature[J]. Oxford review of education, 1999, 25 (3): 307 - 323.

[92] Grotberg. The international resilience project: findings from the research and the effectiveness of interventions[C]. Canada: The 54th Annual Convention of the International Council of Psychologists, 1996: 118 - 128.

[93] Rutter. Resilience concepts and finding: implication for family therapy[J]. Journal of family therapy, 1999, 21: 114 - 119.

三、统计资料类

[1] 国务院人口普查办公室. 中国 2010 年人口普查资料[M]. 北京：中国统计出版社，2012.

[2] 国家人口和计划生育委员会流动人口服务管理司. 中国流动人口发展报告(2011)[M]. 北京：中国人口出版社，2011.

附录1　外来女工抗逆力访谈提纲

一、基本资料

1. 您家里面总共有几口人？是否有兄弟姐妹？都是做什么的？

2. 您在上海跟谁一起住？（重点关注与同住人的关系，以及住房的来源）

3. 您除了工作之外，平时不忙的时候主要做些什么事情？

4. 怎么会选择出来打工，为何会选择来上海？来上海之前去过别的地方工作吗？（注重从时间脉络了解她们的打工历程）

5. 上海给您什么样的感觉呢？在上海生活跟老家相比有何不同？上海人跟老家人给您的感觉是怎样的？（注重从文化层面加以挖掘）

二、个人能力方面(抗逆力要素)

1. 您对未来的工作和生活是否有目标？

2. 如果有，您有没有信心达到？

3. 能否看到自己的未来？对自己的未来有没有具体的计划？

4. 在上海的这几年是否遇到一些困难？能不能具体说一下。您觉得自己是否可以应对困难？（重点关注被访谈者对困境的界定）

5. 遇到困难，会灰心或失望吗？

6. 处于困难时，是否觉得好时光快要到了？（重点关注被访谈者对困境的解读，特别是主观感受）

7. 现在，您觉得压力大吗？

8. 通常，在遇到事情需要做决定的时候，您会怎么办？

9. 您生活有规律吗？是否按照计划生活？是否善于安排自己时间？

三、家庭（如何影响抗逆力过程）

1. 您和家人是否经常联系？如果在上海，每天都会交流吗？

2. 是否与家人在生活重点上有共识？是否有冲突？是否尝试化解？（重点关注差异性，并尝试了解打工对生活重点界定的影响）

3. 遇到困难时，家人是否都会看好将来，觉得将来有希望变好？（家庭抗逆力、家庭文化和价值观）

四、社会支持（如何影响抗逆力过程）

1. 目前，您有没有比较要好的朋友？在上海吗？朋友多吗？（重点关注对朋友的界定）

2. 您是否善于交朋友？与新认识的人能找到交谈的主题吗？

3. 您刚来上海时，您是否适应？如果不适应，怎么解决的？

4. 与同事等关系如何？融洽，为何？有冲突，为何？

5. 您是否能感觉到有人在关心你？有家人或朋友给您帮助吗？

6. 如果家人遇到困难，您是否很快会发现？如果您处于困难之中，家人是否会及时关注您？（关注家庭反馈，对成员问题和需求的敏感性）

7. 您有关系密切的朋友吗？他们肯定您的能力吗？您遇到困难，他们会帮助您吗？

五、总体感受

1. 您觉得自己现在和外出打工之前，有哪些变化吗？（关注外出打工造成的影响）

2. 如果让您恢复到以前在农村的生活，您愿意吗？

3. 城市生活可能遭遇更多问题，也可能带来更多变化和压力？您怎么看？您准备如何应对呢？

4. 对自己今后的生活有什么打算？

附录 2　主要被访谈人名单

M1：沈某，21 岁，来沪时间 4 年，安徽淮北人，初中学历，未婚，纺织厂车工

M2：陈某，20 岁，来沪时间 1 年，安徽宣城人，高中学历，未婚，轴承厂质检员

M3：李某，47 岁，来沪时间 9 年，湖北蓟州人，小学学历，已婚，电子厂车工

M4：张某，19 岁，来沪时间 1 年，江西上饶人，技校辍学，未婚，纺织厂车工

M5：袁某，19 岁，来沪时间 1 年，四川巴中人，初中学历，未婚，电子厂操作工

M6：叶某，26 岁，来沪时间 4 年，四川成都，高中学历，已婚已育，电子厂操作工

M7：田某，22 岁，来沪时间 5 年，安徽淮南人，技校辍学，未婚，纺织

厂班长

M8：钱某，22 岁，来沪时间 3 年，安徽安庆人，高中辍学，未婚，纺织厂品检员

M9：孙某，51 岁，来沪时间 12 年，安徽六安人，初中学历，已婚，铆钉厂车工

M10：赵某，47 岁，来沪时间 22 年，江苏盐城人，小学未毕业，已育，化工厂操作工

M11：方某，40 岁，来沪时间 4 年，湖南岳阳人，高中学历，二婚，铆钉厂操作工

M12：杨某，29 岁，来沪时间 5 年，安徽六安人，初中学历，已婚已育，玩具厂仓管员

M13：毛某，26 岁，来沪时间 1 年，江苏扬州人，本科学历，未婚，纺织厂班长

M14：林某，24 岁，来沪时间 1 年，河南周口人，初中学历，未婚，纺织厂操作工

M15：叶某，23 岁，来沪时间 1 年，江苏淮安人，大专学历，未婚，电子厂操作工

M16：刘某，23 岁，来沪时间 2 年，江苏淮安人，中专学历，未婚，电子厂操作工

M17：徐某，29 岁，来沪时间 6 年，四川宜宾人，初中学历，已婚已育，电子厂操作工

M18：吕某，47 岁，来沪时间 4 年，湖南岳阳人，初中学历，已婚已育，电子厂操作工

M19：李某，26 岁，来沪时间 7 年，安徽合肥人，初中学历，已婚，电子厂操作工

M20：姚某，45 岁，来沪时间 12 年，江苏淮安人，初中学历，已婚已

育，化工厂操作工

M21：郑某，22 岁，来沪时间 7 年，安徽淮北人，技校辍学，未婚，纺织厂质检员

M22：施某，21 岁，来沪时间 2 年，安徽马鞍山人，技校辍学，未婚，纺织厂操作工

M23：凌某，32 岁，来沪时间 8 年，江苏盐城人，大专学历，已婚已育，单证处理员

附录 3　访 谈 记 录

M1 访谈记录

1. 访谈员：何时来上海的呢？一开始在哪里工作呢？

答：2008 年我的第一份工作就在虹梅路工业区的工厂，那时候我才 17 岁，我妈妈和亲戚都在上海的这家工厂上班。所以，他们让我去上班我就去了。我觉得上班就上呗。我在的那个工厂是生产手套的。刚进去第一个星期的时候是没有工资的，等学会了就有计件工资。

2. 访谈员：一般几点上班？上到几点呢？

答：8 点上班，后来改为 7 点半上班，下午 5 点吃饭，10 点下班，后来是 9 点。11 点吃中饭，12 点后开始上班。搞得挺复杂的，工作 13 小时。

3. 访谈员：那时候你工作 13 小时是怎么想的？

答：没有怎么想，当时自己也就小嘛，反正让我干就干呗。真的没有怎么想我为什么要干这么长时间。没想，所以没有这个压力，在这就是在这。就是说你根本就不想这些事情。

4. 访谈员：有没有觉得时间太长？

答：有时候也觉得时间挺长的，也有点累。关键第一吧，我到别人厂里，我不熟悉，我要适应新的环境；第二吧，我现在做得好好的，挺过来了。因为小，也就不敢出去闯嘛。后来一直在那里干了一段时间。不过也会觉得有压力。

5. 访谈员：你觉得压力是什么？

答：每个人都有压力，只不过每个人的感觉不一样，可能是不太一样。而且有些人不习惯说出来，他觉得还是有的。就看怎么看，有些人这个事情就这样了，兵来将挡，水来土掩，事情在进行，大家都是一样的。主要是压力大小的问题。就像工作，工作你要看别人啊，我看那边工资高，就可能要到那边去工作。我是这么觉得的，工作中的不愉快也是一种压力。我这个年龄，我们聊的话题是关于现状的，包括交男朋友、生活方面的，或者就是我今天干什么事情了。比如，我今天又被老板或者经理给骂了一顿，等等，被说不好好干。

6. 访谈员：刚工作那会儿知道劳动法吗？

答：以前不知道。现在当然知道。

7. 访谈员：那什么时候知道的，工作了多久才知道的？

答：这个都记不起来了，离开这个工厂才知道了。其实一直知道有这个东西，模糊地知道有维护劳动者的法律，但是不知道具体是什么东西，只模模糊糊地知道。

8. 访谈员：挣多少工资？

答：第一个月挣得少，因为干得慢，后来就慢慢多了。因为计件的，多干多得。后来第一个月就是 300 多块。

9. 访谈员：当你离开这家厂的时候，你拿多少钱？

答：2 600 元吧，还是 2 400 元。

10. 访谈员：这个收入在工厂算什么水平？算多算少呢？

答：算少的。反正现在也差异不大。

11. 访谈员：收入和时间的关系是怎样的呢？

答：差异不大，钱上稍微多一点，时间也稍微长一点，下午7点半上班，到8点半就算加班了。顶多加一小时，我还记得我以前加到11点的。

12. 访谈员：加班费怎么算？

答：有加班费的，但是加班费不高，几块钱一小时，然后照样计件。

13. 访谈员：有过抱怨吗？

答：有过，就是抱怨不干了。有时候觉得工资不行，有时候觉得挺烦人的，一直都是那个时间、那个环境，出去玩的时间也少。一个星期顶多给两天不加班，淡季就不加班。

14. 访谈员：加班不加班有得选吗？

答：没得选。如果实在不想加班也有办法，我就说有事，就是加班没有加班费，我就找理由，说今天出去有事啊，我哪个亲戚来了，我要出去办急事。

15. 访谈员：请假向谁请？

答：厂长，或者就是车间主任。

16. 访谈员：你觉得厂长对你们怎么样？

答：就是有的领导厉害些，有的领导会迁就你。比如说我们厂长会觉得，人都喜欢听好话，他就会说：今天你们辛苦一下，货出来我们一定休息，我请你们吃饭怎么样？就算他不请，这个话说出来，我们会觉得这个厂长会做人。之前一个车间主任，让我们往死里加班，真的是往死里加。但是他出货出的量多，很紧凑，一般领导级的人物是不一样的。我接触过两个车间主任，第一个主任会催活，他会觉得这样公司受益就会比较多。然后那个车间主任，出货就是紧紧凑凑。之前那个提前出货，那就意味着前面的出货多，我们的收入就多。出货量少，我们的收入就少，但是人舒服一点。双方面的受益都是有的。关键要看人，厂里面有两种不同的人，比如像南方来的，或者像我们年轻一点的，就觉得什么加班不加班的，少加一天也不要紧的，少上一天班怎样？你就不在乎那么一点点东西。但是年龄大的就不一样。早晨起得比我们早，回来得比我们晚，体力还没有我们好，我们从来就是在外面吃早饭，他们从早饭到晚饭，在厂里吃喝，基本不花钱。除非是一些日用品，还挑最便宜的，员工的思想是不一样的。我们想，哪个好就买哪个，就算不是最好的，也是差不多的。

17. 访谈员：你现在的钱如何支配？

答：我的钱全交给妈妈，我只要拿一点生活费就好。一般一千块之内，有时四五百元。

18. 访谈员：这些钱如何消费？

答：我个人最大的开支是日用品、衣服，其他的就是零时花费。

19. 访谈员：你从第一份工作开始就交钱给妈妈吗？

答：从始至终，我是唯一的一个将所有钱都交给妈妈的，在朋友中唯一的一个，因为我是单亲。我家里有妈妈和小妹妹，大妹妹还在读书。我觉得没有什么事情过不来。

20. 访谈员：你有没有经历过现在想起来仍觉得很困难的事情？

答：碰到了不知道多少事，我在实习的时候，跟师傅的时候，那真是不堪回首，那真是煎熬，我可以用煎熬来形容，既艰辛，工作量又大。

21. 访谈员：比起现在？

答：呵呵，我的一天从 7 点开始，开始烧水，烧 4 瓶水，要花 1 个小时，然后 8 点左右开始工作，那时候我 17 岁，我怎么可以要求自己这么多。以前在家里，我从来没有早起过床。闹钟闹到我差点把手机摔了。我气得那样子，但是我也很迷糊。

22. 访谈员：那你觉得是什么让你接受这份工作呢？

答：我没有办法选择，我跟我妈说，我不会没有出息地回来，我必须要学好手艺。因为这个话已经说出去了，因为赌气，我当时觉得不是一件很大的事情。我当时耳根子软，就听了。然后8点开始做早饭，然后叫她们起来吃饭。

23. 访谈员：作为学徒工，有钱吗？

答：没有。师傅家很苛刻。我还有个师姐。我只是觉得压抑得不行。

24. 访谈员：觉得压抑的时候有什么排解的方法？

答：没有排解的方法，你说我连出都出不去，有什么排解的方法啊？

25. 访谈员：那你怎么办？这样的感觉经历了多久呢？

答：一年！整天就吵架，一天不吵架我就难受。

26. 访谈员：吵了之后什么感受？

答：至少我自己舒服一点，我在那边也认识了几个朋友。我想出去玩一下，但是没有空啊。你说7点钟上班了，本来就很烦了。师傅有事没事跟我妈说一下，说我整天玩手机不工作。我妈又没收了我的手机。

27. 访谈员：手机被拿走了，你怎么办呢？

答：我能怎么办呢？我只能任他们摆布。我是没有办法，我跟我妈夸下海口了，我家里的条件也一般，我也不能给他们增加压力啊。必须自己承受，我从来都是报喜不报忧的。然后，他们就抓住这一点，跟我妈说我这个不好，那个不好。我的手机还没有被收掉的时候，手机一响我就害怕，我怕我妈打电话给我。我就怕自己哪个地方做得不好，惹我妈生气了。那段时间每天都是很恍惚地过来的，不知道怎么过来的。这一天中午忙到12点吃饭，然后忙到下午5点，话不准你多说，事不准你多知道。我一天基本就不说话，自己承受的东西太多了，压得太多了，现在我没有什么不能承受了，第一年的打击对我已经很大了。那一年我都能够承受下来，我还有什么不能承受的？别人承受不了的，没承受过的，我都承受过了。师傅家，那种苛刻，那种人在屋檐下不得不低头的感觉，压抑的感觉，寄人篱下的感觉，我……我已经都成这个样子了，我真的已经把自己搞得不像样了。我觉得自己第一年出来的时候，就不是一个人，是一个鬼。走在人群中，怎么就这么飘呢？怎么就这么渺小呢？太渺小了。然后经历的那些事情让我很压抑，还有就是失去亲人的痛苦，所以我说我没有什么不能承受的，我 16 岁，我爸爸就走了，后来我毕业了就没有再上学了。

28. 访谈员：如果你爸爸还健在，生活会是怎样的呢？

答：会比现在舒服得多了，我也不会去打工，受这些窝囊气，这话我都没跟人说过。我曾经说过我爸要是在的话，我们姐妹过得就像公主似的。

29. 访谈员：你爸爸一直是你家的顶梁柱？

答：那是的，那必须是的。后来就不行了。

30. 访谈员：所以你可能也觉得自己是大姐嘛。

答：那肯定的，所以一般到了工作结束的时候，下午 5 点多了，我继续干活，然后回宿舍洗澡睡觉。

31. 访谈员：你说过你有与世隔绝的感觉？

答：相当有。我一年都没有看电视，也没有上网，相当 out。家人觉得上网这些事情不好。我现在还能清晰地看到那时的画面。有时候我自己很快地闪过一个念头，我这个到底是经历过还是在拍电影呢？你都不相信？我自己都不相信自己能够走过来，太可怕了。

32. 访谈员：那这段经历带给你什么呢？

答：其实怎么说呢，带给我很多，人经历了许多，就会看清楚世界。我觉得我现在看社会的话比以前会清晰很多，不会那么模糊，不会不知道自己到底要什么。

33. 访谈员：那你觉得自己要什么呢？

答：其实我也不知道自己要什么，想要做到什么程度。但是我看世界比以前要清楚，以前看世界很模糊，不知道自己要干吗。现在我可以知道这件事做完了，下一件事我可以做什么。但是以前不会，一件事也不知道怎么做。而且我现在发现所有的人都是不一样的。所以说这可能就是人的一个成长。但是有时候觉得成长还是挺模糊的。

34. 访谈员：什么叫成长挺模糊的？

答：有时候我经常在想，这些事情是我经历过的吗？我也经历过这个事情吗？我不想去谈，就想说这个不是我所经历的东西。所以这个成长很艰辛，现在想想，有时清晰有时模糊。

35. 访谈员：那段经历有带给你不好的感受吗？

答：那肯定是有的。想想那时那种很压抑的感觉。被说怎么怎么样？后来想想，我怎么都得反抗，当时不敢，其实也是不想，觉得太没有必要了。其实现在想想，以后我自己发达了，我再去看你们。你知道每天夜里12点睡觉、次日凌晨6点起来的感觉吗？我连6小时都睡不满。有时候都不能保证。

36. 访谈员：你会打瞌睡吗？

答：会啊。怎么不会，我把自己糟蹋得都不像个人了，人很瘦。没有手艺可以学的，但是我有报恩之心，所以我才会做两年。我突然想走了，我可以用“逃”这个词来形容，我妈把我劝回来一次，我说不干了，我妈又把我劝回来了。我说好，我为你一次，然后说为我自己一次，再为我妹一次，我妹要上学。然后第六次，我所有的人都为过了，我就伤心了，绝望了，我找不到理由了。我的确没有理由了，我为自己逃了一次。我早就想把厂都砸了，他们向我吹胡子瞪眼。第二天，我招呼也不打就走了，我发信息给我同屋子的人，说我不来了。完了以后，我就关机。我妈也不让我见朋友，她说担心我接触到坏朋友。我的老板觉得我第一次跑回来了，第二次又回来了，这次也会回来。后来，我还是走了，去了另外的工厂打工。

37. 访谈员：工厂包吃住吗？

答：这个倒是包吃住的。包吃包住意味着我有个免费住的地方，三个人住一个房间。我不喜欢很多人一起住，所以我会选择小一点的房间。顶多两到三个人。我觉得这个要看跟什么样的人住。

38. 访谈员：晚上聊天吗？

答：有时候会。

39. 访谈员：做了一年后，离开的原因是什么？

答：离开的原因，我是这么觉得的，一直待在工厂里是没有出息的。就算你赚再多钱，如果你觉得在那边根本没有空间可以发展，那你干吗不走，在那里干什么？我的一个朋友说，她在搞网线的一家厂工作，她三天就上手了，三个月后，她跟干了七八年的老员工一样工作，她觉得没意思就辞职了。老板知道她的生产量很大的，就问她为何辞职？她说，我有什么发展空间？我三个月一过已经和老员工一样的工资了，一样的生产量了，其他的也不关我的事，那我在这里干吗？只是一个转折而已。

40. 访谈员：那你觉得你自己来上海，为了什么？

答：大家过来就是为了挣钱的。赚的钱都已经最高了，人肯定是一山看着一山高的呀，对吧？你要说我的工资到了最高水平，我总要想今天挣100，明天就想挣200的呀。那如果在这里我挣不到两百块，我肯定要出去挣了。

41. 访谈员：来上海核心的原因是什么？

答：还是挣钱。

42. 访谈员：还有别的吗？

答：还有就是见到的人不一样，交的朋友不一样。人都是不一样的，老家的人肯定和上海的人不一样的。

43. 访谈员：老家现在不出来打工的人有吗？

答：据我所知，也有，但不太多。

44. 访谈员：你怎么理解你的工作？

答：各人都有各人的工作，就比如我现在做的工作，很多人不理解。

45. 访谈员：你妈妈呢？

答：他们肯定理解啊，跟他们说好的。这个事情他们看得通透。

46. 访谈员：通透是指什么？

答：我就是凭自己的本事吃饭。我很晚下班，我辛苦过来的。很多人不理解，只要自己觉得工作好就行，这是一种历练。

47. 访谈员：人际关系重要吗？

答：重要啊，只要跟大家合得来一点，不要吵架什么的。我也跟车间主任吵过架。但是工作归工作，我干活还是可以的。争吵过后，大家还都是朋友。我不管到哪里工作，大家都喜欢我，背后说人是非的事情从来不会想到我。

48. 访谈员：厂里给你买保险、签合同吗？

答：没有。

49. 访谈员：如果厂里跟你签合同，你签吗？

答：那要看合同里写的什么，都有些什么政策。如果没有大的保障，我肯定不会签的。如果让我没有自由，不管如何，比如你不能想走就走等，我觉得就是限制我的自由，我本来可以干得不开心就想走就走。

50. 访谈员：你对未来有担忧吗？

答：暂时还没有。

51. 访谈员：对接下去五年有规划吗？

答：基本上没有想过。我不会说，我今天、明天一定要做什么。就算是定了一定要做的事情，也是真的一定要做的事情。我就是顺其自然，比如在工资发之前，我从来都不会去想，这100元我干什么，200元我干什么，工资还没有发呢。我从来不计划，该怎么办就怎么办，经历了这么多事情，我觉得在这个世界上也没有多大意思。我感觉很黑暗的那种……然后他们说这是一种心理疾病。因为我看到很多灰暗的东西，没有光明的东西。我觉得现在我尽力而为，不留下遗憾。我不会去计划，今天要怎样，明天要怎样，我就顺其自然。我基本没有想过以后一定要干吗。我现在唯一想的就是把我妹妹供出大学。她成绩挺好的。要看她的造化，我觉得这个世界上一切都是安排好的，该怎么样就是怎么样的。所以我没有计划，搞得没有意思。今天这么过了，今天就这么过了，该怎么过就怎么过。

52. 访谈员：你碰到麻烦事，一般找谁？

答：那要看什么事情，我要是碰到什么麻烦事，一般就找我妈。即使她不一定能解决，但是至少我不想让她担心。有什么事，我会跟她商量。不过有一件事我瞒着她了，我去年谈了个男朋友。我这么多年什么事情都经历过，比如说，我有一些很痛苦的事情，看到的东西跟同龄人不一样的东西，不过在男女朋友方面还是空白的。我后来就说我发现自己没交过男朋友，我就交了个朋友，他是我的初中同学，其实也没有什么事。现在分开了，原因很多，我本身就不怎么喜欢他，后来谈了两个月，我就觉得没有意思，他的想法老是跟我不一样。可以这么说吧，我的思想比他前卫，很多事情不需要做，就不做了，他跟我不一样，老套世俗。

53. 访谈员：能举个例子吗？

答：我们 11 月份分手的，快到年底了，他就老是提订婚、结婚的事儿。我在 25 岁之前不会结婚的，更别说订婚了，这不可能的。现在我想，一个人生活也挺好的，他的存在其实跟我的生活没有太大关系，就是多了个男朋友的头衔，他也不是我要的那种类型，没有什么出息，还软弱，我想还是算了吧。我反正也不喜欢他，还是我同学呢。我这两年的日子过得多悲哀。

54. 访谈员：那对未来的生活还有信心吗？

答：能活着就是最大的信心了。我觉得这两年折腾得够呛，我也不想去折腾些什么东西了。对生活、对工作的看法改变了。在工厂的工作稀里糊涂的，整天就是奔着那个工厂，觉得工厂能挣钱就去了，没有什么自己的思想。现在我可以一个人到哪里都可以，说实话我见到很多人，不会出去就被人骗了，被人骗的不一定都是笨蛋，有时聪明的也会被骗，笨蛋还不一定被骗。但是我跟师傅说，我愿意给你管，你才管得住，不然你就管不住。我有很多朋友，家里人和师傅都不知道的。我从来不知道90后叛逆是什么心理，我哪里有心情去叛逆，你整天累得爬也爬不起来，哪里有时间去叛逆。

55. 访谈员：你对家庭的看法是什么？

答：除了家庭外我什么都没有，亲人就是我现在的唯一。我一直有这样的感觉，我是个很顾家的人。

56. 访谈员：你有没有特别铁的朋友？

答：有的。家里的事情，都是关于我要做的事情，比如工作、购物，关于钱的事情，比如我要买个手机什么的，我会跟老妈说资金怎么周转。比如，我需要买东西，一些家里面的事情，我会找妈妈。但是工作中的困惑以及心情不好的事情，我会跟朋友说。我的朋友大部分都是在老家认识的，因为我不想太多地跟那些没有深交的人交流想法。我有几个很铁的老家的朋友，但也不多，与他们的情感交流比较多。我的好朋友中，男生比较多一些，女孩子少一些，玩得铁的也是比较少的。

57. 访谈员：你来上海之前有没有想过这里的生活会是怎么样的呢？

答：我没有想过来上海是怎样的？我从一个熟悉的地方到一个不熟悉的地方肯定会担心：我在这个陌生的地方会怎样？要怎么办？当然我妈在这边可能会好一点，但是还是会担心。但我又想别人打工，我也打工，都是打工，我也能行吧。开始肯定会有担心，因为你到了一个陌生的环境，你根本不熟悉，你放不开，没有办法随心所欲。

58. 访谈员：你碰到了这么多事情，是否会觉得以后的生活会越来越好呢？

答：嗯。想过吧。应该说，只能说想过，具体来说，也就顺其自然。

59. 访谈员：你说过，活着就是最大的目标。

答：是的。有些东西只是想想，只是脑海中的一个提纲，哪天有可能的时候去实现它。

60. 访谈员：我访谈过的很多人中，有不少人觉得工作比读书更开心，你怎么看？

答：没有，我不这么觉得，工作是必须要的，学习也是必须要的。但是两种感觉是不一样的。读书可以选，读得进去就读，读不进去就算了。但是工作你没得选，你不可能说不想干了就不干了。有时候是被逼无奈，人只要是在被逼无奈的情况下，真的是，我实话实说，为什么抢银行的都是在无可奈何之下，我如果有其他本事，我为什么要去抢劫？社会上有些东西比较无奈，不一定说坏人一定坏。我看到的人比较多面，大家都是有好有坏。

61. 访谈员：我觉得你很能干，如果你有机会，你一定能干得很好。

答：不会吧。生活的确很沉重。生活真的是很沉重的。

62. 访谈员：为什么这么说呢？

答：因为我亲身体会到了生活有多沉重啊，对不对？你有没有体会到你突然没有钱了会怎么办？你有没有经历过每个月的工资发了以后你要怎么安排？要考虑买哪些东西？你要怎么节省？你没有体会到，所以不一样的。不管是现在，还是小时候，条件都不是很好。也没有钱，我就是一个穷鬼。你可以把生活过得有滋有味的，对不对？钱如果来得很容易，你就不会觉得生活会很沉重的，你会觉得钱可以这么花，虽然钱少了一点，但是也可以花得有滋有味的。虽然小时候不懂事，有时还会没事打打架什么的，就觉得开心。打架的时候可以过得有滋有味，闲着无聊也可以过得有滋有味，不需要我一定要多有钱，不需要说我要在学生中一枝独秀，或者在同学中长得很漂亮。还有一种东西叫自信。我不漂亮，但是我自信还是有的。至少不会说，我不敢出去，或者不敢跟人家比较什么的。

63. 访谈员：其实有时候，我倒是没有什么自信。

答：你不知道自己出去能干什么？会干什么？因为你太安逸了。人啊，我们经历过很多事情，经历过就可以承受得了事情，就算我哪天成了暴发户，万一哪天我又没钱了。痛苦肯定有的，但是我有自信，我有信心。经历过这些事情，我可以再一步步往上爬。就像有人生活在天堂，突然“啪”一下掉下来，一天给你几十块生活费，你就傻眼了。其实这种事情是找不到的，是经历到的。

64. 访谈员：你害怕吗？

答：害怕啊，我是在没有任何准备的情况下，经历了这么多东西。你做好准备了遇到各种问题还会有压力，何况我们从来没有做好准备就遇到了这么多问题。

65. 访谈员：你能承受吗？

答：还行吧，我觉得没有什么过不了的事情。什么事情都能过，就看你怎么想。对着那些整天说这个世界太残酷的人，我就觉得现实不是从嘴巴里说出来的，现实是要去面对的。不去面对现实，行吗？每个人的生活都不同，有的简单，有的复杂。每个人还是要生活在自己的生活里，你要想着自己怎么生活，不要因为别人怎么生活，自己非要怎么生活。我没钱，没人砸死我，说不定钱在银行长霉斑了，所以别想太多。

66. 访谈员：你愿意付出很大的努力去获取成功吗？

答：我当然愿意。我当时会有一点害怕的，但是我一定要去做。你走出第一步的时候很困难，让你很煎熬。但是从第一步开始迈的时候，就一直在想迈出去还是怎么样？有时候就下去了。以后只要我迈出第一步，基本上能挺下来的我都挺下来了。实在没有办法挺下来，我才会放弃。其实很多事情看起来蛮难的，实际上也不难。心里有点恐惧感很正常的。生活安逸是一种福气，可以好好生活，为何要去经历苦难，我们是被逼无奈，应该说是生活所迫。我一般有什么事情，我想说就说，我不会憋在心里，我愿意透露，老憋在心里多痛苦。有时候也会憋，比如说委屈啊，我的第一份工作就是报喜不报忧。但是我没有办法。我告诉我妈有用吗？她只会担心。生活就是那么回事，干吗要矫情？自己活自己的。

M2 访谈记录

1. 访谈员：何时来上海的？

答：2010 年，因为老爸老妈在上海，所以我来上海的。因为父母在这边，所以我就来了。

2. 访谈员：老爸老妈在哪里上班？

答：我老妈在超市上班，我老爸现在还在老家，过一段时间来上海。他们 1992 年就来上海了，原来的工作比较稳定，就一直在上海打工，现在因为年纪大了，工作就不太稳定了。这几年他们的变化太大了。

3. 访谈员：那你以前在哪里读书？

答：我在上海读了小学，然后回去读中学。

4. 访谈员：你是哪里人？

答：安徽宣城人。

5. 访谈员：来上海十年有什么感觉？

答：没有什么感觉，因为小时候在这里待久了，感觉又回来了。

6. 访谈员：喜欢上海吗？与老家有什么区别？

答：还行。这个不好说，上海比较发达，但是干我们这行，与其他人接触得很少，现在还是认识老家那边的人多，老家有很多朋友。

7. 访谈员：住宿吗？平时休闲时间干什么？

答：休闲就是在宿舍里待着。

8. 访谈员：在上海交的朋友多吗？

答：也蛮多的。

9. 访谈员：与老家的朋友交流多吗？

答：多的，主要是同学。跟老家的同学交流很多，每年都有同学聚会，一般都在我们县城办。

10. 访谈员：你家有几口人？

答：我和我哥还有爸妈，我哥在部队，今年是第三年，他又签了三年。

11. 访谈员：你会一直留在上海吗？你父母呢？

答：近几年我可能会留在上海，但是我父母过几年还是会回老家的。

12. 访谈员：你是否跟父母探讨过留在上海的理由？你留在上海的目标是什么？

答：现在只是暂时的，以后准备开店，开店之前肯定要做准备。

13. 访谈员：上海是你的第一站吗？

答：不是，第一站是无锡，因为同学都到那里去的。

14. 访谈员：现在做什么工作？

答：质检，轴承你知道的，就是每天放在机器上听它的声音好还是不好，好的话就可以放过去了，不好的话就放在另外一边。就这样，感觉很枯燥。工作是计件的，要看准确率。因为这个工作没有人说话，一个房间就你一个人，没有人说话的。唯一的就是中饭、晚饭的时候有个人可以说说话。不然就是回宿舍，什么事情都没有。每天早上7点到晚上6点。

15. 访谈员：你的一天是怎样度过的呢？

答：有夜班，也有日班。那时候刚从学校出来，上班更"熬"不住。受不了，那个时候觉得自己不适合在那里上班。

16 访谈员：下了班干什么？

答：回宿舍，休息。

17. 访谈员：出来两年了，对自己有信心吗？

答：有啊，那是必须有的，要不然怎么出来上班呢。

18. 访谈员：出来之前，对自己有信心吗？

答：那个时候也做过临时工的，因为假期在家也没有什么事情。我就在饭店打工，我初中刚毕业也做过暑假工作。高一也没有回家过寒假，就在我们县城打工。

19. 访谈员：你是怎么想到在假期打工的？

答：我也没有怎么想过，因为就觉得打零工挺好的，也挺轻松的。

20. 访谈员：这段经历带给你什么呢？

答：就是我觉得上班也挺轻松的。但是真正出来之后感觉完全不一样的。以前打寒暑假工不是为了挣钱，就是为了玩，现在出来上班就是为了挣钱。其他没有想过。

21. 访谈员：现在的工作状态与之前来上海有区别吗？

答：有区别，原来我就在想上班很轻松的，每天就是把自己该做好的事情完成。但是现在发现即使做好了，有的人也不满意，反正很努力地做，也没有人说你好。以前在做寒暑假工的时候，即使做得不好，他们也说做得好。也可能是因为那时候人小。

22. 访谈员：有压力吗？

答：挺有压力的，压力主要来自工作量，现在也有很多同龄人，总是觉得有一种不能被别人比下去的感觉。

23. 访谈员：读书有压力吗？

答：读书不怎么好，没有觉得一定要怎么样。现在觉得要尽力而为。反正生活就是要轻松一点，不要给自己太大压力。

24. 访谈员：一般多久跟你爸妈联系？

答：一个星期联系一次，有时候我打给他们，有时他们打给我。

25. 访谈员：如果你碰到一些事情，你一般找父母还是朋友讨论？

答：分情况。现在长大了很多事情都不跟他们说，说得多的还是原来的朋友。

26. 访谈员：工资交给父母还是怎么？

答：我会交一部分给他们，剩下的自己花掉。

27. 访谈员：平时开销在什么地方？

答：平时不知道怎么花钱就没有了。我其实还没有感觉到，钱包就慢慢瘪了，我每次花钱都有这样的感觉。因为我不怎么喜欢逛街、买衣服什么的。

28. 访谈员：在上海碰到过难事吗？

答：很难的事情就是找第二份工作，感觉找了好几天也找不到，觉得很难。我就心里下定决心，这次找到工作不能轻易走了，因为找到工作不容易啊。其他的，老是换新地方，都要适应的。

29. 访谈员：对未来有计划吗？

答：真的没有想过。一两年还是会在这家厂的，但是计划赶不上变化，也许过几个月想法不一样了。因为我这个人说的事情马上就会去做的，稳定性很差的。

30. 访谈员：你喜欢变化？

答：同事们都说我善变。

31. 访谈员：来上海两年对你有什么影响吗？

答：倒没有什么改变，就是比以前更成熟了。以前在学校很幼稚，现在至少做事情之前会思考，以前根本就不会。

32. 访谈员：爸妈对你有要求吗？

答：他们对我没有什么要求，踏实工作就行。因为我以前老是换工作嘛，他们就觉得不能这样下去。找到一份好工作，就不需要再换了。

33. 访谈员：找工作会考虑哪些原因呢？

答：我也就换过两次工作，第一家是因为工资低，第二家是因为可以离我爸妈近一点。

34. 访谈员：来上海之前，是否考虑过会碰到什么事？

答：我没有怎么想过，那个时候，我爸妈他们叫我过来的。因为毕竟那时候还小，什么事情都必须听他们的。

35. 访谈员：你觉得在这里工作辛苦吗？

答：还可以。

36. 访谈员：你家是农村还是小县城？农村人和城市人做事有区别吗？

答：区别的话反正我也不太清楚，因为我与城里人接触少，我就觉得农村人比较踏实，要做什么事情就会去做，城里人就不会这样。

37. 访谈员：你业余时间喜欢做什么？

答：我喜欢听 Beyond 的歌曲，不仅是因为他们唱得好听，更是因为歌词很棒。他们那种精神很难得。

38. 访谈员：你觉得什么精神很难得？

答：以前他们在香港的时候，因为黄家驹的性格比较急，得罪了很多人，但是因为他的那种才华，会让很多人嫉妒他。反正就是很好，说不出来哪边好？我觉得就是“打不死的精神”，不管别人对他们如何，他们都不会屈服的那种。

39. 访谈员：你什么时候会去听他们的歌？

答：我小学的时候，因为我哥哥喜欢听他们的歌，我就去听了。我打算今年去香港祭拜他们。

40. 访谈员：你觉得你这个计划能实现吗？

答：能啊，我已经计划一年了。6 月是最重要的，要是香港没有黄家驹，我是不会去香港的。

41. 访谈员：如果你觉得不开心你会怎么做？

答：我会听歌，我是什么事情都闷在心里的那种，然后就很不喜欢说话。我会听 Beyond 的歌，所有的歌都喜欢。不过我这个人生气时一会就好了，只要没人理我，我一会儿就好了。

42. 访谈员：什么事情是你不能忍的呢？

答：这个我还没有碰到过，我还没有碰到过那种发脾气、摔东西的事情。还没有到那种跟人家吵架的程度。我脾气很好。

43. 访谈员：你不开心时，你爸妈看得出来吗？

答：就算我不开心，也不会让他们知道的。反正就是一会儿就过去的事情，不要什么事情都往心里去。假如我真的很生气，一两天也就好了。所以我的朋友把我弄生气了，一两天我就好了。

44. 访谈员：在休息的一天中，你会干什么呢？

答：有时会去朋友那里玩玩。

45. 访谈员：干什么呢？

答：我一般都是陪他们逛街。其实我们逛街都是吃好吃的而已。

46. 访谈员：你觉得有一天你会定居上海，还是怎么样？

答：应该不会在上海定居，毕竟家在安徽嘛。第一是房价太贵了，第二如果真的嫁到上海的话，家里那些亲戚也会疏远掉。我不想这样子，所以我肯定会回去的。

47. 访谈员：对你来说，亲戚重要吗？

答：很重要，是意义上比较重要。亲戚毕竟跟爸妈有血缘关系，其实我也觉得朋友可能会陪你一辈子。亲戚的话，除了与我老妈那边的舅舅舅妈走得比较近以外，与大伯大妈不怎么亲的，反正我就是觉得不能忘记。

48. 访谈员：这是你自己觉得的吗？

答：我自己觉得，我现在过年都回去的。我觉得亲戚就是亲戚。

49. 访谈员：你老爸老妈希望你回去吗？

答：也都希望我回去。

50. 访谈员：你出来打工的意义是什么？

答：别说我俗，出来就是为了挣钱。

51. 访谈员：现在出来的人多吗？

答：以前很多，现在反而少了。留在老家的很多人肯定也想出来的，但是可能他们的父母不让他们出来。如果我爸妈在农村，他们肯定也不想我出来。

52. 访谈员：为什么这么说？

答：父母总希望孩子在身边可以多些照顾，因为一个小女生出来父母总是不放心的。我有很多女同学，她们都是留在老家的，我问过她们为什么不出来，她们回答是因为谈恋爱什么的，会瞎玩，所以父母不给出来。

53. 访谈员：你内心深处想出来吗？

答：还是想的，在老家实在是挣不到钱。

54. 访谈员：你们老家还有地吗？

答：全都承包给别人了，自己还剩下一小块。主要是承包给别人种树，跟梧桐树类似，当木材卖的。那种树长得很快，是用来做家具的。

55. 访谈员：打算什么时候结婚？

答：25 岁吧，结婚之前都是自由的，结婚之后就不一样了。因为结婚后想出去玩，总会有人管着你，要找的话也要找一个兴趣相投的人，最好是老家的。

56. 访谈员：除了听歌，还有什么兴趣？

答：我会弹吉他，因为喜欢 Beyond。我们歌迷经常聚会，我过生日的时候收到很多歌迷的礼物，有特产、小礼品等。别人生日我也寄礼物，我过生日的时候，还有人来看我的。Beyond 的歌迷很多，歌迷团中也有知心的朋友，我们可以在网上沟通，也可以打电话聊聊。人家说喜欢 Beyond 的人都没有什么坏心眼。

57. 访谈员：合同对你意味什么？

答：合同就是一种保障，不过其实只要老板好，签不签合同也无所谓，如果老板不好，签合同依然没有保障。现在的老板很好，我们现在一荤三素，在别的地方只包一顿饭，现在的老板包两顿。

M3 访谈记录

1. 访谈员：什么时候来上海的？

答：我来上海很多年了，我 2003 年来上海的。

2. 访谈员：之前去过什么地方？

答：海南。

3. 访谈员：老家哪里？

答：湖北的蓟州。

4. 访谈员：怎么想到去海南呢？

答：我先生是木工，到海南五六年，他一直跟工程队做装修。我到上海才开始到工厂上班的。因为海南的装修生意一直不好，在上海的老乡又说上海还可以，我们就在 2003 年来上海了。我们来的时候正好赶上徐家汇的港汇广场装修。

5. 访谈员：那你就是跟着老公走南闯北了？

答：是的。没有办法，就是跟着老公走了。

6. 访谈员：2003 年来到上海，对上海的感觉怎么样？

答：我感觉一点都不习惯，因为在海南待了很多年，那里空气好，生活节奏也慢。在上海这边吃东西等方面都不习惯。我们每年过年都要回家，好像在这里永远不能过年。现在时间长了还可以。上海的治安比海南好多了，我们 1993 年到海南去的，海南的治安一点也不好，打架杀人的事情太多了，我也亲眼看到有人被打死了，死者是四川人，也没有人管的。

7. 访谈员：以后会回老家吗？

答：回老家(毫不犹豫)。

8. 访谈员：家里有几个小孩？

答：两个，大的是女孩，小的是男孩。大的已经结婚了，反正就是顺其自然了。我的女婿是安徽的，他们俩是在上海认识的。我女儿高中毕业就工作了，当时想学理发，以后自己开店。我先生是木工，自己找了施工队，又干起木工来了，但是我做小工肯定不行吧，我就到工厂上班了。那家工厂的一个车间主任是我老公在老家的好朋友，我就一直在这家工厂工作。他们问你们在海南不是做得蛮好吗？我想主要是来上海闯一闯。当时车间主任想让我做一点管理方面的工作，我说自己干活可以，管理不行，因为我的文化程度低。我学历太低了，初中都没有毕业。我们兄弟姊妹五个，两个兄弟，三个姐妹，哥哥、弟弟和小妹读书读得好，我和大妹就没有怎么读书。那个时候我们读书成绩还是可以的，但是家里经济困难，没有钱读书。我说我跟你做最简单的事情，我做事还可以，让我动脑子可能就不行了。

9. 访谈员：这么多年对自己有信心吗？

答：我对自己还是很有信心的，我一边做一边学，在厂里先扫了一个月的地，然后车间主任就让我负责切割。那个时候，厂里都是比较年轻的人，都是学校刚毕业的。我刚开始工资900多块，现在已经4 000多块了。我们都是计件的。但是我老公那时候开始分心了，他觉得老婆收入还可以，就不愿意多干活。他原来是有钱人家的少爷，养成了比较懒散的习惯。他干什么活，都希望我陪着，要我督促。要是没有我陪，他就没有信心。按照我这个年龄，我能挣这点钱就可以了。我老公就是不能吃苦，要我一直坐在旁边。现在我孩子大了，也结婚了，公公婆婆也帮着他们看店。我儿子也出来了，比较调皮，连高中都没有毕业，现在就跟着姐姐、姐夫做。他们做巴比馒头，加盟的，每年的加盟费都要增加3万块。要是地段好的话，一年可以赚30万块钱。因为我女婿去年跟他舅舅一起投资的，去掉所有开支，各赚15万元。

10. 访谈员：你在这里工资还可以吗？

答：最低3 500元，我算是这里最老的工人了。

11. 访谈员：现在有压力吗？

答：还好吧。自己还是比较操心，操心孩子的事。我上班没有压力。按照农村的习俗，在外面就是赚点小钱，孩子他们也还可以。这次我先生没有出来，我们之前是在镇上买了房子，现在我们老家的老房子还有地基，我们还要再修一套，等以后儿子结婚了，他想住在哪里都可以。

12. 访谈员：对将来的五年有何打算？

答：今年就是想把房子修好，让儿子结婚。然后看他的打算，如果想要做点小生意，我们就把积蓄给他，如果不想做生意，那就去打工，看他有什么打算，我们就帮他计划。如果他生了孩子，我就帮他带孩子，做好家务。

13. 访谈员：你觉得人的一生辛苦吗？

答：当然辛苦啦。因为没有像人家那样做大生意赚大钱，只能凭自己的努力修房子，帮他们安置啊，等等。他们生孩子，就帮他们带孩子。我现在年龄大了，一晃已经50岁。

14. 访谈员：对生活满意吗？

答：对儿子吗？

15. 访谈员：对你自己的生活？

答：我自己对自己满意的，我觉得就是凭自己的能力做就蛮好的。

16. 访谈员：你觉得自己对家庭的贡献怎么样？

答：我觉得贡献蛮大的，我女儿嫁的人好，女婿好，不需要我担心。可怜天下父母心，女儿过得不好，我也担心啊。我儿子现在正在帮女婿干，还给分红，所以就不需要操心，我女婿说等他们结婚了，就帮小舅子开个店。他们店里现在有他们的婆婆公公在帮衬，亲戚那里合伙也不是长久之计，多少会有点矛盾。我就说我下了班有空就可以来帮忙。

17. 访谈员：你在上海知心朋友多吗？

答：原来有一两个在第一家工厂工作的朋友。我这个人有个特点，就是跟别人的性格不一样，我到上海这么多年就没有认识什么朋友。

18. 访谈员：那你有个什么心事找谁诉说？

答：一般就是打电话回去，我姊妹五个，我一般就是打电话跟我弟弟商量，再有就是我妈妈。我什么事都说给弟弟听，我哥的事情比较复杂，一般的事我都不找他。

19. 访谈员：跟兄弟姐妹的感情怎么样？

答：我就是跟小弟、小妹的感情比较好，跟大妹的关系一般。今年，我回家过年还跟大妹吵了一架。我一跟大妹讲话，就容易讲气话。我就是有时候讲给我妈听，让妈评评理。我妈就让我不要计较，听我妈说话，我就没脾气了。不让我妈妈操心的事情，我就跟妈妈谈谈心，如果有一些操心的事情，我就跟我弟弟讲。

20. 访谈员：你现在怎么住？

答：我住在宿舍里，我们四个女的住一间房，里面条件蛮好的，有管道煤气，有热水器，住得还蛮舒服的。一开始有点不习惯，因为原来我都是跟老公一起住的，现在住宿舍有点不习惯。怎么说呢，反正没有在自己租的屋里那么自由，我要特别注意，各方面都要注意。习惯了其实也是一样。

21. 访谈员：这么多年的走南闯北带给你什么感觉？

答：我不知道自己是苦日子过来的还是什么，孩子小的时候，我们在农村吃过好多苦头。

22. 访谈员：你觉得最艰苦是什么时候？

答：最艰苦的时候，是我刚刚结婚的时候，各种事情都要操心。我们一结婚，我老公家就跟我们分家了，给我们两间瓦房，当时算好的。后来我就怀上了女儿，那时候自己也年轻，想吃什么，想买什么就去买，那时候生活还算好。后来第二胎就生了儿子，儿子 5 个月时，乡下有农田，正好是农忙，我跟老公说，爸妈两边都有农田，我们只能自己来。最多，我妹妹过来帮我一两天。我早上要收稻谷，让她烧个饭。我干到肚子饿得走不动，我回到家，老公还在睡觉，儿子在哭。最艰苦的时候，就是孩子小，又要干农活。就是经常背着孩子种地、割稻，或者把孩子放在田埂上，我种地。我当时那个气啊。我那时就跑到大妹那里去，我不去我妈那里，因为怕她担心。我们就这么扛过来了，儿子3岁了，我们就去海南了，田就不种了。这样才一步一步过来了，我女儿就在我妈妈那里了。因为我妈妈是种蔬菜的，哥哥的孩子在福建，弟弟还没有成家，所以我的孩子就在外婆家住了。我爸妈也受了很多苦，我女儿从5岁开始就一直在我妈妈家，一直上到高中。我弟弟也有两个小孩，那时候我女儿已经大了，还可以帮着看看。我儿子一直带在身边，后来在上海的一所中学读的书，初中读完了回老家上高中，后来没有继续读。就这样子，儿子的学习都是我们给耽误的，先在海南上过学，后来转到上海，又转到老家。上海的教学质量高，他说他回去比老师还懂，所以他不想读了。在我们身边的时候，他的成绩还可以的，后来在老家找的高中还是比较好的。但是就是读不下去了，这就是代价吧。

23. 访谈员：在老家不出来的人多吗？

答：不多，现在像我们这样年纪的，还有比我们年轻的，都出来了。都混得挺好的，都修了洋房，有的还买了小车。我们那边出来做生意的也多，有人是做黄沙生意的，都是在上海买房子、买车子。在我们村庄里的，做早点的比较多，比如巴比馒头基本上都是我们湖北人在做。我们家好几个亲戚都是做小生意的。小生意的投入其实也大的，我们有点吃力。再怎么节约，我一年也只能省3万块钱。

24. 访谈员：你现在一个月的消费多少？

答：一个月最多花五六百元，不像年轻的时候，看到衣服、鞋子非买不可。现在不行了，年龄大啦，反正在工厂上班，一般就可以了。人有多大的能力就做多大的事情。我有的时候在想，人的能力是非常有限的。

25. 访谈员：你的朋友是老家的多还是工厂的多？

答：都不多，因为我不是一个心计很多的人，也不喜欢花言巧语，所以有时候有点害怕。所以我一直不是很开朗，我比较偏内向。

26. 访谈员：农村和城市有哪些不一样？

答：现在像我们那里开发得也挺好的，如果在外面太辛苦，现在也可以回老家，我们那里的路也修得很豪华了。我们的土地全部被收掉了，全部修了厂房，我们都有名单，也可以过去上班。

27. 访谈员：消费呢？

答：老家那边还是稍微留了一点地，可以种一点稻谷，种一点菜，自己可以种着吃。如果不想种，就到外面挣钱。在城市里面，消费实在太高，你想都别想，像我们这样在工厂上班的，只能回到老家去，我们老家2006年买的房子，共花了16万，现在翻了一番，就是我老公在家里修个房子也要25万。我跟他算了一下，我们上下200平方米，外筒要15万，再配个10万的装修。

28. 访谈员：是不是你们那里在外面挣了钱都要回老家盖房子？

答：是的。回家修房子对我们很重要，像我儿子要结婚，至少要两套房子。我跟爸妈的想法不一样，我跟孩子的想法肯定也不一样。像我女婿自己买了小车，他过年开车回去，我女婿是安徽九华山的，从他家到我家8小时就够了。我儿子也有这样的想法，我说现在谈也别谈。

29. 访谈员：你家有冲突吗？

答：有时候跟我老公有冲突，他比较懒，所以我就比较辛苦。我一直有自己的想法，就是在工厂好好干也蛮好的。

30. 访谈员：你转过厂吗？

答：这么多年当然转过。第一家厂老板太抠了，吃的东西太差了，那个大米煮的饭有一股陈米的味道，很难吃的，真的吃不好，计件工资也低。所以，我就让女儿从网上找新的工厂。

31. 访谈员：跟同事的关系怎么样？

答：我们同事之间感情比较好。他们经常叫我大姐的。

32. 访谈员：休息日你们一般怎么安排？

答：正常情况下，是一个月休息两天，倒还不觉得累，因为习惯了。反正就是每天12小时，计件的。其实一切习惯了就好。

33. 访谈员：年轻的时候有过什么设想吗？

答：年轻的时候我就想，我们有了本钱就做点小生意吧。但是后来就尝试去开店，我老公不让我开，但是我还是开了，我就先签了合同，装修好了才告诉他，然后就开张了。做什么事我想做就做了，好多事情我一跟他商量，他是不会同意的。我也没有觉得自己有多大能耐，就是觉得要尽力而为，有把握就去做。我经常对自己说自己文化水平有限，自己只有这个能力，没有想太多太大的事情。我就说有点钱就要去安排，再就是想以后在乡下修个房子，这个目标也快实现了。

34. 访谈员：什么事儿最让你开心？

答：只要孩子过得好，我就开心。还有就是希望我和老公身体健康，我们就买了养老保险和医疗保险。我们在老家也买了政府的保险，退休了可以拿1 000多块钱，现在每人每年交2 000块，我们这个属于农村合作保险。以后自己老了做不动了，就自己存钱给自己养老。我还有点私房钱，我就自己存，我儿子不知道的。我就这么一点点能耐。不过我感觉还算满意。在农村就是这么一代接着一代拼下来，我就想着把孩子安顿好了，再存点养老钱。年后，我可能就不干了，以后可能要帮儿子打点了，他今年就要结婚了。

35. 访谈员：平时下班你做点什么？

答：帮我女儿做包子啊，卖包子啊。这我会的，我卖包子不要太快哦。我不会讲上海话，但是我能听懂上海话。

M4 访谈记录

1. 访谈员：你来上海多少年了？

答：两年。去年在服装厂工作。

2. 访谈员：你初中毕业就来上海了？

答：是的。我家里人也在这里。

3. 访谈员：你家里兄弟姐妹几个？

答：我哥哥，还有我。

4. 访谈员：你哥哥出来打工了吗？

答：我哥哥肯定出来了，我哥哥比我大三四岁的样子。一开始也跟我爸爸做生意，后来他觉得没意思就自己出去打工了。他不想和爸妈在一起。

5. 访谈员：老家在哪里？

答：江西上饶。

6. 访谈员：你今年几岁？

答：19 岁。

7. 访谈员：那你是哪一年出生的？

答：你是说身份证上的吗？我是 9 月份生的，我们那里一生下来就算一岁，然后比如说第二天过年就两岁了。

8. 访谈员：去年来上海有什么感觉？

答：反正跟爸妈在一起也没有觉得有多苦。

9. 访谈员：现在呢？

答：现在住宿舍，不过还是离爸妈很近，离我爸妈的水果批发市场很近。

10. 访谈员：来这家厂多久了？

答：快一个月了。感觉这家厂不自由，我原来工作的服装厂比较小。

现在这家厂管理比较严格，时间有限制，不能偷懒。

11. 访谈员：时间有限制是指什么？

答：比如有时候很晚了，我想下班，但是不能下班啊。

12. 访谈员：你现在几点上班？

答：7点，加班再说。

13. 访谈员：现在适应吗？

答：挺适应的。

14. 访谈员：你觉得这份工作能干下去吗？

答：我觉得现在比较充实一些。上班一天一会儿就过去了。我同学做别的工作也都很辛苦。他们都在工厂里做衣服，一般都是十来个小时，不过也有双休的。

15. 访谈员：那他们觉得怎么样？

答：还可以啊，他们觉得比读书好。

16. 访谈员：你觉得现在辛苦还是读书辛苦？

答：我觉得读书辛苦，我一上课就想打瞌睡，再加上学习又不好，更没劲了。如果学习好一点的话，可能还能坚持下去。每天老师一上课，我就想睡觉。我就不想读书。从小我就惧怕老师，对老师有种恐惧感。

17. 访谈员：你现在住在宿舍习惯吗？

答：我觉得比我住在学校的宿舍好多了。我在初中开始住校，我们十个平方米的房子住十几个人。拥挤得很。

18. 访谈员：现在你们几个人住？

答：一室一厅住六个人，因为我是后来的，就住大厅，跟一个小姑娘上下铺，里面住了四个人。

19. 访谈员：你想过接下去一两年有何打算吗？

答：我想要么就一直做下去。

20. 访谈员：你觉得有什么压力吗？有让你紧张的事情吗？

答：没有，其他人都说我能吃能睡，什么事都不想。

21. 访谈员：真的是这样的吗？

答：我也是这么觉得，我在南汇的工厂工作的时候，也没有压力。

22. 访谈员：有签署过合同吗？你觉得合同是什么？

答：我所理解的合同就是老板为了不让你走而签订的。到底合同是什么我不知道。我没有见过，也没有签过。我觉得合同就是你在工作，老板怕你走，然后怎么怎么样而签订的。我就觉得合同就是老板为了拴住我们。

23. 访谈员：如果你知道合同也是保护你的，你会签吗？

答：我会的，因为之前我真的不知道。之前我去一家厂面试过，他们要求我签合同，然后要收押金。

24. 访谈员：要收多少呢？

答：2 000 块，要签三年。我说你不必这样，如果我真的要走，你是拴不住我的。

25. 访谈员：那你知道工厂开除你、辞退你要赔付工资吗？

答：我不知道。我从出来到现在，一共做了两份工作，我也不知道合同是什么东西。

26. 访谈员：来上海的时候，你害怕吗？

答：不害怕，我第一份工作是我哥哥帮我找的，第二份工作是我自己找的。我第一次上班的时候，我突然想到，哇，我竟然上班了，我还没有做好心理准备呢。

27. 访谈员：你第一天上班有什么感觉？

答：我感觉自己突然长大了，感觉自己不是在学校的时候了。这种感觉我也说不出来，怎么就突然长大了。我在学校不喜欢读书，但也没有想过将来要干什么。我虽然不喜欢读书，但也没有想过突然就工作了，我就是想玩。我们初中上 13 节课，我觉得一天时间很松的，我学习成绩不好，天天吃完饭就躲到寝室里去。有很多人问我不读书后悔吗，我说一点也不后悔。一毕业就出来了，就开始上班了。

28. 访谈员：那上班时间怎么样呢？

答：我们上班时间很早，7 点前就上班了，我们 6 点就起来了。我觉得挺辛苦的，我一开始从学校出来是 122 斤，后来工作了半年就只剩 108 斤了，可能是太累了。不过我觉得比学校好，好玩多了。而且我一直觉得自己胖，所以自己不用节食就可以变瘦也很开心的。在学校里我成绩不好，觉得考试和学习压力太大了，就想着拿着谁的卷子抄抄多好啊。

29. 访谈员：你一个月最多的时候能拿到多少工资啊？

答：2 500 元多一点吧，没有超过 3 000 元，最少 1 200 元。

30. 访谈员：最不开心的是什么时候？

答：被老板骂。做得不好会挨骂，比如有一些小细节。我在一家厂上班的时候，就被老板骂过很多次。我老板经常找我谈话，他一找我谈话，我就心惊胆战的，我虽然说有压力，过一两天就忘了。我会安慰自己，下次注意点就是了，不用那么难过。其实我这个人心比较放得开，我不会老去想它。

31. 访谈员：这几年有没有碰到啥难事？

答：其实读书最苦，经常睡不着。睡不着的时候就想，我以后工作怎么办啊？学习压力也有，比如如果明天考试，我就睡不着。

32. 访谈员：工作之后还会失眠吗？

答：现在躺在床上就睡着了。我也不知道是什么原因。有可能与家庭因素有关，我爸妈感情不好，老吵架，我在老家也看不到他们，也很担心他们两个会吵起来，弄得我读书也没有心思。有时候，我打电话给我老妈，只要发现声音不对劲，就知道他们又吵架了。现在我在他们身边了，就没有那么担心了。我老爸很没责任心，他喜欢赌博，所以我很讨厌他。他想着法子偷钱，现在钱都赌完了，还怎么赌，他就是玩赌博机。这些都影响了我对婚姻的看法。

33. 访谈员：你觉得在上海会受到歧视吗？

答：会的。我刚到上海的时候，在我爸妈开的水果店看店，就认识了一个上海女孩，我们就成了朋友，有时候一起玩，一起逛街。有一次我们吵架了，本来也没有什么。但是她就骂我乡巴佬、土包子，我觉得特别伤自尊，所以我以后就对上海没有好的印象。我现在的朋友大多数都是老家的，比较放心。

34. 访谈员：来上海前想过会有什么困难吗？

答：没有想过，我就是个四肢发达、头脑简单的人。老板问我想过在工厂工作是怎样的吗？我就回答没有想象过。我说你们说怎么样就是怎么样。

M5 访谈记录

1. 访谈员：你是哪里人？来上海多长时间？从事什么工作？

答：我是四川巴中人，我 2010 年来的上海，在电子厂工作。我 17 岁就出来了。

2. 访谈员：17 岁，还是个小孩呢？

答：我也觉得自己是个小孩，但是没有办法，如果在学校，我也感觉无忧无虑的，但是出来就不一样了。出来了就踏入社会了，外面的人没有学校那么单纯的，出来就不是那么回事了。出来了什么人都有。我们工厂 30%的员工在 20 岁以下，25～28 岁的可能占 50%以上。

3. 访谈员：能介绍一下家里人的情况吗？

答：我爸妈很早就来上海了，他们也是来打工的，所以我小学是在上海念的。他们现在在上海。然后我回老家读初中，初中毕业后我就出来工作了。我姐也在工厂上班。

4. 访谈员：上海给你什么样的感觉呢？

答：其实也没有什么，因为我在上海待了六年呢，其实还是比较熟悉的，不过三年之后再来，还是觉得陌生。我爸妈就想让我在他们身边，好好管教我，我就进了电子厂。我刚从学校出来的时候，什么都不懂，然后进厂之后感觉很累不想上班，就觉得很想读书哦。

5. 访谈员：你的一天是怎么样的呢？

答：8 点上班，5 点半下班。之前是 12 小时的班头，7 点半上班，上到夜里 8 点，这样的情况持续了两三个月。

6. 访谈员：加班时间怎么会变短了呢？

答：因为工厂装了自动机，原来是手工操作的。自动机来了之后就不需要你操作了，很快的。

7. 访谈员：收入有变化吗？

答：肯定有变化呀，因为你平时有加班啊。如果加班每月拿 3 000 多块钱，一天 12 小时，如果不加班大概是 1 500～1 700 块。

8. 访谈员：你在那家工厂是计件还是计时的呢？

答：有时计件，有时计时的。每天要上满 8 小时，做到一定的工作量。其实不大可能超量的，因为工厂基本上都是核算好的。如果你做 5 个，我必须也要做 5 个。

9. 访谈员：如果让你选，你希望加班吗？

答：我希望少加一点班，少拿一点钱。

10. 访谈员：这是你的想法，还是大部分人的想法呢？

答：年纪大一点的人，上有老下有小，都希望加班多挣点钱。不过我上没有老，下没有小。家人还资助我一点，我就不想加班。我现在就住在家里，上有老下有小啊。

11. 访谈员：为何要出来工作？为何到上海？来上海之前去过别的地方工作吗？

答：我初中毕业之后就出来工作了。我在学校的时候也不是很听话的那种，很调皮，怎么说呢，我爸妈喜欢我在他们身边，他们能管住我。当然从我内心深处，我也是想来上海的。其他地方我都没有熟人啊，我去了也不知道怎么办。

12. 访谈员：工作带给你什么感觉？

答：烦！天天被管着，怎么说呢，进工厂是没有自由的，比如我今天想去干吗都是不行的。你必须做完，下班了才可以去干。累还不算累，不过身上某些部位有些累。而且每道工序都不一样的。有的很累，有的不累，这个没有办法选择，是厂里分配的。岗位有差异，要想做轻松的岗位是有办法的，就是走后门，就可以换轻松一点的岗位。我做手机电脑里的零件，我做的是第一段工序，工作不危险。但是因为要使用机器操作，还是有一定的危险。不过这个要自己注意的。我们也接受过三天的学习，我们是签合同的。我们从劳务所招进去，所以是跟劳务所签的合同。合同里就是写基本工资什么的，还有厂里的一些规定，也缴综合保险。

13. 访谈员：签不签合同你介意吗？

答：我不介意啊，真的，签合同有保障吗？除非这家工厂倒闭了，不然如果我没有犯什么错误，你就不能开除我。对啊，你不要我，要给我一个理由，除非给我钱。

14. 访谈员：那这样听来合同还是挺不错的，你为何觉得不重要？

答：我也不知道，可能是心理作用吧。不过有时候想想，合同也好，里面怎么写的，我们就怎么办。还有就是，我生病了，我有病假，应该可以报50%，但我们那个厂把这个算事假，这个让人很火大。按劳动法的规定，我有病假，不可能算是私事的。我看过劳动法，我也看过劳动法方面的书。

15. 访谈员：你觉得学这个有必要吗？

答：肯定有必要了。

16. 访谈员：谈谈你离开工厂的理由。

答：我提前半个月辞职就可以，我对自己说不可能在工厂干一辈子啊。我得学一点什么技术，我不可能一辈子在工厂打工吧。老板挣十块，你最多挣一块、五毛，老板不可能给你一半利润啊，谁愿意给谁打工啊。还有就是工厂没有自由。

17. 访谈员：对自己有信心吗？

答：我感觉我只要想做好一件事情，我都肯定会去努力的。我在工厂做了半年，正好过年了，可以休息半个月，我就想找个临时工干，我休息也是在家里玩，我还不如找个临时工干，我就在网吧当收银员。

18. 访谈员：你怎么会想到这么做呢？

答：我觉得在家里也是很无聊的，自己挣点零花钱吧。我们家在老家买了一套房子，我爸患脑出血，我爸妈已经花了一栋房子的钱了，但是还是要买房，不可能我爸妈在外面打了十几年工，什么都没有吧。这次过年赚的 1 500 元就是我自己用啦。我跟爸妈说了，如果我继续在厂里工作，我还是会把工资给他们的，因为房子还需要装修，这是最基本的。因为我爸妈在工厂工作，工资也不是很高，什么时候才能把房子的钱还清，我姐姐也是给爸妈钱的。

19. 访谈员：有没有目标？有的话，有没有信心达到？

答：我就想认真把技术学好，不管怎么说，我会尽自己最大的努力的。

20. 访谈员：目前有没有朋友？在上海吗？朋友多吗？

答：朋友有很多，但是我们老家的朋友很少，因为走的地方都不同。上海安徽人比较多，所以我的朋友都是安徽人比较多一点。

21. 访谈员：你是否善于交朋友？能否与新认识的人能找到交谈的话题？

答：我可以很快认识朋友，我个性比较开朗。

22. 访谈员：和家人是否经常联系？如果在上海，每天都会交流吗？

是否与家人在生活重点方面有共识？

答：我感觉差不多吧，我爸妈对我的要求就是要听话，自己管住自己，我对自己的要求也是这样的。我感觉我爸妈老是不放心我。我性格比较外向，如果遇到好人就好一点，遇到坏人就会被带坏的，我自控能力很差。

23. 访谈员：有没有想到如何去提高自己的自控能力呢？

答：我就会尝试想想我妈、我爸，我自己心里就不会做那些事。

24. 访谈员：遇到困难，会灰心或失望吗？会向别人寻求帮助吗，比如朋友、家人？

答：我没有碰到过什么困难。因为我父母在上海啊，我现在还有依靠。如果我父母不在上海，也许情况会不一样。因为现在还有依靠，我心里感觉比较踏实，因为有爸妈。

25. 访谈员：对于在上海的工作经历，有什么感想？

答：这个我也不清楚，也得看情况，计划不如变化。

26. 访谈员：上海给你什么样的感觉？

答：我们老家看到的都是山，但是我在上海也见怪不怪了，因为我小学已经在这里待过了。

27. 访谈员：上海人对外来的人有歧视吗？

答：也分人，有些人很好啊。我在工厂里碰到一个上海人就很好啊，但是有的人就不行，见人就吼，看你不顺眼就骂。

28. 访谈员：不同年龄的人关心的话题一样吗？

答：聊天的内容不一样，年轻人喜欢聊怎么玩、怎么吃，结过婚的人一般谈的都是家庭。

M6 访谈记录

1. 访谈员：你是哪里人？什么时候来上海的？从事什么工作？

答：我是成都遂宁人，2008 年来到上海，一开始在一家超市工作，帮人家卖饰品，那时候底薪就是980元，拿提成的话大概1 000多元。半年后，又去了一家工厂，每天一般做8小时，但是也经常加班，工资大约2 000多元，在工厂工作没有在外面做其他行业好。有时候，有种见不了天日的感觉，虽然不是很累，反正就是埋头就这么做。但是我不喜欢这样子，我喜欢在外面上班、做生意或者什么，你会有很多空闲的时间跟别人聊天，感觉稍微自由一点，在工厂里面就这样不停地做。

2. 访谈员：能否谈谈家里的情况？

答：我家就我和我弟弟，我弟弟大学毕业分到深圳那边去了；我爸妈在家里做一点小生意，但是很辛苦，他们都是收粮的。我老公是二婚，他带了个5岁的孩子，我自己的孩子3岁。

3. 访谈员：现在怎么住？

答：我租住在农房，现在住的地方不是很好，但是消费超高，比成都高很多。这里租房很贵，不过这边人的素质比较好，我在广东坐车的时候，基本上没有人让座的。但是这边的人好像很主动地让座。

4. 访谈员：是否有不适应？

答：这倒没有，这边的收入比成都差不了多少，但是消费高很多，但是这边的待遇比较好，比如包吃包住。治安也比家里好。

5. 访谈员：为何要出来工作？为何来上海？来上海之前去过别的地方工作吗？

答：因为那时候我要结婚了，老公一家从2002年开始就在上海了。他也是我们老家人。我以前在广东佛山打工，进厂工作，我们老家很多人在佛山，我在一家电子厂工作。因为亲戚都在那边，那边有人，我就去了。刚到佛山觉得很新鲜，我们住的地方条件不是很好。那时候，我是租房住，工厂虽然包住但我没有住，因为我阿姨他们已经租房了，我就跟他们住了。

6. 访谈员：对自己有没有信心？

答：以前没有，确实没有，因为我老公长得还可以，他妈妈的要求非常高。当时我跟他结婚的时候，我也没有谈过恋爱。他们在上海开了家网吧，感觉很有钱的样子，也在老家买了房。他原来的女朋友也很厉害，所以他们家看不起我。我们是家里介绍的，所以认识一个月就结婚了，他妈妈也很挑的。对工作，我还是可以的，因为我比较满足于现状，反正我的工作我好好做就可以了。压力好多是来自家里的。现在慢慢好一点了，孩子大了，大的那个要上学了。然后他看到学费，小孩子吃零食、穿衣服都要花钱，顿时觉得压力来了。我对大的也还可以，他妈妈也就慢慢接受我了。

7. 访谈员：有没有目标？有的话，有没有信心达到？

答：我一直在想女人都爱美哦，所以我就超想开个日化店。

8. 访谈员：你有没有设想过大概要多少时间实现这个目标？

答：应该也不会很快的。

9. 访谈员：能否看到自己的未来？对自己的未来有没有具体的计划？

答：前一段时间，我老公准备找门面开店，但是觉得门面比较贵就放弃了，我就想如果是我肯定会坚持下去，因为毕竟是自己的生意，但是他不这么想。

10. 访谈员：有没有朋友？在上海吗？朋友多吗？

答：外面的朋友不多，我老公有很多朋友，我认识很多，也玩得很好。自己的朋友有是有，但很少。

11. 访谈员：有没有可以倾诉的朋友？

答：有的，就是在易买得后面的群租房里有几个，在成都我也有很多自己的朋友，现在也会跟他们联系。

12. 访谈员：和家人是否经常联系？如果在上海，每天都会交流吗？

答：我们一般联系还可以的。至少一个星期打一次电话。因为我过生日、过节的时候我妈妈会打过来，但是我一般会先挂掉，再打回去。

13. 访谈员：遇到困难时，家人是否都会看好将来，觉得将来有希望变好？

答：我以前碰到问题的时候，就会经常对自己说，一定要看在孩子的分上，然后怎么怎么样？以前吵架的时候，我老公也会说，不想让两个孩子没有妈妈。如果在工作上，我会对自己说，我自己做得不好，我这个人很容易说服自己，我告诉自己要坚强一点，找到原因，即使做不好，只要是对的，也会去做。多数时候，我都会想到这些问题是我自己的问题。

14. 访谈员：会跟家人产生冲突吗？

答：嗯，说真的，我爸妈还经常资助我们的。过年我买礼物给爸妈，他们要的，如果是现金，他们是不要的。黄金之类的东西也不要，他们在镇上也买了房子。我爸妈心肠特别好，心疼我，不要我们的钱。其实我在老家的日子一直挺好的，我爸妈一直说他们吃了很多苦，不希望我和弟弟再吃苦。我读高中的时候，都是借钱上的，但是我爸妈对我们还是很宽容的。

15. 访谈员：家庭开支是怎样的？用在自己身上的开销是多少？

答：我们四口之家是分开消费的。我用在自己身上的钱很少，因为除了买化妆品，一般要用很久的，我一般都很少给自己买东西。因为现在有两个小孩，很多都给他们买。我买衣服、买化妆品一年大概在几千块钱的样子。除了生活费，其他很少。如果我买衣服的话，应该不会很贵。

16. 访谈员：结婚前你的消费是怎样的呢？

答：我每个月都月光。刚开始结婚的时候，我老公经常讲我，好像我是很能花钱的那种。我在婆婆面前都不敢吃零食。我记得当时夏天的时候，我喜欢吃点西瓜，经常提半个西瓜给婆婆吃，买了两三次之后，我婆婆就说我很能吃的。

17. 访谈员：你生活有规律吗？是否按照计划生活？是否善于安排

自己的时间？

答：如果我有目标，我会按照目标去做的。我一般定的目标都不会很高，我对我自己的情况很清楚。

18. 访谈员：现在的生活，符合你未到上海时的期望吗？对现在的生活满意吗？

答：有一点变化，我刚来上海的时候，我丈夫刚跟第二个女朋友分手，跟第一个老婆分开也没有多久，好像那时候他们又在老家镇上买了房，经常吵架。那时我在广东、成都和上海的工资差不多，但是我在那里消费惯了，在上海就不行了，觉得有些压抑。现在我觉得应该去享受一下，我们会一家人出去玩，觉得这样很好。一般去游乐园玩，有时去动物园玩。我现在对生活还比较满意，但是对工作不满意。我就想自己做点事，不想为别人打工。从小到大，我爸妈都是自己做生意的，包括摆地摊。其实我也尝试过开店，我开过麻将馆，但是我不喜欢。我现在就想自己有机会可以卖日化产品。我爸妈从来没在外地打过工，我们村基本上全出来打工的。不过日化店在老家不行，只能在外面开。

我刚来上海的时候，就听很多人说上海人怎么怎么样，比如很吝啬啊，等等。但是我接触的上海人都不是那样的。我曾经向房东借了 1 万块钱，他连身份证都不看，我就突然觉得上海人不是他们说的那样的。

19. 访谈员：现在你觉得压力大吗？

答：有，感觉很大。就是因为小孩子，我感觉离自己的目标越来越远，我以前在易买得的饰品店工作，我很喜欢自己做老板，感觉很得意的那种，虽然很小，但是我是很有自信的。后面老是吵架，那时我们也比较年轻。虽然我爸妈的工作很辛苦，但是从来没有让我和弟弟吃过苦，再累也没有让我吃过苦。然后嫁到他们家的时候，我跟他爸妈分开住的，我们的大儿子跟我婆婆住，但是大儿子的衣服她从来不洗，都拿过来让我洗，我觉得很奇怪，如果有什么事，她就老是找我。还有就是收入的压力，我们家开支比较大，我们收入也不多。我们家每月的固定开支在三四千块吧，我们的房租700块左右，就是一室一户的样子，不过厨卫都有。

20. 访谈员：对于在上海的工作经历，有什么感想？

答：我个人是不太愿意生活在上海的，但是他们家，尤其是他妈妈超级喜欢在上海。她觉得这里比老家好很多，繁华，她又不管消费的。但我觉得我们老家好，觉得成都好，我今年本来是不打算来的。但是想到两个孩子老是这样分开，于心不忍，我就来了。我觉得老家亲切一点吧，感觉老家能说家乡话。我们老家的亲戚在广东待了十七八年吧，全部都回去了。都觉得老家好，现在我们成都发展得也不错，我老公说如果不是两个小孩的话，他也不会待在上海的。他们都生活了十年了。比起很多地方，这里的确很好，但是始终有一种很累的感觉，思乡的感觉也要强烈一点。在上海，卫生和治安都好。我在上海从来没有亲眼看到过被抢的场景，但是我在成都和广东都见过，我都很害怕。以前，我2008年来上海的时候觉得很乱，但是尽管乱，也没有发生过抢劫这样的事情。在成都我就怕。我有那个能力消费的话，我会在上海。我在家里的话，亲戚朋友也多。在外面的朋友，一旦回了老家也就没有什么联系了。还是在家里感觉人多一点。

21. 访谈员：你觉得农村生活跟城市生活带给你的感觉是怎样的呢？

答：其实上，我更喜欢农村一点。我觉得我爸妈在农村做生意，会做得更惬意一些。我感觉在乡下吧，人更亲切一点。城市的话，找不到那种很亲切、很舒适的感觉。不要老是想着房子什么的，我一点也不喜欢城市。比如说，在城市老是把门关上，在老家就没有这个习惯。现在我们农村，那些公路什么的都修得很好了。

22. 访谈员：生活带给你什么？

答：以前刚刚开始的时候，觉得压力很大的，现在虽然压力也很大，但是我看到我住的隔壁就是一个很高档的小区，就有那种感觉，很想自己有一天跟他们一样。

23. 访谈员：能实现吗？

答：在上海应该不会，在其他地方能实现的。比如说我们在老家那边会，成都那边房价稍微便宜一点点。

24. 访谈员：现在跟老公的关系如何？

答：以前我们吵架的时候，因为我脾气不好，我习惯动不动就发脾气，他也会发脾气。现在他不会了，感觉可能年龄大了，成熟了。以前我跟他前妻聊天，他一般不允许的。最近有一次，我被他看到又跟他前妻聊天。我想他肯定要生气，因为我以前保证不跟他前妻聊天的。但是，那天他没有生气，但是脸色不好看。但是我就找机会发脾气，还对小孩子凶，然后他就会笑，就告诉我，你今天晚上有问题是不是？我就觉得很舒服。

25. 访谈员：你觉得生活辛苦吗？

答：不辛苦，我觉得每天都有奔头。小孩子叫你妈妈，我教他说“I love you”，小孩子会说“I love you too”。特别是家里面大一点的那个小孩，很懂事，他会说妈妈我会给你踩背。我很心疼这个大儿子，他从小到大，身体都不太好，我的小儿子身体很好。我看到大的那个很不是滋味，有时候觉得很心痛，老是要感冒生病，一直咳嗽，再怎么注意也不行。但是他很懂事，很小就很懂事，他也不是很清楚哪个是他妈妈，他经常说一个人怎么能生两个呢。我有时候觉得做后妈也不容易。以前在成都，我们经常出去吃饭，现在很少，一是因为口味吧，然后还有消费，上次他们有个朋友请我们去吃饭，一吃就好几百。我就怕出门，觉得消费贵。现在我就自己带饭。我家里人住得近，白天我婆婆看孩子、做饭。

26. 访谈员：你的业余生活做什么？

答：我和他们90后不一样，他们喜欢去KTV什么的。我说我作为一个80后，跟他们90后不一样，90后更向往高档的生活，而我结了婚之后，更追求普通的生活。我觉得生活只要家庭和睦，就很好了，然后工作上顺利一点就更好了。

27. 访谈员：这是你作为80后的观点，还是你婚后的观点？

答：结婚之前，我的要求也很高的，也像他们一样，喜欢穿得怎么样，吃得怎么样，玩得怎么样，老是想着玩。但是结婚之后，我就觉得不一样了。刚结婚那会儿，我就觉得不适应，我以前不会烧饭，现在都要烧饭。他妈妈的观点就是男的就是工作的，女的就是做饭的。在四川人眼里，男的就是在外面赚钱的。

M7 访谈记录

1. 访谈员：你是哪里人，来上海多长时间？从事什么工作？

答：我是安徽淮南人，2007年来上海的。我毕业之后就来上海了。我初中毕业，上了一年的中专没有再读下去，其实就是技校，是我们淮南的职教中心办的。读的是会计，因为去上中专的都是高中考不上的那些人，读书不好，成绩也不好，里面男孩子都是小混混，非常调皮，女孩子也都是不爱学习的。读了一年觉得没意思就不愿意再读了，觉得还不如出来工作呢。因为学不进去，我也觉得学会计没用，读个三四年还不如早点踏入社会学点东西。在那种学校里也学不到东西，所以就不上了。刚来没有马上上班，在上海待了半年。以前也来过上海，因为爸妈都在上海，放寒暑假来的。但是，那时候来上海只是玩。刚来上海的半年，我就是去熟悉上海，去尝试跟社会上的人接触，比如去逛超市的时候会被推销，我就尽量也去听听别人是怎么讲的，让自己去接触社会上的人。

2. 访谈员：那半年你是故意让自己适应的吗？

答：我爸说学校里的人和社会上的人还是有很大差异的，学校里的人再怎么坏也不大会有害人的想法，只是调皮。但是社会上的人是不一样的，所以我爸让我先学上海话，我去书店买了学上海话的书，我没有学，只是看看。我爸让我学上海话是为了好沟通，让我与社会上的人接触，然后再去工作会顺利些。

3. 访谈员：你在适应的半年中碰到什么事情呢？

答：我来上海一个月后，有一次我去超市，突然被人拉着。可能看我人小，就知道我刚从学校出来的，不像在社会上混了几年的样子。那个人看我是小姑娘，就拉我，我当时真的相信了，我就跟着他去了。他把我带到卖化妆品的地方，先让我躺下，然后帮我测试皮肤，然后让我买产品。我是 11 点钟进去的，3 点钟出来的，他就不让我出来。他给我做面膜，他就一直问我带多少钱，只要我不拿钱，他就不让我出来。那时候人家就觉得我小，觉得好骗，他们让我躺着，我就真的躺着不敢走，不敢出门。

4. 访谈员：上海人跟老家人有什么不一样？

答：其实来到上海接触的不都是上海人，也有外地人。反正就感觉无论你走到哪里，都觉得跟别人不一样，就觉得别人都是排斥你的，或者说看你年龄小、穿着土，不会打扮，跟你讲话时都爱理不理的。老家人不会啊，你走到哪里都是说老家话的，觉得很亲切。人家就算不认识你，也会对你很亲切的。

5. 访谈员：你觉得这是一种感觉还是事实？

答：真的是事实。

6. 访谈员：是否能介绍一下家庭情况？

答：我家还有爸妈和弟弟，弟弟现在上高一，比我小 4 岁，他在上海的松江武校上课，主课是散打和跆拳道。他之前在我们淮南那边，可能因为爸妈一直不在身边，他一直上私立学校，就是比公立好的学校，学费和生活费都贵。我上小学的时候，我爸妈还没有出来，所以弟弟上公立的学校，后来爸妈出来了就上私立的学校了。我弟弟非常调皮，经常被学校警告和开除，因此换学校是常事。他小学成绩很好，可能我爸觉得长期不在身边，所以就比较惯他。弟弟一周或者两周回家一次，我爸就让奶奶或者外婆给他零花钱，我弟弟上小学就有手机了，在学校也霸道。可能是爸妈长期不在家里，因此在物质上尽量满足他。然后因为老是换学校，对学习也有影响，所以就越来越差，就开始混了。然后又转到合肥，找了一家挺好的、挺贵的学校，又上了一年不到，他觉得自己不想上了。我爸没有办法，想着儿子总要有个养活自己的铁饭碗。

7. 访谈员：来上海的时候有什么期待？

答：我刚来上海的时候没有想过为什么来，我只是觉得我爸妈在上海，我就应该来。那时候没有想过，现在就是来上海工作啊，上班啊。因为家人在这里啊。

8. 访谈员：你会一直待在上海吗？

答：不一定，是因为家人都在上海，才在上海上班，但是我不怎么喜欢上海。第一上海生活、工作的大环境，信息多，节奏快，压力大，我也觉得挺累的。其实我现在觉得在我们老家也是挺好的。只要当地环境不是很差，在家里上上班、拿拿工资，其实生活得也挺悠闲的，不一定非要来上海。在上海追求的都是名牌、名车，然后衣服包包都是名牌，在我们老家可能也有人穿名牌，但是一年哪怕给自己买一件也就可以了，没有说出门都要背名牌包的，穿名牌的衣服怎么样的，有一两件备用就可以了，老家没有人会关注你穿什么、背什么。因为都这样，然后你会自然而然习惯了。我不怎么喜欢上海，如果能回老家，我就回老家。

9. 访谈员：同学中在老家和外出打工的比例有多少？

答：我现在有很多同学都在读大学，大三、大四的样子。

10. 访谈员：会跟他们联系吗？

答：我每年回家都去聚会。

11. 访谈员：你觉得你对自己现在和未来有没有信心？

答：我觉得挺有信心的，就算我本身的想法是不想在上海待很久。我现在的想法是我主要还没有成家，因为爸妈、大部分亲戚在上海。我只是在上海上班，我觉得自己还没有太多的经验，在上海只是过渡一下，学一点东西。在厂里也能学到很多东西，学厂里的管理经验，从厂长那里学经验。

12. 访谈员：有没有目标？有的话，有没有信心达到？

答：目标是将来自己开店。我中考没有考好，考上了我们那里的十中，我觉得上十中是肯定考不上大学的，还不如不上了。我被迫学会计，但是我抗争了，我爸给我打电话，我就不接。我表姐在上海打工，每次回老家穿戴都很漂亮，我那时就想出来打工了。

13. 访谈员：遇到困难能否有办法解决？

答：我现在没有碰到什么困难，如果碰到什么困难我也相信自己可以解决。如果我承受不了的，我会觉得有点困难。

14. 访谈员：目前有没有朋友？在上海吗？朋友多吗？

答：不多，很少。像那种很铁的朋友一般只有两三个，一个是我的同学，她也在上海，我们在学校就一直很好，她是在置地广场14楼的钻石网络销售店工作的。

15. 访谈员：是否善于交朋友？与新认识的人能找到交谈的主题吗？

答：以前不善于交朋友，现在有需要啊。我以前因为爸妈不在身边，就属于留守儿童，所以性格上有点孤僻。不怎么爱说话，不怎么爱打招呼，不怎么爱笑。现在慢慢就好了。

16. 访谈员：什么时候开始善于交朋友了？

答：我觉得自己在成长，我觉得我现在每年都在进步，这可能跟年龄有关系，也可能跟职业有关系，这是一种历练。现在的看法会比较全面，以前的想法比较片面，总是想着眼前的东西，很少想以后的规划。而且现在做人也比较圆滑了，这是社会带来的。

17. 访谈员：你说的圆滑是指什么？

答：我以前属于心直口快的人，脾气也挺倔的，心里有什么不快，就会表现在脸上。我对谁不爽，谁得罪我了，我不高兴了，别人一眼就看出来了。但现在，我不会这样了。我对你不满，或者很满意，我都不会表现在脸上。

18. 访谈员：很满意也不会吗？

答：对的，因为我以前因为这种事情经常吃亏，现在我不会了，我会把这种情绪隐藏起来。

19. 访谈员：那你觉得哪种方式可以令自己舒服一些呢？

答：当然是以前啦，开心就开心，不开心就不开心。因为很真实嘛。我觉得以前很开心啊。

20. 访谈员：那你觉得这种改变是自己选择的还是环境导致的？

答：没有办法，我觉得是受环境影响的。我必须那样做，我觉得只有去适应，不然你会得罪很多人。

21. 访谈员：与同事的关系如何？融洽吗？有冲突吗？

答：挺好的，以燕燕（也是女工）为例，她刚来的时候，我是她师傅，刚开始觉得我是有什么说什么的人，心直口快。她就觉得我好的地方说得少，我一般都说不好的地方。有人会觉得坏的我没有必要说你，坏的与你不搭界，我为什么说你？我可以找话题跟你聊啊，我就容易说不好的。我说我就是这样的人，不好我就要说。但是习惯了，会觉得我人挺好的。包括燕燕到现在还会跟我讲，她说被我领导惯了，她都会来问问我，她现在不想去思考。

22. 访谈员：如果我跟你说个事儿，比如我想换个工厂，你会怎么样？

答：我会回家好好帮你想想这个事情，想想换厂带来的好坏。

23. 访谈员：那你碰到这些问题会去问别人吗？

答：会的，我觉得这种事情是相互的。我会站在他们的立场上想问题，所以同事了解我之后会说跟我做朋友比较轻松，不用想很多事情，她只要朝着这个方向走就可以了。

24. 访谈员：和家人是否经常联系？如果在上海，每天都会交流吗？

答：不是，因为我基本上两三个星期回家一次，中间他们会打电话给我，一星期一次吧，问我是否忙才不回家，等等。

25. 访谈员：是否与家人在生活重点方面有共识？

答：这方面是一致的。我爸让我抓紧学习，让我思想上不要因为自己到这个年龄了，就急着找人结婚，不要靠别人，女孩子也要靠自己，自己能挣钱，有事业，离开别人自己也有事业，工作也是很好的。婚姻这个东西要看缘分的，到了就到了。但是事业这个东西不是靠缘分的，要靠自己努力的。我爸对孩子的期望比较高的，他说我自己心里要有想法，要把经验学到。

26. 访谈员：如果你处境困难，家人是否会及时关注你？

答：我不会主动告诉他们，不过要看什么事情。我爸说过我在想什么，基本上我一个眼神，他就能看得到，感觉得到，因为我很像他。不过有时候，他也是在瞎想，他有时候非要说你是这样想的，我就说你不要把你想的事情强加在我的身上。

27. 访谈员：你现在的收入给父母吗？

答：不交，他们没有问过，我也没有交过。

28. 访谈员：那你现在的钱主要花在什么地方？

答：买化妆品啊，买吃的啊，买衣服啊。买衣服是最大的开销。我存不住钱。

29. 访谈员：现在的生活，符合你未到上海时的期望吗？对现在的生活满意吗？

答：还行吧，也不是说很满意，因为已经习惯了嘛，就觉得还好。

30. 访谈员：如果什么地方变了，你会觉得好一点呢？

答：我自己有家，有房子，自己做点事情。

31. 访谈员：你觉得实现这样的目标有希望吗？要多久？

答：有希望啊，但最起码要三到五年。不过我说的房子是指在老家，不是在上海。

32. 访谈员：你现在觉得压力大吗？

答：来上海三年我都没有什么压力，不过去年开始有一点。我一直在想，像我这种年龄以后也不会回来了。该吃的吃，该玩的玩，该穿的穿。我爸也跟我说了很多，虽然经常说得不对，但是也有很多说得对的地方。然后，他过年从年初一说到年初二，我爸会说我没有上进心，我就觉得有点压力。我以前没有想过，觉得工作只是工作。像我们这种文化水平的人，其他工作也没有什么可以做的。等我结婚了，也许我就改行了，我就不做这个工作了。但现在我自己觉得以后要自己做起来，而且我们家做小生意的挺多的，我大伯家的儿子是卖水果的，到现在已经有三家水果店了。他们房子也买在合肥，在上海不是长久之计。

33. 访谈员：对将来有什么打算？

答；我现在就是拼命学习，拼命存钱。我每天从早上 10 点到晚上 9 点就在工厂，现在老板对我挺好的，他会告诉我订单啊、进原材料的渠道啊，等等，以及他的流程啊，还有如何算成本，我就知道我可以学到东西。

34. 访谈员：你们厂有人签合同吗？

答：都不签。我觉得合同会把人套牢，好像把人制约在那里了。我以前签过一次合同，不过我们那家工厂有个要求，就是满一个月才能签合同。我觉得没有必要签合同啊。保险这个东西自己也可以买的，我爸妈给自己买了医疗保险和养老保险，每年 3 000 多块钱。就是一直没有缴金，你也习惯了没有保险。上了四五年班，我一直没有保险，我就觉得应该是这样的。我在四家工厂工作过，只有第一家工厂是缴金的，因为这家厂比较大。其实也是一种无奈。

M8 访谈记录

1. 访谈员：你什么时候来上海的？你是哪里人？

答：我是安徽安庆人，2009 年来上海的，我现在从事检品工作。我在国有企业上班，这是我的第二份工作。第一份工作在保税区做了半年，是做品质检验的，工作是计时的。

2. 访谈员：工作时间怎么安排？

答：没有固定的工作时间，因为我们的检品是要销往日本的，要赶船期的，所以有的时候货品急，就需要加班；不急，就不需要加班。一般我们是 8 点上班，下午 5 点下班，一般加班的话是夜里 9 点下班，有时是夜里 11 点。一般来说，有三分之二的时间是加班到夜里 9 点左右。

3. 访谈员：收入怎么样？

答：现在大概是 3 000 块，最闲的时候就 2 000 块，因为我是小组长。一般的员工是 1 280 元保底工资，加上加班费大约 2 000 元多一点吧。

4. 访谈员：作为组长，你的工作和他们是否有区别？

答：检品是分组的，一般来说，我们要做明细和抽查，但是不需要逐件核查。

5. 访谈员：你家里有多少人？

答：我、我爸妈还有小弟，小弟现在在读高中，准备考大学。

6. 访谈员：你结婚了吗？工资给父母吗？

答：工资给我妈，基本上每个月都给，我每个月给自己留 1 000 块钱。我爸来上海十几年了，我妈是我来了之后才来的。

7. 访谈员：为何会考虑来上海？

答：我觉得读书很累，没劲，就跟着爸爸来了。我读到高二就不想读了，我爸老叫我上学，但我觉得太累了，就是不想上。我们学校也有不少人跟我一样不想读的，高中还剩下一个月不想读的都有。我不想读下去的原因是没有心思，我觉得再上学，就是浪费父母的钱。

8. 访谈员：你和弟弟一直在老家读书吗？

答：是的，我和妈妈都在老家，我爸一年回来两次。

9. 访谈员：对来上海有没有期望？

答：我以前没来过上海，觉得上海是大城市，那时候心里觉得上海应该很好玩。现在觉得也就这样吧。

10. 访谈员：还记得第一天来到上海的感觉吗？

答：本来，我觉得上海应该跟老家差异很大。但是一进小区，觉得差异不大。就是卫生稍微好点，其他都一样。凌桥比我们老家还差。

11. 访谈员：来了一段时间后，现在有没有目标？

答：也有。反正怎么说呢，大脑里想好的，但是还没有执行。感觉什么都想干一点，就是没有实际行动。我心里很想自己开个店，但知道开个店不容易。

12. 访谈员：你现在跟谁住？

答：我跟我朋友的姐姐一起住，我朋友在周浦工作，我这个朋友其实也是在上海认识的，是我们老家那边的人。我觉得交朋友必须交老家的，包括男朋友，我爸妈也觉得必须找老家的，不然，受欺负怎么办？我现在的男朋友就是我们老家的，我老妈就同意了。

13. 访谈员：对自己的能力有信心吗？

答：蛮有信心的，领导也挺好沟通的。我们工厂也有日本人，虽然来自不同的国度，肯定是不一样的，不过也还不错。

14. 访谈员：找工作顺利吗？

答：顺利，也没有什么压力。而且品质检查工作也不是说难度很大，就算一点都不会，学几天就会了。

15. 访谈员：你觉得能看到自己的未来吗？

答：我觉得最终还是要回家的。我爸妈老了，我结婚之后就会回老家的。老家的工资也不比上海低，所以肯定回老家了。

16. 访谈员：那上海对你来说意味着什么？

答：反正在上海也习惯了，爸妈都在上海。我一个人也不可能留在老家啊，我留在上海就是为了我爸妈，我家亲戚也都在上海。如果没有爸妈，如果没有亲戚，我肯定不会在上海待的。

17. 访谈员：你在上海有朋友吗？

答：我觉得工厂的同事不算吧，因为离开那家工厂，往往就不联系了。我联系得多的还是同学。以前我有一个好朋友，也住在一起，关系很好。后来一年后她到别的地方工作了，我们也就不联系了。

18. 访谈员：你觉得这些事情是否对你有影响？

答：交朋友的时候，我们都希望是知心的，即使离得很远也可以一直联系、交流。但是我觉得现在交的朋友都不可能这样，时间一长就忘了，手机号码没有了就没有了。

19. 访谈员：你觉得自己善于交朋友吗？

答：在这里没有太多朋友，主要还是同学。

20. 访谈员：适应上海的生活吗？

答：第一次离开老家，就跟我一个老乡一起找工作，可能已经产生依赖了吧。

21. 访谈员：什么时候感觉好一点了？

答：就是时间长了，可以有共同语言了，彼此熟悉了，就觉得好一点了。刚巧我们的一个领导也是我们老家的，就感觉更加亲切了。

22. 访谈员：在线上工作的时候，能否说话？

答：我们同事说，我们厂还可以。在电子厂好像就不太行，有的时候在工作的过程中就睡着了。我觉得可以说话很重要，我上班那么长时间，如果一直不讲话都要得自闭症了。如果可以讲话，时间可以过得快一点，也开心一点。

23. 访谈员：害怕怎么办？

答：我会哭一下，最后也没有什么。刚开始，就工作、睡觉、吃饭。感到特别不开心时就打电话给妈妈。我妈妈住在高桥，我现在就跟姐姐住。我休息日就到我妈那里去。

24. 访谈员：你现在的生活重点跟爸妈一样吗？

答：差不多。比如我要开店，他们也支持。他们也尊重我的意见。

25. 访谈员：你们家有没有共同面临过一件事情？

答：小时候有过，那时候还在上小学，我爸一个人在外面挣钱很艰难。那时候家里又盖房子，如果没有钱，就没有盖房子的材料。那时我外公还可以，就向别人借了一点。

26. 访谈员：是否能感觉有人关心你？

答：我奶奶，我爸妈，当然还有我男朋友。最近一两年还可以，以前上学的时候觉得不开心，我也不想跟我妈说。以前有个好朋友，我还会经常联系。

27. 访谈员：你会为自己的目标定计划吗？

答：情况允许的话，我觉得可以按照计划做。

28. 访谈员：如果可以有地方改善，你希望哪里可以改善？

答：一个是开店，一个是希望工资稍微多一点。因为如果很闲，没有加班就只拿保底工资，这样根本就没有一点储蓄，全部花完了，这样打工有什么意义呢？打工不就为赚钱吗？所以还是希望可以加班。

29. 访谈员：心情不好怎么办？

答：我就跟领导吵一架啊，我们那个领导是嘉定人，比较好说话。

30. 访谈员：老家的人和事跟上海是否有区别？

答：交通方面老家乱七八糟，上海稍微有秩序一些。老家人比较直接，有什么想法就会直接说。上海人比较藏着掖着。

M9 访谈记录

1. 访谈员：你是哪里人？能不能介绍一下自己？

答：我是安徽寿县人，2001 年左右来的上海，49 岁，在铆钉厂工作，私人企业，大概有几十人。我们每天工作 8 小时，活多的时候 12 小时，早班是 6：00—14：30，晚班是 14：30—23：00，工资一般来说是 1 400 元左右吧。工厂里女工多，大概都是 30 多岁。

2. 访谈员：你有几个孩子？

答：我有两个孩子，一个女儿、一个儿子，女儿已经出嫁了，儿子也结婚了。女儿不在这里，在老家。儿子在这里，还有儿媳和孙子。我儿子在这里当保安。

3. 访谈员：怎么会想到出来打工？

答：我们家里田地少，这点田不行啊。儿子在老家么不放心，也读不进书，所以我儿子、老公还有我就出来打工了，女儿因为小初中还没有毕业，当时就在老家继续读书。

4. 访谈员：全家出来的决定是怎么做的？

答：那个时候很多人出来打工，我们也算了一下，这点田地实在不能生活，就决定出来打工，经济上可能会好一点。而且我们家的很多亲戚已经在上海打工了，所以我们也想着来上海。没有亲戚，我们上哪里落地呢？现在老家年轻人很少，有的年轻人也是因为家里小孩读书走不开。

5. 访谈员：人到中年，来上海适应吗？

答：一开始不适应，后来也就越来越好了。最困难的事情就是找工作。第一份工作是在凌桥一家小饭店帮忙，后来就是 2003 年 SARS 的时候，很多人就不敢到饭店吃饭了，饭店生意不好就关掉了。后来我小姑帮我介绍了一份工作，她来得比我早，她把我介绍到了铆钉厂。

6. 访谈员：现在对生活还有目标吗？

答：我现在年纪大了，也没有什么目标了。讲目标，谁都有，但我们能达得到吗？达不到嘛，所以对我们打工的人来说，就是多挣点钱而已。我们过几年就要回去了，年龄大了工作也不好找了，只有回去。四五年内，我肯定就回去了。我女儿前年结婚，我回去了一次。回去来回路费贵，除非有事，没事我们就在外面上班。

7. 访谈员：在上海认识新朋友了吗？

答：只有同事。不开心的时候，就是找同事、亲戚聊聊。

8. 访谈员：如果真的碰到一些事情，会找谁聊？

答：亲戚啊，双方都会找。

9. 访谈员：你和儿子对生活重点的想法一致吗？

答：我们现在的困难和没有达成一致的地方就是这个孙子在哪里上学的问题。我孙子不能在凌桥幼儿园、凌桥小学上学。我问过很多人，但是就是不能去读。

10. 访谈员：现在的期望跟你来之前一样吗？

答：反正比刚来上海的时候好多了，刚来的时候工作也找不到，现在好多了，毕竟这么多年了。

11. 访谈员：对生活满意吗？

答：马马虎虎吧。现在老家也有社会保险了，老家的叔叔帮我们办理的。现在我们的医疗费用全部自付。

12. 访谈员：铆钉厂签合同吗？

答：签的，我们就是有综合保险，每个月缴 20 元，可以到药店买药。现在停止了，新的厂里还没有办过。

13. 访谈员：现在生活压力大吗？

答：挺大的，暂时不想说。小孩子身体健康的问题，是先天性心脏病，小的时候查出来的，但是一直没有去看。现在的症状就是抵抗力差，医生说动了手术就健康了，大概要好几万的。我就是觉得压力很大。

M10 访谈记录

1. 访谈员：能简单介绍一下自己吗？

答：我是江苏盐城人，是 1990 年来上海的。我结婚三年后来上海的，我老公在上海运砖头，我现在在巴斯夫的流水线工作。我刚来这里的时候就是种茭白的，我从1990年到1996年一直在种茭白，后来在干洗店做了几年，之后就有人介绍去了巴斯夫工作了。

2. 访谈员：你们家现在有几个人住？

答：平时就是我、老公和儿子。我还有一个女儿，在镇江读书，平时过年、放寒暑假都会到这里来的。现在这里就像我们的家乡一样，过年也基本在这里过。我老公也在巴斯夫上班，我儿子在凌桥中学读书，以后准备到技校去读书。女儿在老家读书，儿子就一直在身边。我儿子成绩一般，我公公婆婆的身体也不好，估计儿子读书的话就要去住宿，住宿又没有人管，现在孩子容易学坏。所以还是关在身边比较好。

3. 访谈员：来上海的原因是什么？

答：来上海的原因是家里有亲戚在。还有就是为了生儿子，还是要缴罚款，因为要办户口啊。还有就是要挣钱啊，这里总比老家挣钱多。

4. 访谈员：符合来上海的期望吗？

答：总比老家好一点吧，现在老家养蟹的也多，现在也可以了。

5. 访谈员：现在对生活满意吗？

答：可以的，现在还可以的。

6. 访谈员：有生活压力吗？

答：这几年还可以，还可以给公公婆婆寄点钱。我们就是买房子什么的压力太大了，像我们一个月就拿2 000块，还是基本工资。除了想要买房子，在上海还挺好的。

7. 访谈员：有没有经历过艰苦的时间？

答：刚刚来的时候很苦，我们一开始住在船上。那时候没有借房子的，河边有个小船，每天就住在船上。

8. 访谈员：那时候生活老家苦，还是上海苦？

答：那时候老家的生活其实还比上海好点，那时候其实住得很害怕，有时候害怕遇到发大水，怕被冲走，也怕被人欺负。这个七八年最苦。我就觉得要是熬过去就好了,以后会越来越好的。不过在老家,我们农村人很能吃苦耐劳。我们后来还买了大船,做生意又蚀本了。

9. 访谈员:那时候这么艰苦,有人可以帮你们吗?

答:那时候老家的人活得比我们还苦,哪有钱帮我们呢?那时,一年才挣几百块钱。我老公给别人做一天木工,做一天才6块钱,还不一定能拿到。现在住在这里,邻居什么的都很好。我现在借了一块地皮,搭了个小房子,一年1 000块钱,住得也算安稳。我们打工的的确是不容易的,我老公在工厂工作,下班了就回来做木工,双休日下午就去卖爆米花。365天,天天上班。春节我们也不休息,就去卖棉花糖。

10. 访谈员:你们对将来有什么打算?会回老家吗?

答:我们在老家也买了保险,我们在巴斯夫也缴保险。如果待得下来,我想待在这里。五六年前,我们回老家盖了房子。但是如果可能,还是想待在上海。20多年习惯了,时间长了,家里也没有地可以种了。在这里上上班,一个月还有一千多块钱,这里工作机会多。我们早晚两班,早班是3:00—13:00,有人把早饭送到车间(车间是不能停的),晚班是14:00—24:00。没有文化,干活就是这么辛苦的。

11. 访谈员:觉得自己苦吗?

答:没文化,肯定苦的。我们还算可以的,因为我们现在这个住所还是比较安定的,一直住在一起。现在我们隔壁邻居年龄大了,我也一直把她当亲戚。以前我刚来上海的时候和隔壁的老妈妈种茭白,也赚了一点钱。后来老妈妈种不动了,就把很多田让给我。我算是能吃苦的,种了很多田。我现在也把隔壁的老妈妈当作自己的妈妈。

M11 访谈记录

1. 访谈员:能简单介绍一下自己吗?

答:我是湖南岳阳人。我2007年来上海的,在东升做流水线。

2. 访谈员：家里的人呢？

答：我家里有四个人住，我老公、我还有我女儿和儿子，儿子还没有上幼儿园，我老公是江苏人。因为我之前的老公车祸没了，我后来就重新嫁人了。2007年之前我是在广东打工的。我1991年高中毕业，然后就去广东打工了。湖南人去广东打工的比较多。

3. 访谈员：广东工作怎么样？

答：我喜欢广东，广东天气比较好，广东人对外地人也比较好。在上海比较重要的职位都不选择外地人，都选择上海人。在广东就不存在这种现象，上海很排外。

4. 访谈员：刚到广东怎么样？

答：那时工资才200元，我已经算是比较高的了。2001年的时候达到1 200元了，还包吃包住呢。后来我姐姐说上海治安比较好，让我来上海。但是我觉得广东快乐一点，比如每个小区都让外地人去跳舞什么的。而且广东几乎所有的厂都提供住宿，一下班吃完饭，加班就加班，不加班就玩。在上海就不一样，什么娱乐活动都没有。广东的工业区全部是外地人，活动很多。就算是过年，从初一到十五，每天都有电影看，随你想看哪一场都可以，活动很丰富的。这些条件在上海都没有的。在上海没有好的岗位，而且合同也都是劳务工，跟上海人的岗位不一样，什么保障都没有。虽然我们也签合同，但工伤赔偿也少，老板见也见不着，因为合同是跟劳务所签的。但是上次有个上海人出了工伤，待遇完全不一样，厂里马上拿现金，叫救护车。

5. 访谈员：你在广东哪里工作？

答：我就在东莞的桥头工作，我们当时的老板是手工作业，做灯饰的，很难生存。在这个工厂我干了十年。

6. 访谈员：十年后你还做过什么？

答：后来我又做了一段时间的五金生意，主要是需要老乡帮助，我们那边的人出来打工的比较少，拿货成本高，后来就没有做好。再后来就来上海了。

7. 访谈员：在来上海前，对上海有期望吗？

答：我也想过可能有好的发展，但是工作也不顺心。虽然有我熟悉的岗位，但是不给我做，我以前做过很多岗位，像人事、仓库我都可以做。这里很排外的，不让外地人做。在上海我觉得很失望，无论怎么做都不可能得到提升。

8. 访谈员：老乡和亲戚多吗？

答：我姐姐一家人都在上海，其实以前都不在一起，感觉不好相处。我们的小孩也像陌生人一样，不像亲戚那么随随便便的。我姐姐也没有什么资源，因为她是随军被安排的。我全靠自己找劳务公司。

9. 访谈员：现在有压力吗？

答：我现在的主管是女的，太苛刻了，太难相处了，她心情好的话，什么都好。如果她不开心的话，对我们线上的人太苛刻。如果在广东我就觉得熟悉一点，现在没有办法。

10. 访谈员：有没有人可以跟你经常聊聊呢？

答：也不想说什么，姐姐有自己的家庭。实在不行就不干了，再换个工作。不过现在真的很苦，听上去大家的收入都是3 000多，但是大部分是加班的费用，全是两班倒。而且超过40岁，身体体力都不够。现在的人好可怜，一代代人都是打工。我们厂里很多人就是父母和孩子都在一家厂打工。世世代代就这样，我打了20多年工，我很想孩子不打工，但是估计以后又是打工。现在这个班头唯一的好处就是时间比较好，就是白班。

11. 访谈员：现在觉得有困难，你能感觉有人关心你吗？

答：主要是家人的关心，我老公对我还不错。

12. 访谈员：对生活基本满意吗？

答：怎么说呢？不满意，住房不满意，工作不满意，生活不满意。年轻的时候工作感觉还有乐趣，没有考虑老了怎么办。现在想到人老了，找工作这么难，有时候我甚至还想去广东，广东有很多有趣的事情，有朋友。我现在没有钱，没有时间，不能送女儿去学钢琴。

M12 访谈记录

1. 访谈员：能简单介绍一下自己吗？

答：我是安徽六安的，在好孩子工作，在仓库做调货员。我 2007 年来上海的，其实就是过来结婚的。

2. 访谈员：来之前认识吗？

答：我们老公家来得早，我来得晚。我们结婚了，就来了。

3. 访谈员：来上海有期望吗？

答：以前来没有感觉，就是觉得节奏比较快。上海比较不错吧，其实在哪里都需要付出劳动。

4. 访谈员：工资怎么样？

答：一个月 2 000 元左右，星期天一般都加班。如果不加班，一个月 1 600～1 700 元。

5. 访谈员：现在对工作、生活有信心吗？

答：还可以吧，一开始不习惯，现在经过几年的磨合慢慢就适应了。一开始不适应主要是找工作方面的。我刚出来打工是在杭州，找工作可以随便到厂里去看看。在上海，全部要通过劳务所，很麻烦的。2003 年我初中毕业开始工作，我是在杭州的一家服装厂工作，在那家工厂待了三年后来到上海。在上海找工作特别麻烦，杭州都是贴告示，我们只要自己走走看看就行。在上海全都要劳务所推荐，劳务所的收费特别高，像保税区的泰科都要四五百元的样子，差的也要两百元。而且一旦介绍成功，就算我不想去了，劳务费也得收。中间的环节既花时间还花钱。我原先在物流公司工作，就是打包发货。

6. 访谈员：对生活基本满意吗？

答：还可以吧，主要还是老家的朋友多。

7. 访谈员：对生活、工作有目标吗？

答：就希望工资待遇好一点，4 月 1 日要涨工资了。其他也没有什么，公司基本保障还可以，不过吃饭什么的都不包。不过我觉得生活会越来越好的。

M13 访谈记录

1. 访谈员：能简单介绍一下自己吗？

答：我是扬州人，以前我在扬州也有份很安定的工作，做现金这一块的。我学的也是这个专业的，我只是想到外面去看一看、走一走。本来也想做会计，但是我觉得还是看看自己的能力适合做什么。我是第一次来上海。

2. 访谈员：在饭店做什么？

答：领班。

3. 访谈员：你们家的家庭情况如何？

答：我们家就我一个女儿，我们家是做生意的，做海鲜生意的。

4. 访谈员：家里人对你出来闯一闯是什么反应呢？

答：肯定不同意的，一开始就极度反对。可能他们觉得一个女孩子有份稳定的工作，收入只要能自己过得去就可以了。应该说我的家庭条件是整个店里最好的，我就是不想自己成为温室里的花朵，我希望自己能够闯一闯。我想让我自己生活得漂亮一些。我觉得父母很溺爱我，我过得像公主，但是我觉得好像每天都被绑着。

5. 访谈员：你来上海之前有信心吗？

答：我觉得我是有信心来上海的。我觉得我可以一个人在上海，不需要依靠任何人。我就是凭着一股信心来的，但是我没想过要做什么，就是有信心。我只是有个朋友在这附近，我就来了，我觉得可以有个照应。我是想着在上海先找份工作。

6. 访谈员：怎么会有这样强烈的感觉？

答：应该这样说，从上学开始，包括所学的专业都是父母安排的，业余生活也是父母安排的。我想趁着我年轻的时候，把我想干的事情做好。就像有人说的，每天有几十万人来上海，也有几十万人离开上海。我不想成为离开的人，我要成为进来的人。

7. 访谈员：来上海有期望吗？

答：要求不高，在上海除了生活得漂亮点，有稍微稳定的工作，工资能达到 3 000 元左右，然后慢慢提升。我原来在扬州的企业做会计，大概每个月 3 000 元左右，离我家很近。我现在就拿 1 500 元的工资。有宿舍，但是我没有住。

8. 访谈员：为何选择上海？

答：上学的时候，学了一篇关于上海的文章，我就很向往上海。我记得以前一个什么纪录片讲过，走在上海的街上，哪怕你不想往前走，人潮也会推着你往前走。但是我在想即使竞争再残酷，我也要来上海。

9. 访谈员：你从扬州来上海的时候，下车的感觉怎样？

答：我觉得那个站头还没有扬州好，但是我来的时候已经做好了思想准备，想着这里的生活可能比不上家里的十分之一或者百分之一。我大年初八就来了，我跟我爸妈沟通了半年多，我爸就说再苦再累，你自己不要掉眼泪。我妈就特别不放心，现在每天给我打两三个电话。

10. 访谈员：经理对你的到来惊讶吗？

答：经理问我为什么要做一这行，我的意思是说，如果这里适合我，我肯定会留下来。如果达不到我的期望，我很快就走。

11. 访谈员：你大年初八过来，花了多久找到工作？

答：花了三天，我跟我朋友在这附近逛的时候看到这里招人，我就想到这里先干一阵吧。我看到经理很像我的老师，而且管理还比较正规。在这里我第一次体会了一天站10小时，站到有水泡，真的想回家。一个礼拜后就想回家，但是我想到我爸说的话。经理问我干过没？我说我没有干过，可以试试。反正这家饭店的人情味比较重。饭店是不允许坐的，有一天我坐了，经理看到我之后还是好好跟我说了。我总说老板像大叔一样。

12. 访谈员：你对自己的能力有没有信心？

答：我完全有信心，人家都说是金子总能发光，我觉得自己就像是贝壳里的珍珠，不是很稀缺，但是我敢打包票，十个人里面我会是最好的。毕业的时候，我去实习时，我要做销售、市场、仓库和现金，我把这四个事情干得井井有条，我觉得自己很棒。上学的时候，我在班上可以做小领导，我觉得自己还有团队能力的。实习半年让我很有感触，每天晚上我都会记录好所有的事情，我怕自己会乱套。庆幸的是，我碰到的老师傅很好，把总账的业务都教给我了。包括我上一份工作，老板说如果我想回去，还是会让我做现金这一块。

13. 访谈员：那你现在有明确的目标吗？

答：我不想一直待在凌桥，我需要到外面去看看，包括南京路啊，浦东繁华一些的地方。我觉得我要的既不是房，也不是车，这些如果想要有，现在都可以有。但是我希望的是看得更多一点，我现在肯定也有小姐脾气，我希望尽快把自己的缺点克服掉，发掘自己的潜能。说白了，我不喜欢做现金的工作，我喜欢销售，我喜欢做与人打交道的工作。所以我想就先干一阵，学点东西。

14. 访谈员：人员情况是什么？

答：招会计的工作很有意思，一般做现金一块工作的都是本地人，不然不安全。

15. 访谈员：有碰到困难吗？

答：有啊，但是更多的是委屈。比如明明是其他人错了，我必须忍着、耐着。我不怕吃苦，但是我怕委屈，一个月休息四天，还要根据经理安排怎么工作。要看调休的情况，感觉有时候很无奈。我来了一个月后，把四天的休息时间全部攒回来了。

16. 访谈员：碰到委屈，一般用什么方式排解？

答：我对自己说，你说要走，还是要留。我要留，所以我要忍，这对自己会有所提升。我现在是领班，我更不能放任自己的。

17. 访谈员：你只工作了一个月就被提升为了领班了，为什么？

答：一个是位子是空着的，反正要提升，还有一个原因是我的学历，包括我待人接物比别人更成熟些。一般出现比较难的问题，我需要去处理。然后在上菜的过程中，我还需要巡视。

18. 访谈员：碰到困难，是否会说过去就好？

答：我的好朋友让我换工作。我说你应该知道，我这个人想做好什么，就一定会坚持。他们有时候烧饭了，还经常喊我去吃。我一般都不去的，因为我们下班太晚了，或者说太困了。我不想让她担心，我就说谁都不可能一开始就适应的。我觉得在上海最开心的时候，就是当我很饿的时候，有人问我饭吃了没有？当我很累的时候，有人问我累不累？有时候服务员看到你不开心，也会问问，我觉得这样就够了。

19. 访谈员：你在这里除了同事之外，还有没有朋友？

答：除了我的闺蜜、闺蜜的老公之外，我没有认识其他太多的人。我没有时间啊，我觉得每天能够睡到自然醒是最舒服的事情了，如果夜里 11 点之前睡觉是最好的，一般 12 点之前睡觉是正常的。因为现在是领班，要么我留下，要么经理留下。酒店行业是很辛苦的，比起以前我做会计工作，真是一个天一个地。我一点都不夸张，难是很难的，但是学到的东西比我做会计多得多，也更丰富。

20. 访谈员：基本适应了吗?

答：来了半个月后就适应了。一开始就是生活不适应，那个小小的房子我觉得很压抑，还有那张床，然后每天骑个自行车，刮风下雨还坐三轮车。还有就是这里安徽人比较多，年龄也小，好像沟通的时候都不在一个年龄层次的。主要是这些障碍。不过半个月下来，也适应了。在这些小姑娘、小伙子看来，每个月挣 1 500 元挺好了，上上网，吃吃饭，在我看来不能支持我的生活。来上海一个半月的时候，卡里已经用掉 5 000 多元了，在他们看来我的一件衣服，他们要存好几个月的钱也买不起，但是我现在不买了。毕竟现在挣钱更难，以前年终奖 5 000 元，一万元都有可能。现在 1 000 块的年终奖都不可想象。我妈妈现在早中晚都给我打电话。我老爸一句话也不说，我妈很心疼。看得出来是心疼，我就记得我妈把卡放在桌上，我爸也放了钱。但是我没有拿。

21. 访谈员：坐上大巴什么感觉?

答：我跟自己说下次不要一个月回去一次，多回去一次就不想回来了。

22. 访谈员：对生活的打算跟你爸妈生活的重点一样吗?

答：我爸妈觉得出来一年够了，我希望两年。这时候再不让我出去，我到了 30 岁也不会再去拼了。到现在为止，他们以为我是来体验生活的，其实我是来拼的。亲戚自始至终就问去了多久了，体验好了吗？我们家大伯都在说不知道我在想什么，家里其他人都按部就班，就不知道我在干什么。我以前觉得 1 000 元也没多少，现在觉得 100 元也很重要啊。前两天我花了 100 元，买了点水果、饼干之类，我看着这些东西觉得 100 元很重要，这种感觉从来没有过。以前，我经常坐三轮车，觉得一天十块钱也还好，后来舍不得了，下雨就披个雨披吧。我从来没有跟爸妈说过这些，我见不得我妈看到我哭。每天我妈打电话来说下班了没有，我就躲到包间去打电话，然后说我们早下班了。这次我妈提出要来上海，我就不让她来。我妈还想送我回去。我知道我妈要是来了，半个月都不到我估计要走了。

23. 访谈员：如果你有困难，你能得到帮助吗？

答：能。就说经济方面，我有一个从小认识的闺蜜，知道我来上海，她也知道我卡里有钱，但还是打了 5 000 块给我，这次回家我把钱还给她了，她怎么也不要。我妈还不知道这个事情，人的一生中有一两个人能雪中送炭就很不容易了。我扬州的朋友说我很棒，我的朋友都说我太有勇气了。

24. 访谈员：这段经历带给你什么？

答：如果回忆起来，就是一种忍耐吧。无论是工作上的辛苦，还是别人对你的指责，就是要多忍耐一点。

25. 访谈员：你现在觉得压力大吗？

答：现在很大。倒不是钱的问题，而是在想我是走还是留，如果是走，该去哪里，往哪个方向发展。我还是想从事跟人打交道的工作，我需要一个领路人。我姑妈的儿子也到上海来工作了，学德语的，他的底薪就达到 6 000 元。他不希望我做服务员，他也说帮我找。我会再做一两个月试试。

26. 访谈员：心情不好会怎样？

答：肯定会哭，但是不会让经理看到。第一次哭是因为天冷的时候，洗杯子什么的，走一桌，洗一桌，我突然就生冻疮了，我就哭了，我就对自己说我为什么要做这样的工作，我想苦尽甘来吧。

27. 访谈员：你灰心、失望过吗？

答：我没有灰心过，但我失望过。我记得有个客人说，这桌菜让你买单你都付不起。我就说对不起，这份菜我来买单，下次我注意。出来的时候，经理就说我干得漂亮。处理完这件事情之后，我就想一是这些人没有素质，二是以后处理事情要更谨慎一些。

28. 访谈员：签合同了吗？

答：没有。他们也没有问我要简历和身份证。是我自己提出要交身份证，说白了，我今天干完了，领完钱，就可以走了。所以说，这个地方让我不满意的地方很多，对我来说，这个很重要。我认为合同是保障。我现在虽然很累，但晚上都睡不好，感觉有一点声音就睡不好，其实我以前在家里都睡得很好，现在可能会感觉到有点不安全。

M14 访谈记录

1. 访谈员：能自我介绍一下吗？

答：我是河南周口人，1988 年出生的。我 2011 年 1 月来上海，现在才来一个月。我在北京待了四五年，然后我今年就想来上海看看，想换个环境，也是适应一下新环境。我想看看上海的餐饮环境，可以多积累一些经验。我在北京也是做餐饮，也是中餐，比这里大一点。

2. 访谈员：在北京工作怎样？

答：包吃包住，所有的生活用品都发的，包括还有年假什么的。我在那边的工资比较高，差不多 3 000 多元。

3. 访谈员：家里情况怎么样？

答：我家里还有一个哥哥和一个弟弟。我哥哥在一家公司做业务，我弟弟在北京学厨艺。我父母在上海好几年了。我们之所以去北京是因为我姑姑在北京，北京又离河南近，所以我们三个人一开始就去了北京，坐车方便，不用倒车什么的。

4. 访谈员：来上海前有期望吗？

答：来之前，我就从电视上、从别人口中听到上海这边的发展都不错，再说北京那边的发展心里有点厌倦了，我在丰台区工作，有时也会调来调去的。实际上来到上海之后，我感觉北京就是首都，很多地方有传统的味道，但上海这边的发展要比北京好。

5. 访谈员：花了多久找到工作？

答：一个星期吧。一开始我找了其他工作，但是我晕车，我就想找个近点的开始做。因为我在北京也是做餐饮的，所以融入就会比较快，学得也比较快。

6. 访谈员：来到饭店工作有目标吗？

答：上海这边的发展更好，在北京既然做餐饮，我来上海也做这个。我老公在常州，所以我才过来的。不过，他可能也会来上海。我想以后在上海先开个小店。这个餐饮企业规模不一样，所以待遇不一样。我觉得既然到了这里，就应该适应这里的生活。

7. 访谈员：对自己的能力有信心吗？

答：有的，我觉得我跟同事和顾客的沟通很顺畅。我做餐饮，主要体现在服务方面，主要是能让顾客高兴地来，高兴地走。

8. 访谈员：两三年内有目标吗？

答：结了婚后，我希望稳定一点。我在餐饮这方面有经验，先在这里打基础，然后第二年如果在这里干得好，就在这里发展，然后尽量往上晋升。

9. 访谈员：启动资金呢？

答：我自己有点积蓄，然后父母那里可以资助一点。我自己买了一份保险，这份保险可以贷款。我 19 岁的时候开始交这个保险了，这个可以让我有保障。我一直以来都不喜欢靠男的生活，所以老早就买保险了，大的我做不了，但是小的我可以起步。

10. 访谈员：平时的支出怎样？

答：大概 1 000 多元吧。我觉得我是有计划的，别人可能只注重吃穿，我不是特别注重，我觉得穿戴虽重要，但是事业发展更为重要。

11. 访谈员：你在北京、上海的工作碰到过困难吗？

答：有。我觉得先前做这个行业的时候，感到特别委屈，我连擦玻璃和拖地都不会，那时候主管特别不看重我，觉得我不适合干这个，然后经常挨骂。那时候这个店的管理也是有问题的，他们只考虑服务满意度和顾客满意度，很少考虑员工自身的满意度，所以我觉得特别委屈。后来看到别的员工被表扬，我也觉得我要好好干。我就天天晚下班，天天跟着其他老员工干。我用了三个月，领导都对我另眼相看了。从这件事情开始，我就想我做员工也是做，做领班也是做，现在趁年轻努力一下。干了半年，就有领班竞聘，店长让我参加。我说我资格还不到，论资历他们都比我有经验，我觉得我自己才刚刚开始。一年后，我去参加竞聘，就被选为领班了。

12. 访谈员：现在的目标是怎样的？

答：我弟弟是学中式面点的，我想选个小铺面，跟我弟弟一起干。

13. 访谈员：交到朋友了吗？

答：现在交得还少，因为现在跟父母同住。

14. 访谈员：是否适应上海的生活？

答：上海的天气变化很大，雨水很多。不过现在已经适应了，其他倒没有什么。我刚从学校出来就先去了广州，我那时候才十六七岁。在工厂不用动脑筋，但我觉得在工厂没有前途，而且接触面太少。我觉得自己很傻，每天面对的就是这个机器，就是这几张面孔，每天就是吃饭、睡觉、上班，实在太没有意思了。世界那么大，我为何要在工厂干。我在工厂干久了后，很可能啥都不会干了。

我从小就很有主见，知道自己需要什么。我自己摆过地摊卖过衣服，我帮姑姑卖过菜，做过超市导购，我做过很多工作。我就觉得应该多去尝试，很多东西都是连贯的。餐饮就是顾客、服务、菜品。卖菜过程中怎么赚钱，要在工作中思考。所以我去了北京，我要做跟人打交道的工作，不会像在工厂，不知道怎么跟别人相处。

15. 访谈员：你不开心的事跟谁聊？

答：我跟妈经常聊天，有时也会跟弟弟和哥哥聊，有时候碰到一些开心的事，也会跟朋友聊，出去逛逛街。亲情很重要，朋友也很重要。虽然这里的朋友没有北京多，但是这里有父母，而且老板和经理也很好。这里更随意些，上班比较随意。

16. 访谈员：工作和生活中有压力吗？

答：工作没有什么，生活上各个方面也挺满足的。

17. 访谈员：心情不好时做什么？

答：心情不好时，我就喜欢轧马路。但是我再不开心也不会表现在脸上，因为我觉得上班就是上班，我不开心跟同事、客人都没有关系。

18. 访谈员：什么事情让你变得这么理性？

答：跟家庭有关。我成熟比较早，我们家条件不太好，接二连三我爷爷、奶奶去世了。我出来之后考虑得多了，我喜欢看书。我先前脾气暴，特别是看了《性格改变命运》的书之后感触很大，我觉得我必须做出改变，既然出来了就必须适应这个环境。离开了家人，没有人会把你当小孩看，同样的员工，同样的待遇。我感触挺大的，我的性格就变了。升了领班之后，培训开始增多，我也更积极了。我那个时候也不小了，我们领导经常会给我提意见，如果要晋升必须做出改变。慢慢地我就改了。在北京的四年我都没有回过家。我跟父母说，既然在外面干了，就必须干出点成绩来。让我在外面适应一下社会，既然我出来了，我干吗有事没事回家？我出来一个是为了挣钱，还有就是为了积累经验。我老回家，什么都学不了。四年后我再回家后，我考虑问题就很周全，不管是家里的事情还是其他事情。跟我一样大的人，很多人都结婚和生孩子了，我到现在还没有结婚。别人考虑的是，早点生孩子，婆婆年纪轻，好帮忙照顾孩子；我考虑的是，我觉得还年轻，不能靠别人，得让自己在各方面条件稍微好一点后再结婚生孩子。我觉得日子是两个人承担的，工作稳定了，思想成熟了，压力反而小了。

19. 访谈员：碰到困难会感受到失望吗？

答：肯定会有困难，要学会从困难中走出来。我没有学历，但我有能力。学历和能力没有任何关系，我们店里的经理和主管都是大学生，我不是大学生，但是我也升到了那一步，说明一切都只要努力。人就要学习和努力，多与店里的老员工沟通。我不怕被学历高的人歧视，我很能看脸色。家庭环境也很重要。我奶奶一直很不看好我，从小在家我就是自己独立，他们不管我，很多事情我要自己做主。后来在我奶奶最后的日子，我给奶奶治病、买衣服。男孩可以传宗接代，但是女孩可以很体贴。我的开销很小，主要用在跟店长和主管吃饭、交流上面。女的要多学会持家。我在选男朋友的时候，觉得我的男朋友必须是有技术、有理想的。我就问他以后想做什么，他问我想做什么，我说我想开店，他就说以后也想开店，我说我就帮助他。我说我可以管理，你可以修车。所以，我男朋友愿意跟我说，他觉得现在特别没底。大店我可能开不了，但是我努力了，我就有机会。刚开始，我妈问我多少工资，我说 1 000 多，我妈问我适应吗，我说没有是否适应的问题，环境是死的，但人可以改变。但是我在北京的大餐饮公司已经学了很多了，我要学新的东西，就等于要用我的工资去学。因为我以后肯定从小的餐饮公司做起，所以必须在小餐饮店学习。在什么地方都有好有坏。地方不一样，感受不一样。我不怕生活遇到困难，怕的是遇到困难心里害怕。现在我不害怕，船到桥头自然直，再大的困难也需要逐步解决，总有解决办法，总要有个人做。

M15 访谈记录

1. 访谈员：能简单介绍一下自己吗？

答：我是江苏淮安人，大专毕业，2011 年 11 月份才来上海，读电子商务，成人大专。

2. 访谈员：现在在做什么？

答：先找个厂上着呗，我在泰科工作，做光纤转换器，一天12小时的班，上四休二，收入大概是2 300～2 400元。包吃不管住，就是上班时间包吃。

3. 访谈员：家里有兄弟姐妹吗？

答：我有一个堂姐在这里，我还有个亲妹妹。

4. 访谈员：怎么会考虑来上海？

答：刚好家里有人在上海，就是舅舅。还有就是想要体验生活吧。

5. 访谈员：来上海前有什么期待吗？

答：一开始有目标，找工作其实很难。我就只能先找劳务介绍所，劳务费就有很大差异，劳务费是一次性的。像泰科，介绍费就要400元。其实我不想在流水线工作，但是人家都是要找有工作经验的，我就想先上个班再说吧。

6. 访谈员：为何说当时不愿在流水线上工作呢？

答：因为当时我的同学就没有几个在流水线上工作的，我感觉有点不好意思。现在，我觉得在流水线工作有的时候挺好的。我就是觉得流水线管得很严啊，只要说话稍微大声一点，就要被主管骂。我们的流水线允许说话，因为我们的流水线是人工的。晚上上班有点熬夜的感觉。

7. 访谈员：现在吃得消吗？

答：一开始有点受不了，每个厂都有监控。尽量自己注意点，能否打盹就看班长是啥情况。总之比读书辛苦很多。

8. 访谈员：有没有考虑过在老家工作？

答：有过，但是老家工资比较低，不过可以跟老同学在一起。但也觉得在老家工作很不稳定，不是在工厂，而是做些推销什么的。

9. 访谈员：有没有目标？

答：有的，现在还是想再学点东西，希望能学点有技术含量的。我现在在攒钱，然后我就打算回老家再看看。

10. 访谈员：来上海不到半年的时间，对自己的能力有信心吗？

答：刚开始有的，现在没有了，很多东西都忘掉了。天天上班。之前好多人辞职了，就并班了，应该两个星期休息三天的样子，就感觉好累啊。

11. 访谈员：你自己的时间还有吗？

答："做四休二"还可以，一般是夜班后休息，第一天就是睡觉，第二天的话就洗洗衣服或者逛街什么的。

12. 访谈员：对你来说，你看重工作的哪些方面？

答：我一开始就是觉得先有份工作再说，先养活自己。但是我更看重在工作中能够学到什么。

13. 访谈员：有没有信心达到自己设定的目标？

答：努力吧。

14. 访谈员：半年来，遇到的最大问题是什么？

答：找工作挺难的，特别是找自己喜欢的工作更难。

15. 访谈员：通过几个途径找工作？

答：主要是通过劳务所，还有就是在路上看啊、找啊，也会跟朋友说，希望他们帮忙，不过都不怎么样。也上网找，但网上都是电话推销，很烦人的，没兴趣。我觉得这种工作会打扰人家，而且自己也会觉得很烦。

16. 访谈员：碰到困难能否自己解决？

答：有的时候能，主要是找工作。我就觉得天天找工作，很难找，都觉得不好意思。就会觉得自己好像做不了。这时候就会跟同学打打电话什么的，我不跟家人打电话，怕他们担心。

17. 访谈员：什么事情会告诉家里人？

答：找到工作了就跟他们说，拿多少工资跟他们说一下。

18. 访谈员：多久跟父母打电话？

答：很少，我主要跟老家的朋友打电话。

19. 访谈员：为何更看重老家的朋友？

答：因为都在一起上过学，彼此了解啊。同事之间会要心眼啊，很烦的。要心眼有时候也会有好处，但是我不喜欢。

20. 访谈员：流水线工作有轻重之分吗？

答：当然有，要看什么岗位，比如打磨就比较辛苦，既花力气，又不能坐。

21. 访谈员：觉得自己善于交朋友吗？

答：是。

22. 访谈员：适应上海吗？

答：比如上海的天气很潮湿，感觉路上很脏。就是觉得有时候去买东西，人家用上海话讲，我觉得麻烦，其他还好。

23. 访谈员：上海人跟老家人比有什么不同？

答：有些上海人很坏，就是说话很坏的那种。虽然老家也有很坏的人，但是上海更多。

24. 访谈员：你爸妈还在老家吗？

答：不在，他们在南京，我们家做水电工的，他们一直在外面。我从小都跟外婆亲，我不去南京，不想去。跟爸妈待在一起不自然，从两岁开始我就不跟父母在一起了，我妹妹一直跟爸妈在一起。

25. 访谈员：这个会影响你跟爸妈的关系吗？

答：会有关系。我一般都是跟男朋友联系。

26. 访谈员：你跟谁的关系会更亲一点？

答：我外婆，我跟爸妈没有太多话讲。

27. 访谈员：你有了孩子会怎么对待他？

答：我想不会发生像发生在我身上的事情。可能会让我男朋友的爸妈带，不过我会多和他在一起，尽量减少产生隔阂的可能性。我回家也不习惯，十岁之前我都没有回去过，就是我自己爸妈的家，直到十岁之后，过年才回去。

28. 访谈员：有没有觉得，你爸妈实际上见到你会对你很好？

答：有的，非常尊重我。我想做什么，他们都同意。就觉得想喊爸爸妈妈，但就觉得喊不出口，很怪。我们家很多就是家里大人出去打工，老人在家里带孩子。

29. 访谈员：如果你碰到经济上的问题，你觉得谁会帮你？

答：男朋友啊。

30. 访谈员：会不会跟爸妈说？

答：不会，感觉心太远了，不好意思。因为跟他们说，感觉我在外面干得不顺，会担心。

31. 访谈员：能觉得有人在关心你吗？

答：我外婆，我妈可能也会。现在我妹妹有时候会打电话给我，我们关系还好。她嫁在甘肃陇南，我爸妈不支持这段婚姻，所以不回来。我觉得甘肃肯定苦啊，我妹妹结婚都没有跟我们说，所以我家里人不同意我找别的地方的人。我爸妈就觉得家里面不是很有钱，他们只有靠我了。人生很奇怪，小时候不在一起，现在却要靠我了。

32. 访谈员：你朋友相信你的能力吗？

答：他们都很支持我，都说你要相信自己啊。

33. 访谈员：你们的屋子很温馨呢！

答：我过年之后搬过来的，我觉得墙上太枯燥了，我就贴了东西。

34. 访谈员：你觉得现在的生活符合你来上海的期望吗？

答：还好吧，我在电视上看的，有些宿舍很拥挤，我现在跟姐姐住。

35. 访谈员：有姐姐在是否会好一点？

答：我觉得不怎么样，可能两个人想的不一样。她经常失眠，太吵了，我就想睡觉。

36. 访谈员：对生活满意吗？

答：还行。我觉得还不是钱的问题，希望有家的感觉，希望回来有地方住，有私人空间。我在自己家的时候有自己的房间，在外婆家就很多人。

37. 访谈员：压力大吗？

答：现在没有。压力的话每个人的感觉是不一样的，我不想加班，希望有自己的生活。

38. 访谈员：心情不好怎么办？

答：有时候看电视、上网，转移注意力。

39. 访谈员：会有灰心、沮丧的时候吗？

答：会啊，但是不想让别人担心。还有就是我读到大专了，工作还是这个样子，我觉得不好意思。我就是不想一辈子打工。

M16 访谈记录

1. 访谈员：能简单介绍一下自己吗？

答：2010 年来的上海，我觉得生活灰暗得很。我和周周一起去找工作的，我觉得一个人找工作感觉很害怕，觉得有被锁起来的感觉。在老家不会的，但是在老家又不自由。到现在我还是不敢一个人去找工作。

2. 访谈员：为何来上海？

答：我爸妈叫我来的，觉得可以照顾我。我以前在无锡一家电子厂工作，也是流水线，因为我的学校就在无锡。干了七八个月吧，我过年回家了，然后决定不去无锡了，后来因为技校的同学都去苏州了，我也去苏州了。才干了两个月，我爸妈叫我过来的。其实我对苏州的同学很愧疚，因为是她把我介绍进去的。

3. 访谈员：你家里有几个人？

答：我还有一个姐姐、一个弟弟、一个妹妹。我觉得压力很大啊，大姐肯定有压力，那两个真的很小，小的才 7 岁。我跟很多人不一样，我的工资都交给父母，我把卡都交给父母了，要买生活用品，我就问我爸妈要钱。

4. 访谈员：来上海前会有期望吗？

答：没有想过。

5. 访谈员：来了之后就一直住在这里吗？

答：是的。

6. 访谈员：对自己的能力有没有信心？

答：我觉得一般吧。

7. 访谈员：现在有目标吗？

答：我就想平淡一些吧，安静就好。我们厂大都就是25岁左右的年轻人。我们那里上班的人，80%的人的孩子在老家。所以想晚点结婚吧。

8. 访谈员：在上海有没有碰到什么困难？

答：没有。

9. 访谈员：能看到或者想象未来吗？

答：我没有未来，这个世界对我来说没有意思，生活一点意思都没有。我觉得很多事情都没有意思，我最难过的时候，就是想在空旷的地方大喊出来。我就觉得特别难受，想大声喊出来，但是又喊不出来。其实，我小的时候跟爷爷奶奶在一起，就跟乐乐住在一起，她的爸妈也不在身边。我就觉得一个人很封闭的。乐乐更开朗些，我就大多数时间一个人待着。我记得我刚进入初中就有种很低沉的感觉。我觉得一个人就要被封起来了，三年我在班级里就是可有可无的，我都不认识我们班的男生，我三年只有一个知心朋友。现在这个好朋友不知道哪里去了，中间也闹过不开心的事情。

10. 访谈员：你觉得自己善于交朋友吗？

答：我需要一个阶段的相处，很多人见面没多少时间就熟悉了，我需要比较多的时间。

11. 访谈员：你生活的重点跟爸妈的想法是否一致？

答：他们对我没有什么要求，只要我一天到晚工作就好了。看到有的父母很纵容自己孩子的时候我就觉得很失望，我爸妈就是希望我就是好小孩。我们家的家务，都是我跟爸妈一起做的。反正我心里的感觉是没有什么可以跟爸妈聊，觉得我爸妈不了解我。

12. 访谈员：能感觉到有人在关心你吗？

答：有的时候，我觉得我妈对我有一点点安慰。有的时候，我这个人不能有安慰。一旦被安慰就不行，我就会感到温暖，就想哭。哭了之后我的痛苦加剧了。

13. 访谈员：你觉得未来是否会越来越好？

答：我想象中不怎么好。我弟弟妹妹还小，我妈说，你必须要为弟弟妹妹负责任。我就觉得为什么要我负责任呢。但是，我知道不接受也不行。我觉得有压力，其实我接受了，我感觉还是替弟弟妹妹担心。我妈41岁，我弟弟才7岁。

14. 访谈员：你有男朋友吗？

答：有的，我知道以后我结婚了，如果我还想为自己家里做点什么，我都担心老公家不满意。我都想过逃离，我承受不了这种感觉，对自己很失望。我心里想逃离这个世界，我想离开这个世界。我想着逃，但是我不会逃，算是对命运的默认。

15. 访谈员：心情不好怎么办？

答：这一段时间老失眠，两点多就醒了。可能不规律的上班时间让我睡不好吧，我就感觉说出来也没用，就算家里的人也不关心，我就习惯性地藏在心里。我如果心情不好，就躺在床上，但睡不着。我有的时候感觉很难受的，就那天在流水线上，拿一把小刀弄东西，突然见血了，我突然感到很舒服。有一种压力放松的感觉，身体的痛可以减少心里的痛。同事有时也会说你这样活着太累的。但是我就感觉我放不下。我没有办法，我爸妈就希望我这样的。有意思的生活是什么？我弟弟妹妹都很淘气，我都觉得他们无药可救了，我更觉得有压力。我觉得越懂事的人，活得越累。

M17 访谈记录

1. 访谈员：能否简单介绍一下自己？

答：我1985年生的，初中学历，四川人，我老公是安徽人，2006年来上海的，现在有一个孩子在老家（安徽），由婆婆带着。我把小孩带到两岁，小孩会走路了，我就出来工作了。我一般一年回安徽两到三次，四川很少回，结婚到现在就回去过一次。

2. 访谈员：老家还有谁？

答：我哥、爸妈还有爷爷。

3. 访谈员：为什么考虑来上海？

答：我有个姑姑在上海的，觉得在上海还可以。那时候我们在浙江，我姑姑说上海除了开销大之外，工资还可以，让我们在她家住，然后慢慢找工作。我还去过北京，我去的第一个地方是上海，但是没有找到合适的工作，就跟同学一起去北京了，在服装厂踩电机。然后又去了浙江。后来发现上海好一点，像保税区，我们加班的话，双休日都是两倍工资，超过8小时都是1.5倍工资，但是浙江那边没有的。

4. 访谈员：目前在什么厂？

答：做触摸屏的厂。我们加班很多，一个星期休息一天，一个星期白班，一个星期夜班，每天12小时。我们一个月要上近280小时的班，吃饭吃点心的时间都要被扣掉。我们保税区都是这样的，车间全都是两班，只有办公室才是上八小时班的。每个月的收入是3 000多元的样子，底薪是1 550元。

5. 访谈员：为什么想到从四川出来工作？

答：因为我们老家没有什么厂的，要么在市区，工资又很低的。看到人家都往外面跑，我们就也想出来走走看看。

6. 访谈员：对自己的工作能力有信心吗？

答：有的。

7. 访谈员：自己有目标吗？

答：有的，我现在不想在工厂工作了，我想做服装销售。我嫂子做服装生意，一个月都挣一万多，过年这阵都两万多，我都很羡慕的。所以，她说她在淮海路，我就去了一次淮海路，我上周休息去了一次，累得要命，脚都打泡了。我说我还是不会放弃的，现在服装这两个月是淡季，我过一两个月再去找她。我嫂子一个月最少有七八千的收入，我真是羡慕啊。

8. 访谈员：如果你没有这个嫂子，你会知道这样的信息吗？

答：不知道，不知道。

9. 访谈员：对这个目标，你有准备了吗？

答：准备了，但我觉得很难。因为现在要改行，我都不知道怎么去……我以前也卖过服装，都是要抢顾客什么的，特别是上海人，人家一听就觉得亲切。所以可能我们一天都不开张，上海人一天就卖好几千。

10. 访谈员：你是否说流水线的工作感受跟做销售的不一样？

答：那肯定不同，流水线的工人很好的，与卖服装的说话和档次也不一样。

11. 访谈员：你有没有碰到麻烦事？有没有心情不好什么的？你有解决方法吗？

答：能解决的，我就自己解决；不能解决的，我就会跟老公讲。一般有什么不开心的，我都会自己解决，要么闷在心里，实在不行才告诉老公，因为也怕他担心。

12. 访谈员：碰到困难，你是怎么想的？

答：这样的感觉也有，特别是有的时候请假也不好请，就这样熬过来的。我上班还可以，因为如果不上班，就算是请假，也要扣钱，事假还好，如果是被上面定为旷工的话，就要扣三天工资，所以我们还是会坚持的。

13. 访谈员：怎么规定假？

答：事假、病假、年假，年假很难请，除非是淡季，老板就让你休年假。如果想请假，事假还可以，但是如果你上夜班，临时有事想要请假，就要跟主管和经理说，就很麻烦，因为晚上领导不在啊，经理都在睡觉，那就算旷工。但是，事假往往是突然的，所以没有办法。

14. 访谈员：是否有比较闲的时候？

答：有，但是工资就少了。

15. 访谈员：如果有得选，你希望三班倒还是两班倒呢？

答：我肯定要工资高一点的 12 小时的。

16. 访谈员：认识新朋友了吗？

答：都是同事。

17. 访谈员：刚来上海时，适应吗？

答：不适应，后来去了北京、宁波，觉得上海还是挺好的。上海的制度比较好，我老公每一个工程结束了，就会马上结钱，不像别的地方，有的要拖，钱不好拿，上海比较好拿。

18. 访谈员：与同事关系如何？

答：很好的，像我们上班每天说说叨叨一天 12 小时很快就过去了。

19. 访谈员：夜班 12 小时给你什么感觉？

答：现在习惯了，但是晚上困的时候觉得很辛苦的，凌晨二三点特别辛苦，最困。这个时候往往我们产量都做得差不多了，但是我们都被监控的，厂里有个小部门叫“5S”，专门来查我们有没有睡觉的，是我们厂里自己整的，叫什么清理整顿、素养什么的。会有好几个人走来走去，装了个摄像头。他们一来，我们就会说“鬼子进来了，鬼子进来了”。他们很严格，只要看到我们睡觉或者玩手机，马上就拍照，很快就传到经理和主管那里，一次被看到睡觉，就扣200元月奖，两次就直接开除。我觉得这种感觉很不舒服的，但是没有办法，为了工作，为了生活。是的，有的时候想想也很无奈。

20. 访谈员：多久跟老家通一次电话呢？

答：经常打，我跟我女儿一个星期打两到三次。

21. 访谈员：你能找到朋友跟你聊天吗？

答：要分什么事情。

22. 访谈员：一般你的聊天对象是谁？

答：要么是我姐姐，就是我老公的姐姐，要么就是同事，要么就是在QQ上发泄一下。

23. 访谈员：你老公的亲戚和你自己的亲戚相比，你跟哪一方交流多一些呢？

答：我老公这边。

24. 访谈员：如果你碰到一些事，你爸妈和哥哥能帮你吗？

答：他们能帮我的，我哥哥也在上海打工，现在回家造房子了。

25. 访谈员：现在的生活符合你在来上海之前的期望吗？

答：是的，我觉得挺好的。

26. 访谈员：生活上有压力吗？

答：有的，肯定有的。像我老公有八个兄弟，结拜的，他们都有房有车了，在老家。以前，他们八兄弟中只有一个人买了车，今年过年回去，只有我们一家没有买车，我们压力就大了，人都是有比较的。我本来想先买房，再买车。但是我老公不肯……孩子现在也小，我婆婆照顾得挺好，如果我们镇上那个房子装修好的话，我就回去了，我想先帮别人卖服装，然后就在老家待了。两三年内暂时不回。只要房子、车子都买好了，我就回老家，好好过日子。因为孩子毕竟在老家。我们外地小孩不容易在上海上学。

27. 访谈员：你会失望吗？最不开心的事是什么？

答：就是觉得别人都挣到钱了，自己没挣到钱，有一种自己特别没有本事一样的感觉。我们不跟上海人比，只跟老家人比。如果在外面，不抠一点的话，就省不下钱了。我中饭、晚饭都在工厂解决，如果买衣服什么的，就要1 000元。

28. 访谈员：总体感受是什么？

答：总的来说，辛苦付出总有回报的。我以前在保税区的一家塑料厂工作，里边很热，要加温工作的，第一天工作身上就开始出疹子了。我那个时候很胖的，很快就瘦了。那里有高温补贴，比其他厂多好几百元。我们的工厂一直跟着最低工资的。从2008年、2009年开始，每年4月1日都调。在塑料厂的工作特别辛苦，工作环境每天都是近40度，我工作了半年，到了夏天实在受不了。我们也有晕倒的，为了生活啊！那时我就指望，苦一点就苦一点，反正挣得多一点。

29. 访谈员：单位包住吗？

答：保税区的厂都是包吃不管住。

30. 访谈员：你签合同吗？

答：有时会签，签了合同，我们也拿不到。我们问领班，他们就说上面的人没有上班，或者调到深圳去了，等等。我们从去年7月份开始缴金了。我现在缴140元的金。我觉得合同就是对公司有利。

M18 访谈记录

1. 访谈员：大姐你是哪里人？

答：我是湖南岳阳人。这里安徽人比较多，我们湖南人一般去广东的比较多。

2. 访谈员：什么时候来上海的？

答：2008年来上海的。我有一个儿子，现在20岁，去当兵了。我儿子高中读了一年，后来读不下去了，就来上海打了两年工，不过他太喜欢上网了，我们实在管不住他。我就问他想干什么，他说要不去当兵。

3. 访谈员：来上海前去过别的地方吗？

答：我在来上海之前，去过湖南岳阳镇上的纱厂工作，骑车到我家10分钟。我在纱厂工作了10年，不过离家近，当时的老板是广西的。因为孩子在老家读书走不开。

4. 访谈员：2008年，怎么考虑到会来上海的？

答：其实2008年的时候，我已经40岁了，那个时候我们家不种地了，到县城工作去了。我老公那个时候也想到县城买个房子，后来没有钱了，就想到来上海打工。2008年过完年，我老公就过来了。反正就是我老公一个人在上海，我在老家一个人也管不住孩子就也过来了。

5. 访谈员：来上海有什么期望？

答：那个时候没有想这么多，男孩子还是要爸爸管么，靠我一个人是管不住的。2008年我儿子已经上高中了，我在纱厂工作其实很辛苦的，但是我儿子说自己读书太枯燥了，要不然我们俩换一换。我那个时候就说，如果你有这个想法就不要读了，就直接到爸爸那边去算了。

6. 访谈员：来上海就直接来这里了吗？

答：是啊，我老公就通过中介公司来这里上班了。我姐姐和妹妹也在这里，就是我老公的姐姐和妹妹。我姐可以说是一个新上海人了，来上海二三十年了。我姐夫也是部队里的，后来分配到上海了，我姐姐就一起来了。

7. 访谈员：四年来，对生活有没有信心？

答：反正就这样过去了，慢慢就习惯了。

8. 访谈员：是否有不适应？

答：那肯定了，主要是生活方面的不适应。我们在那个厂里吃饭就跟家里不一样，别的其实到处都一样，我在老家也这样啊。上班就是没有自由。我有时觉得还是家里好，家里都住了这么长时间，彼此都了解。

9. 访谈员：老乡、朋友多吗？

答：人相处久了就熟悉了，但是我们也就是上班聊聊，除了同事，没有别的朋友了。回家之后就是烧饭、吃饭、睡觉。

10. 访谈员：打算一直住在这里呢？还是会回去。

答：会回去，我就看儿子了。因为我儿子就当两年兵，如果他过来，我就待着。不过年轻人想法不一样，我就说我儿子还没有高中毕业，应该多学点知识。在部队生活不一样，应该多学点东西，就像上了社会大学。

11. 访谈员：碰到过困难吗？

答：我还没有感觉到。

12. 访谈员：如果真的碰到点困难，会跟谁说说？

答：我妹妹啊，我妹妹跟我干一样的活。我们姐妹俩会经常聊聊，我妹妹早就来上海了，她老公是当地人。再有实在有什么不愉快，我就会和姐姐聊聊，其实也没有什么不愉快的事情。如果实在不开心，我还是跟姐妹说，也跟家里人说。

13. 访谈员：老家的亲戚还有吗？

答：我老妈70多岁了。我今年过年都没有回家，单位不批准假期，我打算4月1日回去，我老公从2008年出来到现在一次都没有回去过，我中间还回去过一趟。我老公他爸妈不在了，我有时开玩笑说，你爸妈不在了，你从来没有想过还有个丈母娘可以去看一看，所以他这一次回去了。我的姐妹都在湖南过得都很好，我有一个姐姐、一个妹妹、一个哥哥，我们家条件很好的，我们在湖南日子过得下去的。我还是喜欢在湖南，觉得大家都熟悉，都可以聊聊天什么的。像过年那几天，我老公又加班，我就坐在门口，晒着太阳，老看电视也没劲，我就拿着手机跟这个打电话，跟那个打电话。在家里都不用打电话了，我就可以到处串门了。我说我太孤单了，你们这么热热闹闹的。我家里人说谁让你不回来的。我说实在太远了。我坐大巴的话，十多个小时，坐火车时间就更长了。

14. 访谈员：现在跟家里人联系多吗？

答：多哦，我电话费每个月都要七八十元，我老公电话打得少，他们连襟之间会聊。

15. 访谈员：有压力吗？

答：没感觉到，反正压力都是来自小孩，小孩不听话就最让我担心。我们两年没见了。

16. 访谈员：对将来有打算吗？

答：主要看小孩。一个月有个最低工资，然后有加班，扣掉 140 元的保险，一个月大约 1 800 元，我也就知足了。

M19 访谈记录

1. 访谈员：你是哪里人？什么时候来上海的？从事什么工作？

答：我是安徽合肥人，2005 年来上海的，在电子厂流水线工作，一周夜班，一周白班，做五休二。

2. 访谈员：为何要出来工作？为何来上海？来上海之前去过别的地方工作吗？

答：打工挣钱呗。现在合肥也有工厂，2005 年的时候老家没有什么工厂，只能出来。现在的话，我也不可能一个人回去，所以不回老家了。没有去过别的地方。我换过五家工厂，有工资原因，也有私人原因，厂换多了，比起来的东西也就多了。我去过的五家厂中有两家厂是签合同的，三家是不签的。其实，我不介意是否签合同。刚来的时候，换厂频率很高，不需要签合同。现在定下来了，觉得合同还是比较重要的。

3. 访谈员：对自己有没有信心？

答：有的。

4. 访谈员：有没有目标？有的话，有没有信心达到？

答：有的，我想开个花店，就是专门卖一些手工做的花。但是现在经济条件不允许，所以就一直没有启动这个计划。

5. 访谈员：能否看到自己的未来？对自己的未来有没有具体的计划？

答：有过，而且有很多版本。比如好的怎么庆祝、坏的怎么解决之类的。

6. 访谈员：目前，有没有朋友？在上海吗？朋友多吗？

答：多呀。我的朋友大多是老家的。

7. 访谈员：刚来上海时，是否适应？如果不适应，怎么解决的？

答：不适应，刚来就我一个人，外地人多，说话也听不懂。我爸虽然比我来得早，但是他上班时间也很长，我也不可能老是跟他说啊。所以一般都自己解决，如果实在解决不了，我会跟好朋友商量。因为不想让父母担心。

8. 访谈员：现在的生活，符合你未到上海时的期望吗？对现在的生活满意吗？

答：一开始没有，觉得很辛苦。但是后来慢慢也就习惯了、适应了。特别是，今年准备结婚了，对象是老家人介绍的。

9. 访谈员：现在你觉得压力大吗？

答：过日子压力肯定有的。

10. 访谈员：心情不好时，你一般会怎么办？

答：绣花，做手工。做手工会带给我平静、专注的感觉。

11. 访谈员：遇到困难，会灰心或失望吗？会向别人寻求帮助吗，比如朋友、家人？

答：不会，把困难当作考验，该解决就解决。

12. 访谈员：对于在上海的工作经历，有什么想法或感想？

答：物价越来越高，现在消费压力特别大。现在我吃饭和父母一起，我一个月也要 1 500 元左右吧。

M20 访谈记录

1. 访谈员：你是哪里人，来上海多久了？从事什么工作？

答：我是江苏淮安人，2000 年来上海的。我老公 1986 年来上海的，那时候我老公只有十几岁。1991 年我和他结婚了。然后他一直在上海打工，我在老家带孩子。我们那时候还没有分家，九个人十几亩地。当时家里有公公、婆婆和我小叔，我在老家种地。后来到 2000 年，我们家的地减少了，1995 年我们也分家了，我们当时一家三口就 5 亩地了，当时地的收成也不是很好，1 亩是水稻，3 亩多旱地种花生什么的。不是很好，2000 年，我们就把地给婆婆了，我也出来打工了，当时就把大女儿留在老家。我在 2003 年和 2006 年又生了二女儿和小儿子。而且我也考虑到我和老公长期分开也不是好事，为了生第二胎我们就来上海打工了。当时我老公是烧电焊的，每月可以拿四五千元吧。现在孩子都上学了，我觉得可以出来工作的。我的工作是邻居介绍的。

2. 访谈员：来上海的方式、原因、期望和目标是什么？你来上海之后有什么样的感觉呢？

答：有当然有，当时因为一直有小孩子拖累就没有去做，毕竟三个孩子呢，牵累太多。我想爬高，但爬不上。我其实很想做点生意，现在我们还是准备做生意。我老公春节在老家喝酒摔了一跤，肩胛骨受了伤，要休息很长一段时间，这几个月他就跟着我弟弟做点生意。现在这个生意还可以，所以这两天他就做点销售，一点也不得闲。

3. 访谈员：现在一个月的开支是多少钱？

答：开支不少呢，租房 300 多，孩子学费 500 多，我们五口人，一家每月开支大概 4 000 多。原先人情多，现在我很少回老家了，人情就不出了。除了结婚什么的，就没有什么事情了。原来老家每个月都有过生日的人情，因为人多，所以等于月月都要出人情。现在我们每年回一到两次，过年肯定回。

4. 访谈员：在上海怎么住？

答：租房子住，说到租房子，可真是烦人。我们来上海十年，至少搬了十个地方。有时一年可以搬好几次，一开始我们住在何家湾，就是在淞南，那年我来了一个多月，就发大水，水深大概有1米的样子，我们被逼无奈就搬走了，就搬到高的地方去了，家里的东西全漂了。找了高的地方，我们的房东和房客都处不好，房客是江西人，我不喜欢跟很远的地方的人打交道，大家都不熟悉，我们打交道的主要是江苏和安徽的。现在房东还可以，他们一家都挺好的，不像别的房东，我们来这么长时间，还会说我们偷他们家菜的问题。真的，外地人有好人，也有坏人。上海也有部分人对外地人不太好。

5. 访谈员：你为何要出来工作？为何到上海？来上海之前去过别的地方工作吗？

答：没有去过别的地方。就这么辛苦吧，为了生活怎么办呢？

6. 访谈员：你对自己有信心吗？

答：还是等着吧，等机会。

7. 访谈员：有没有目标？有的话，有没有信心达到？

答：我的目标就是自己辛苦一点，将来能够在淮安老家买个房。因为我们老家人都在老家的城里买了房。我们老家现在城里买个房，大概要20万，我们辛苦一辈子能买得起，上海就不要想了，辛苦几辈子也买不起。我们那里不算太苦的，现在每家每户房子都盖好了，也挺漂亮的。但是现在人的想法不一样了，结婚娶媳妇都要到城里买房子，家家都要在城里买房子。

8. 访谈员：遇到困难能否有办法解决？

答：我来这里还行。我刚开始来的时候，我老公已经开始做不锈钢门窗的焊接工作了。那时候收入还可以了，不是很苦了。

9. 访谈员：目前有没有朋友？在上海吗？朋友多吗？

答：聊得来的就一两个，其实就是我们这些邻居。我们之间会有照应，我们虽不是老乡，但是处的时间太长了，也有五年多了，我们都在巴斯夫工作，我们就把两个班头的时间轮换了，这样可以互相照应，不然孩子根本不可能在这里读书，早就回老家了。早上我帮她送孩子，晚上她帮我接孩子。

10. 访谈员：刚来上海时，是否适应？如果不适应，怎么解决的？

答：不适应总是有的，在老家人与人处的时间长了，彼此脾气都知道了。在上海不一样，也不知道人家会对你怎么样？有的上海人还不错，有的不行。

11. 访谈员：现在的生活，符合你未到上海时的期望吗？对现在的生活满意吗？

答：不是特别满意，目标还没有达到。我就想生意做好一点，然后给孩子买一套房子，日子过得好一点。自己做生意自由啊，给别人打工不自由，特别是在工厂。

12. 访谈员：你觉得现在压力大吗？

答：生活还好，因为现在毕竟有收入啊，现在我和我老公、女儿三个人加在一起一个月可以有 7 000 多元。有的时候会多一点，生活没有问题，就这样过了吧。现在还没有想到将来。现在的压力主要就是孩子，我们这里有个凌桥小学，还可以的。但是现在不给我们进，只有一个竹林小学(打工子弟小学)可以进。表面上是考试录取，但是可以进凌桥小学的很少的。这个竹林小学的老师一点也不负责，老师也不批改作业。就让班长、学习委员改作业，还会有改错的时候。我孩子的成绩一落千丈，我很生气。如果再不行，我只能把孩子送老家了。但是，我们老家的小学因为人少就被撤掉了，就要到城里去上学，要住宿的。这两个孩子我是这么想的，随便他们吧。我想先让他们把小学读完，然后送回老家读初中。家里还有爷爷奶奶，实在不行，我也回家。现在也不是读书就有出息了。像我们现在很多孩子在县城上学，小孩子就是要住读，大人就租住在学校旁边。现在乡里、村里的小学都被撤掉了，整个乡只剩下一所小学。

13. 访谈员：对将来有什么打算？

答：还是要回老家啊。将来如果孩子来上海打工，我就跟着他帮他带孩子。家里有公公婆婆，岁数大的话，还得回家服侍公公婆婆。现在回老家就不习惯了，老家人太多、太吵。我们家人太多了，公公、婆婆、小叔子一家，一起吃饭，不开心就吵架。现在习惯了一家五口人过日子。

M21 访谈记录

1. 访谈员：能简单介绍一下自己吗？

答：我是安徽淮北人，2006年来上海的，后来又去过一次昆山。2005年初中毕业，我上了老家的一所技校，只上了一个学期的课程，我就不愿意学了，就退了学。2006年，我的小姨让我来上海带孩子，带了一段时间我就去检品厂工作了。不久这家厂又要到昆山开分厂，我就去昆山干了几年。检品工作就是清点一箱衣服的数量、吊牌和洗标。一般就是5月、10月和春节比较忙，4月底一般都是通宵加班。那时工资是3 000块，不加班2 000块多一点。我无所谓，能加班就加班，不加班就不加班。加班能挣钱，不加班能休息，都可以。我们厂里年轻的人多，35岁以上的人不招收。因为小女孩做事比较麻利，而且年纪大的加班吃不消，孩子也没有人照顾。所以，厂里喜欢招未婚的小姑娘。

2. 访谈员：来上海的方式、原因、期望和目标是什么？你来上海之后，给你什么样的感觉呢？

答：因为我的小姨让我来带小孩。后来正好有个老乡说有家检品厂不错，正在招人，我就去了。

3. 访谈员：现在怎么住？

答：我们现在四个人自己租房子住，工厂虽然有集体宿舍，但是如果我们出来住的话，工厂也会给点补贴，不过出来住，自己要稍微贴一点。

4. 访谈员：为何要出来工作？为何到上海？来上海之前去过别的地方工作吗？

答：我去昆山是一时冲动，但是我的朋友都在上海，所以就想回来。我的老乡正好跟现在这家厂子的老板是老乡，就把我介绍过来了。我就过来上班了。来上海是因为别的地方没有亲戚，家里所有的人都在上海，我大姨、小姨和哥都在这里，还有就是我一个人到别的地方去，家里也不放心。

5. 访谈员：来上海有期望吗？

答：没有期望，没有想过。

6. 访谈员：对自己有信心吗？

答：就那样吧，我不知道该怎么形容。

7. 访谈员：有没有目标？有的话，有没有信心达到？

答：我暂时还没有想过。

8. 访谈员：处于困难时，是否觉得好时光快要到了？

答：没有什么困难，因为我有人一起分担。

9. 访谈员：能否看到自己的未来？对自己的未来有没有具体的计划？

答：没想过。

10. 访谈员：目前，有没有朋友？在上海吗？朋友多吗？

答：反正我老家的同学很多，而且主要在这里。因为我的工作接触不了几个人，所以没有认识太多其他人。

11. 访谈员：和家人是否经常联系？如果在上海，每天都会交流吗？

答：一般一周打一两通电话。

12. 访谈员：是否与家人在生活重点方面有共识？

答：我不知道我爸妈是怎样想的，平时很少沟通。我就是上班、下班、吃饭、睡觉。最懒的时候就是楼也不下。

13. 访谈员：有人关心你吗？有家人或朋友给你帮助吗？

答：有的，我爸妈、家里亲戚，还有我同学。

14. 访谈员：如果家人遇到困难，你是否很快会发现？如果你遇到困难，家人是否会及时关注你？

答：那肯定会帮助我了，还有就是我玩得最好的一个同学。

15. 访谈员：现在的生活符合你未到上海时的期望吗？对现在的生活满意吗？

答：差不多吧，以前我没想过，我就想着过一天算一天。还好吧，基本上比较满意。

16. 访谈员：现在，你觉得压力大吗？

答：没有压力。我只要做好自己的工作就行了。我一人吃饱，全家不饿。我爸妈还年轻，又没有要我担心的事情。不过上海人压力也大，我反而觉得我还好。我又不用愁什么，没有压力。

17. 访谈员：心情不好时，你一般会怎么办？

答：打人，用暴力解决，我一般就欺负一下我男朋友，也跟我小姨父、我哥打过架。

18. 访谈员：遇到困难，会灰心或失望吗？会向别人寻求帮助吗，比如朋友、家人？

答：遇到困难我会失望，我会想怎么会出现这种问题，然后想补救的办法。

19. 访谈员：对于在上海的工作经历，有什么想法或感想？

答：我也没有什么想法，只要每天不犯错就行。偶尔一瞬间的压力是有的。

20. 访谈员：对将来有什么打算？

答：这个问题由我男朋友决定的。我没有想过。

M22 访谈记录

1. 访谈员：你是哪里人？来上海多久了？从事什么工作？

答：我是2009年来上海的，但是来了之后没有上班，而且因为我来的时候是11月份，工作不好找。

2. 访谈员：来上海的方式、原因、期望和目标是什么？你来上海之后有什么样的感觉呢？

答：就是我哥在这边，家里也没有什么期望。确切地说，他们不想让我出来的原因就是怕我找外地的男朋友。因为在外面五湖四海的人都可以接触到，我哥比我大8岁，我父母很希望我在他们身边，但是我在安徽已经谈了朋友，年纪大了可以照应。他们希望我哥在外面闯荡。

3. 访谈员：在上海怎么住？

答：租房，我们六个人一起住的，一室一厅，四个人住一室，两个人住厅。中午我们厂是管饭的。我现在工资大概2 000多元，我也不交给父母的。自从来上海后，我就不向父母要钱了。我存不了多少，反正就是够用。我现在花得最多的是买衣服、水果，有时候买点护肤品。

4. 访谈员：为何要出来工作？为何到上海？来上海之前去过别的地方工作吗？

答：我毕业之后在老家的电子厂工作，工作了半年。我在工厂是做检验的，反正只要有加班，就加点工资。我们每天工作12小时，就在芜湖开发区。反正我觉得挺累的，天天就是那些人、那些事，有一种被关在鸟笼子里的感觉，我不喜欢。那时候有宿舍，我隔几天回家一趟。这家电子厂是自己应聘的。那时候，我上了半年的职高，我觉得在学校里每天学不到什么东西，就出来了。出来之后打算上班，在一家毛巾厂工作，好不容易进去了，还交了押金，但是我很想回家，我觉得好累好累，上了一个星期，我就回家了。那里工作也是12小时，负责缝商标。一个星期后，我觉得家里真好，就不想回去了。我爸就把我的东西从厂里拿回来了，他说“狗没打到，贴一条链子”，因为交了押金。然后才去电子厂。我爸不让我去，是我初中同学喊我去的，那里包吃。然后就来上海了。我哥说在上海压力太大，虽然他房子也买好了。但是他也觉得压力大，有时他也说想把房子卖了，回老家买别墅。而且现在外贸生意也不好做。

5. 访谈员：来上海有期望吗？

答：我18岁来上海玩过，觉得挺好的。一切都很有条理，很好。所以毕业之后我还是很想来上海的。我觉得上海应该都是很有素质的人。

6. 访谈员：对自己有信心吗？

答：有的。我觉得是个人的阅历吧，我在这里接触的人还是不一样吧。我比较喜欢自己的性格，我会跟大部分人玩得很好，我不喜欢得罪人。

7. 访谈员：有没有目标？有的话，有没有信心达到？

答：我想结婚后就回老家工作，虽然老家工厂的工资要比上海低，但是消费低，所以我还是会回去的。不过暂时还没有想到做什么。

8. 访谈员：能否看到自己的未来？对自己的未来有没有具体的计划？

答：还是两三年内回老家。这几年回老家的时候，我就会觉得回老家真好。我们老家去市中心只要半小时，发展得很好。老家就是环境不太好。我爸妈也不支持我出来。

9. 访谈员：目前有没有朋友？在上海吗？朋友多吗？

答：这边的朋友比较多，老家的朋友比较少。还有就是老家的朋友很多在忙着结婚，没有什么共同话语了，关注的话题也不一样了。

10. 访谈员：和家人是否经常联系？如果在上海，每天都会交流吗？

答：我两三天跟我爸妈打一次电话，一年回去三次。

11. 访谈员：是否与家人在生活重点方面有共识？

答：我爸妈心想我 23 岁了，觉得可以结婚了。我妈希望我早点结婚。我不想那么早结婚，我也不知道为什么。没结婚前，就感觉无忧无虑，结婚后感觉很忙，一会儿老公、一会儿孩子的。回老家也是这样，没结婚的都可以出来玩。结了婚后都是忙孩子、忙老公。如果小孩子不在身边还好，在身边就没有办法。

12. 访谈员：遇到困难时，家人是否都会看好将来，觉得将来有希望变好？

答：经常跟我哥和我嫂子聊天。

13. 访谈员：如果家人遇到困难，你是否很快会发现？如果你遇到困难，家人是否会及时关注你？

答：有的会，不过他们就算感觉到也不一定会说。碰到一些不开心的事情，我会有情绪，有的跟同事说说，有的就跟我表姐说。表姐在老闵行，虽然她比我大很多，但是共同语言比较多。

14. 访谈员：你有关系密切的朋友吗？他们肯定你的能力吗？你遇到困难时，他们会帮助你吗？

答：有的。但是现在比较少，因为很多人回去结婚了，联系也少了。

15. 访谈员：现在的生活，符合你未到上海时的期望吗？对现在的生活满意吗？

答：到了上海我感觉完全不一样了，被偷、被抢、被骗的事情时有发生。我在小区里曾被持刀抢劫，我那时候觉得太害怕了，没有勇气待下去了。我就跟我哥说，我想回去了。他说出来是要交学费的，这样才能有成长。然后刚来的时候被小偷偷了钱包，过完年又有骗子。骗子说来改煤气表的，问我收钱，因为我没钱，就说我哥一会回来吃饭，他就走了。我就是觉得很害怕，因为我刚来上海没有生活经验，我觉得在外面比较难生存，我当时想回去的。但是后来慢慢觉得这也是一种成长，我在老家的生活是很简单的，没啥经历。现在出门在外就要注意一点，在哪个城市其实都是一样的。现在还行。目前还好吧。

16. 访谈员：现在你觉得压力大吗？

答：其实我的朋友都觉得上海的工资也不是很高，压力很大。特别是男人，女人抗压能力比男的强。可能上海都是卧虎藏龙，像我没有什么压力还好，像男人都是希望在上海发展的。在上海人生地不熟的，很难闯。在老家不一样，发展顺利一些。男人的压力大，要赚钱、娶老婆。男人以事业为主，女人可能没有那么强烈吧。结了婚平摊了，所以压力反而变得一样了。我现在没有压力，没有家庭的压力，最多工作上有一点压力。

17. 访谈员：心情不好时，你一般会怎么办？

答：听听歌，或者找个很久没见的朋友聚一下，说一说，聊一聊，可能就好了，朋友会帮我分析。我不出去的话，就跟同事说，就可以释放出来了。或者就是自己整理一下房间、衣服和首饰，不要的扔掉，我的心情就好多了。我其实属于心事重的人，晚上经常想一件事情就睡不着了。

18. 访谈员：遇到困难，会灰心或失望吗？会向别人寻求帮助吗，比如朋友、家人？

答：我会觉得破财消灾嘛，既然有不好的事情发生，就会有好的事情发生。最近我的手机被偷了，我心想我怎么这么倒霉。后来想算了，反正破财消灾吧，过一两天也就好了。有得必有失，有失必有得。不开心的时候，就会跟我男朋友聊天。后来又谈了一个，在江苏，是广东人，我妈又不会同意的，不过我男朋友说他愿意跟我回马鞍山。有时候也会打电话跟我妈发牢骚，也会跟同事聊天。有时候很想哭，哭出来也就没事了。有时候在外面受到委屈了，也会不开心。我最不喜欢别人误会我，我会很难受的。

19. 访谈员：对将来有什么打算？

答：可能还是要回老家，上海生活的压力太大了。这里与老家的生活差异还是很大的。我还是比较喜欢上海的生活，在老家可能你想要什么都不是特别方便，在上海还可以的，不管什么时候想干吗，都很方便。

M23 访谈记录

1. 访谈员：你是哪里人？什么时候来上海的？从事什么工作？

答：我是江苏盐城人，2004 年来上海，刚开始我是做物流的。一开始找不到工作，我大专毕业后到市区去找工作，找了几个月都没有找到。然后到亲戚那里去了，亲戚看我可怜巴巴的，就让我跟他们一起住。当时一开始，就到人才市场去找工作。但是那些工作都不好。我住在姑姑家，就是在江杨南路那边，就一间房，我姑姑一家四口，我和我叔叔都住在一间房子里，打地铺。在外面，我们都是一条心，就是要靠家里人。家里的人情味很重的，这里的人情味淡。比如，他们地方保护主义比较强。我们这一行，船务公司一听你是上海人，他们的态度就很好，但是如果他们一听你是外地人，他们就会觉得你很烦。

2. 访谈员：怎么住？

答：租房，我们四个人一起住的。工厂管我们午饭。

3. 访谈员：为何要出来工作？为何到上海？来上海之前去过别的地方工作吗？

答：那时候学校刚毕业，有几个同学在上海找到工作了，他们都说不错。但是工作太难找了，我又去了无锡，但是觉得这个城市太安静，不想待。

4. 访谈员：来上海有期望吗？

答：我当时觉得满地黄金啊，当时刚在盐城工学院上完学。

5. 访谈员：你们对自己有信心吗？

答：自己的工作能干好，但是超出自己的范围就觉得没有信心。我尝试换过工作，一开始做物流，后来换别的工作，后来还是回头做物流。

6. 访谈员：有没有目标？有的话，有没有信心达到？

答：肯定是希望现在的工作做得越来越好，现在这样的做法肯定不行，没有企业文化。现在我只有想法，没有实行，但还是有信心能干好。

7. 访谈员：处于困难中时，是否觉得好时光快要到了？

答：除了一开始找工作之外，其实还是比较顺利的，就是以少积多吧。一开始找工作每个人都很难，每个人都要经历很多事情。

8. 访谈员：能否看到自己的未来？对自己的未来有没有具体的计划？

答：肯定是想象过的，希望自己的收入越多越好。

9. 访谈员：目前，有没有朋友？在上海吗？朋友多吗？

答：现在的工作几乎与外界失去了联系。原来与老家的一些同学还有联系。来上海后就失去联系了，现在的朋友都是不痛不痒的那种。

10. 访谈员：刚来上海时，是否适应？如果不适应，怎么解决的？

答：不适应。就比如吃的方面，在老家是中午最丰富，早上、晚上随便吃一点。在上海的话，就是晚上丰富。比如工作节奏，在老家就是田园生活，上午稍微出来做做，在上海就是与时间赛跑，这边工作可以赚点钱，老家就是可以好好休息。

11. 访谈员：和家人是否经常联系？如果在上海，每天都会交流吗？

答：我们经常联系，经常聚。我们好几年过年没有回去了，我们这一行是没有放假的，我们要保证每天都有人上班。

12. 访谈员：有人关心你吗？有家人或朋友会给你帮助吗？

答：现在比较亲密的朋友已经没有了。

13. 访谈员：如果家人遇到困难，你是否很快会发现？如果你处于困难中，家人是否会及时关注你？

答：父母吧，或者还有亲戚吧。别的就没有什么。

14. 访谈员：你有关系密切的朋友吗？他们肯定你的能力吗？你遇到困难时，他们会帮助你吗？

答：我觉得就是“人和”，我的朋友、我的老板都对我很好，我觉得是因为我老实。

15. 访谈员：现在的生活符合你未到上海时的期望吗？对现在的生活满意吗？

答：没有朝九晚五的生活，没有白领一样的生活。平时每天都是从早上 8 点到晚上 11 点。不过基本上还可以的。

16. 访谈员：现在，你觉得压力大吗？

答：压力是有的，每个人生活都有压力。现在的人攀比心理太强，有的时候一定要控制住自己不要攀比。没结婚前就是自己花钱，父母还会给我钱。结了婚以后，就要考虑到方方面面。婚后还是有蛮大变化的。

17. 访谈员：心情不好时，你一般会怎么办？

答：我有的时候会吼我老公啊。

18. 访谈员：遇到困难，会灰心或失望吗？会向别人寻求帮助吗，比如朋友、家人？

答：这次我办理户口就觉得特别困难。我到现在还没有加过金，而且是抛开所有东西。我是大专学历，我要学校调出档案，这么多年，档案也没有了。没办法，又请人帮忙，说我是初中学历，办了劳动手册。我们当地说，档案没有进来。我这里办劳动手册回了老家十几次，就是写的内容老是这个不行、那个不行的。我想我户口都出来了，还要我老家出证明干吗？为了办劳动手册，还是排外。我就没感觉有多大优势。